U0142614

證券交易法論

陳春山 著

新版序

台灣再起

　　過去十年是台灣失落的十年，台灣知識經濟轉型並不成功，品牌產業、創新經濟、國際化均落後於香港、新加坡、韓國，英國金融時報（Financial Times, 2012）調查發現，全球人才都想去新加坡工作，第二是紐約，第三是倫敦，近三分之二的銀行家認為未來十年香港、上海、新加坡將取代紐約及倫敦，台灣金融市場排名定位在哪裡？

　　南韓大企業職員平均年薪（2011）是165萬台幣，主管平均年薪是2,300萬台幣，這些大企業包括科技業（Samsung & LG）及傳統產業（如石化、機械為主的韓華集團、汽車業現代），惟台灣企業員工薪水十餘年不動如山，台灣年輕人未來在哪裡呢？

　　國家大小並不重要，重要是具策略性的生命活力，英商Astbuty Marsden營運長梅倫説：「新加坡經濟成長迅速、税低，且對投資銀行家友好，是我心目中理想的工作場所。」上述的談話可否改成「台灣經濟成長迅速，且對投資銀行家友好，是我心目中理想的工作場所」？台灣如何做到？

　　台灣知識經濟型態轉型要靠「有效戰略、人才、專業創新、科技、法令、税制、國際化環境」，缺一項都不行，若做不到，台灣就淪為邊緣國家。我們的選擇是什麼？證交法是資本市場發展與財經法核心議題，台灣證交法下一步戰略在哪裡？台灣如何善用高效能及公平的資本市場及證交法，創造再起的生機？

陳春山

台北科技大學智財所

2012年11月

初版序

「我實實在在的告訴你們，一粒麥子不落在地裡死了，仍舊是一粒；若是死了，就結出許多子粒來。」

（約翰福音十二章三十二節）

之一

本書是一本介述證券交易法基礎理論的入門書。第壹篇是證券交易法的概述；第貳篇為發行市場的討論；第參、肆篇乃流通市場的介紹，包括證券商、證券事業及證券交易所等市場主體的介述；第伍篇則為證券交易法中法律責任的說明。

之二

我國證券市場最近幾年的發展極為迅速，而法令制度的研究亦日益重要。八年來，我由證券法規的初學者、研究者到今日的證券律師，我總是很努力地找時間來研究證券法規的問題，以表達對證券市場的關心。然於時間與能力均感不足之情形下，出版此書是極辛苦的事，但我總期待這本書對想了解證券法規的人，有些微之貢獻。恩師　賴英照教授指導近十年，藉此書出版，聊表敬愛之意。另好友吳啓孝、李啓賢先生、韓心瑩、張金玉、張麗娟、彭月娥小姐十分賣力地幫助我出版此書，衷心感謝！

陳春山
1989年5月

作者簡介

陳春山

主要著作

一、書籍

企業社會責任及治理（台北，證基會，2008年2月）

2020全球趨勢與全球治理（台北，聯經出版社，2007年12月）

證券交易法論（台北，五南圖書出版公司，2007年1月8版）

公司治理法制及實務前瞻（台北，學林出版社，2004年5月）

金融改革及存保法制之研究（台北，元照出版社，2004年2月）

董事責任及獨立董事（台北，學林出版社，2002年6月）

企業併購及控股公司法（台北，學林出版社，2002年8月）

企業管控與投資人保護——金融改革之路（台北，元照出版社，2000年5月）

證券商發展為投資銀行之展望（台北，五南圖書出版公司，1999年，新聞局重要學術著作獎助）

國際經濟法——台灣與世貿組織（台北，五南圖書出版公司，1997年2月）

信託法及信託業法專論（台北，金融研訓院，2000年9月3版）

證券投資信託專論（台北，五南圖書出版公司，2000年2版）

國際金融法——政策及法制（台北，五南圖書出版公司，1998年2月）

二、論文

我國金管會定位及功能之法制研究（法學叢刊195期，2004年）

不實財務報告之民事責任法律適用爭議（證券暨期貨管理雜誌22卷6期，2004年）

投資人保護之民事問題（證券櫃台月刊96期，2004年）

問題金融機構處理機制之研究（法令月刊55卷2期，2004年）

我國公司治理改造策略（證交資料501期，2004年）

獨立董事及董事會法制之改造（法學叢刊192期，2003年）

審計委員會之運作及法制改革（證券暨期貨管理21卷12期，2003年）

日本公司治理法制之改造（證券暨期貨管理21卷6期，2003年）

金融監督管理委員會組織法之立法意義及影響（台灣經濟論衡1卷7期，
　　2003年）

提升信託業長期競爭優勢之法制改造（集保，2002年）

我國推動金融改革及金融控股公司法之成功要素（台灣經濟金融月刊27
　　卷9期，2001年）

公司董事的使命、義務與責任（法令月刊，2000年）

美國資產管理業務法制發展及啟示（台灣金融財務季刊1輯2卷，2000
　　年）

擴大證券商業務範圍之核心法制問題（中興法商學報25期，1999年）

建立投資人保護法制（證券櫃檯月刊，1999年）

專案融資授信業務之法制規劃（軍法專刊46卷3期，1999年）

資本市場與企業法制改造之策略（經濟情勢暨評論季刊5卷1期，1999
　　年）

共同信託基金之定義及法律特質（法商學報34期，1998年）

我國證券市場之現況、特徵及發展趨勢（證券櫃檯月刊，1997年12月）

證券投資信託業務國際化之分析（證券管理15卷9期，1997年9月）

國際聯貸業務與聯貸契約之發展與規範（台灣土地金融季刊13卷2期，
　　1997年6月）

股票存憑證國際發行之規範（證券交易資料422期，1997年6月）

債券國際發行之規範（基層金融34期，1997年3月）

金融創新與證券投資信託基金規範之自由化（政大法學評論56期，1996
　　年12月）

基金管理制度之變革（證券公會雙月刊2期，1996年11月）

資本市場國際化與國際合作之發展（經濟情勢及評論1卷3期，1996年8
　　月）

世貿組織金融自由化之規範（進口救濟論叢8期，1996年6月）

受益憑證無實體交易之研究（中興法學40期，1996年6月）

證券投資信託基金之法律地位（證券公會雙月刊，1996年3月）

證券投資信託保本基金之研究（證券公會雙月刊，1996年元月）

證券投資信託基金管理辦法之修正建議（證券管理13卷11、12期，1995

年11、12月）

我國信託法制之發展（月旦法學雜誌7期，1995年11月）

信託業法制之發展（台灣經濟227期，1995年11月）

國際經貿活動之政策與（中興法學38期，1995年10月）

美日證券投資業務及法制發展之趨勢及我國之因應（證券市場發展季刊7卷4期，1995年10月）

商業銀行國際業務之發展與規範（台灣經濟金融月刊21卷9期，1995年9月）

信託業務之規範（台灣經濟金融月刊21卷9期，1995年9月）

公益信託之設定（法務通訊，1995年8月）

市場經濟與計畫經濟間經貿活動規範（法商學報31期，1995年8月）

定時定額投資證券投資信託基金規範之分析（台北銀行月刊20卷5、6期，1995年5、6月）

利用衍生性證券從事短線交易之法律規範探討（證券管理13卷3期，1995年5月）

國際整合之法規範（財稅研究27卷2期，1995年3月）

信託關係之法律效力（司法周刊728～730期，1995年3月）

目　次

第壹篇

總論

第一章　證券交易法之概述

壹、證券交易法之性質及內容

一、證券交易法之性質

　　證券交易法乃規範關於證券發行及交易等事項之法律，其包括發行市場及流通市場各種公開制度及實質管理之規範。為達成保障投資之目的，該法有各種私法、行政法及刑事法之規定，故證券交易法乃具公法及私法法域色彩之混合性規範。就其規範之對象而言，乃以股份有限公司為主（第4條），證券交易法未規定者，始適用公司法及其他有關法律之規定（第2條），故其乃屬商事法中公司法之特別法。

二、證券交易法之內容

　　證券交易法之構成及主要內容如下述：

　　「第一章：總則」（第1～21條）乃規定該法之立法目的、各種用語之定義、證券事業之核准及詐欺之民事責任。

　　「第二章：有價證券之募集、發行、私募及買賣」（第22～43條之8）乃規定發行人募集及發行有價證券之處理程序、發行公司及內部人財務、股務之規範，有價證券之交割及劃撥清算，及公開收購股權、私募等事項。

　　「第三章：證券商」（第44～88條）乃規定證券商之核准、監督及業務之限制等。

　　「第四章：證券商同業公會」（第89～92條）乃規定證券商同業公會之組織及業務之行政監督。

　　「第五章：證券交易所」（第93～165條）為規定證券交易所之設立、組織及成員、業務之管理、上市及買賣、買賣之受託、操縱市場之禁止及行政監督等事項。

　　「第六章：仲裁」（第166～170條）則規定證券交易爭議之解決方式。

　　「第七章：罰則」（第171～180條）為規定違反前述各章禁止規定之刑事及行政處罰。

　　「第八章：附則」（第181～183條）乃規定擬制公開發行、證券交易之施行細則及施行日。

貳、證券交易法之立法目的及法源

一、證券交易法之立法目的

　　證交法第1條規定：「爲發展國民經濟，並保障投資，特制定本法。」公司法與證券交易法同以促進經濟發展，增益全民福祉爲目的。憲法第142條更以發展國民經濟爲基本國策，而此國民經濟之涵義，乃一方面培養巨型企業以從事國際競爭，另一方面則以股權分散及股利分享以達到全民均富之目標。就保障投資而言，因證券交易有其「易詐欺性」，諸如1997年間我國地雷股事件及美國2001年安隆案之財報不實案件，投資人於不知悉經營者操縱財務報表情形下而仍續持有或投資公司股票。爲保障投資人之權益，殊有各種防範詐欺行爲之規定之必要。「保障投資人」、「發展國民經濟」雖均爲證券交易法之立法目的，然二者仍有下列兩點差異：

（一）前者爲法律規範之具體直接目的，而後者爲較高層次之經濟上實質目的。

（二）就證券市場之發展而言，保障投資爲發展國民經濟之前提，即因投資人權益之保障，而能促進國民證券投資，並能誘使產業發展資金之蓄積，而能達成國民經濟之發展。

二、證券交易法之法源

　　證券交易法之法源，乃由下列各種規範所組成：

（一）法律：現行之證券交易法乃於1968年4月30日公布施行，後並經九次修正。

（二）行政命令：有關之行政命令分別爲行政院、財政部或金管會所訂定。其有爲委任立法之法規命令，亦有爲非委任立法之函令，其型態可爲規程、規則、細則、辦法、綱要、標準及準則等。

（三）自律規範：自律性規範乃政府以外之團體對團體成員及市場之規範，如證券交易所及櫃檯買賣中心之章程、營業細則、上市審查及契約準則等；證券商同業公會、證券投信及投顧事業公會之章程、自律公約等。

（四）習慣法：證券交易法亦具私法之性質，故實務上長期交易之方式，而

　　大眾有法律意識並產生法律確信者，亦有習慣法之產生。

參、證券交易法之立法沿革

一、證券交易法之制定

　　證券交易之最早期規範為1929年公布之交易所法，而後因證券商營業處所買賣之交易活絡，遂於1955年另行頒布「台灣券證券商管理辦法」，1961年6月則依國家總動員法公布「證券商管理辦法」以取代「台灣證券商管理辦法」。

　　我國店頭市場之發展先於集中交易市場，台灣證券交易所至1962年2月始建立，而早二年（1960年）設立之證管會則著手研究制定證券交易法，證管會參酌美、日證券法規，於1964年由經濟部呈報行政院證券交易法草案共205條，於立法院審議草案時，適逢台灣股價大跌致證券市場休市十天，行政院遂撤回該草案而重擬完成第二次草案，共分八章、一百八十三條，即為現行證券交易法之藍圖，該草案於1968年4月16日完成三讀，同年4月30日總統公布施行。

二、證券交易法之修正

（一）第一次修正——該修正於1981年11月13日公布，主要之修正乃將金管會由經濟部改隸至財政部（第3條），其餘則為技術性之修正。

（二）第二次修正——該修正於1983年5月11日修正公布，修正之重點如下述：

　　1.增訂第18條之1、第18條之2以配合證券投資信託事業之設立。

　　2.增訂第25條之1，以加強委託書之管理。

　　3.修正第37條，以授權金管會對會計師簽證業務之管理。

　　4.修正第157條以遏止內部人之短線交易，以強化公司之歸入權行使。

（三）第三次修正——該修正於1988年1月29日修正公布，修正之幅度頗為廣泛，共達55條，簡述修正之要旨如下：

　　1.修正第17、22、139條，並增訂第22條之1及第28條之1第1項，以簡化有價證券募集及發行之審核程序，擴大發行市場規模。

　　2.修正第41條，並增訂第28條之1第2項以健全發行公司財務及資本結構。

3.修正第36條以加強發行公司財務及業務狀況之公開。

4.修正第32條以調整發行人等之責任。

5.增訂第22條之2,修正第25、26條以加強發行公司內部人之管理。

6.增訂第26條之1及第26條之2以加強對發行公司股東會管理及簡化對零股股東通知方式。

7.修正第44、45、71條,共刪除第101條,以擴大證券商之功能。

8.修正第51、56條以加強對證券商之管理。

9.修正第60、61條以改進證券信用交易制度。

10.修正第18、43條以加強投資服務及簡化證券交割作業。

11.修正第126條以強化公司制證券交易所董事會及監察人之組織。

12.修正第150條並增訂第43條之1以規範公開收購股權及買賣之場所。

14.增訂第43條之1,並修正第155條、第157條之1以促進有價證券交易之公平、公正及公開。

15.修正第171條以下,以配合條文之增訂,並將若干刑事罰改為行政罰。

(四)第四次修正——修正證交法第54條、第95條、第128條,修正要旨為配合加入世貿組織,使該法規符合國民待遇原則:

1.券商業務人員不限於中華民國國民。

2.同一地區不限設一證券交易所。

3.證券交易所股東不限於中華民國國民。

(五)第五次修正——該修正已於立法院審議並經立法院於2000年6月30日三讀通過,其修正之目的,旨在建立有效率且有紀律之證券市場,以保障投資並發展國民經濟,其修正要點如次:

1.擴大券商業務範圍,增訂券商得經主管機關核准經營其他業務種類(第15條)。

2.擴大有價證券及發行之定義,使包括無實體之證券及帳款劃撥之發行行為(第6條、第8條)。

3.賦予主管機關得指定專家檢查發行人、券商之帳冊(第38條之1)。

4.開放全權委託之代客操作業務(第18條之3)。

5.增列規範募集、發行認股權憑證、附認股權特別股及附認股權公司債之新證券商品之管理規定(第28條之3),並放寬公司債發行總

額（第28條之7）。

6. 准許上市、上櫃公司買回自己發行之股票（即庫藏股制度）（第28條之2）。

7. 放寬遭解職券商董監經理人再任期間限制（第53條）。

8. 增訂證券集中保管事業保管之股票，得以證券集中保管事業保管之名義，登載於股票發行公司股票名簿，而增訂混合保管及採行擬制人名義作法之法律依據（第43條）。

9. 授權主管機關訂定券商出售包銷有價證券之辦法，並刪除銷售價格之限制。

10. 刪除操縱市場之虛偽交易規定（第155條第1項第2款）。

11. 擴大短線交易範圍包括具股權性質之證券（第157條第6項）。

12. 加重內線交易之刑事處罰（第157條之1及第171條）。

13. 修正罰金、罰鍰以新台幣為單位，並提高額度。

14. 公司內部人利益輸送之禁止（第171條）。

　　該等修正重點，均對實務之缺失而為規範，惟證券市場之規劃，應以前瞻之眼光，尤其對金融自由化（證券化）及國際化，應為規劃性之修正，諸如金融商品開發之限制之排除，與各國證管機關之合作及交易所連線等法規設計，均值得考量，美國近十年之商業榮景乃繫之於自由化之商業法規，此為我國管理證券市場可為借鏡。

（六）第六次修正——該修正之主要條文包括第25、27、43、113、126及177條，該修正係於2001年11月14日經總統公布修正，以下簡述其修正重點：

1. 公開申報票面金額之刪除：原第25條乃訂有票面金額之申報，因公開發行公司股票之票面金額均已統一為新台幣10元，故有關票面金額之申報並無必要，故為刪除（第25條第1項）。

2. 更改每股發行價格之申報：由於公開發行公司每股金額統一規定為拾元，故第27條規定更改每股金額之規定，並無必要，然發行價格之更改有規定之必要，故第27條第2項乃改為：公司更改其每股發行價格，應向主管機關申報。

3. 非上市（櫃）股票之交割：按已上市或上櫃股票交割應依第43條之規定以現款或現貨為之，然非上市（櫃）股票應無依該規定為現款或現貨交割之必要，故第43條就現款或現貨為股票交割，乃限於在證券交易所上市或證券商營業處所買賣之有價證券為限（第43條第

1項）。

4.證交所公益董事及監察人之選任：證券交易所之董事及監察人應有公益代表之專家參與之，會員制證券交易所之規定並無有關監事應由公益代表專家選任之規定，爰爲修正（第113條第1項），有關專家董事及監事之選任標準及辦法，應由主管機關訂之（第113條第5項）。公司制證券交易所之董事、監察人之選任標準及辦法，亦由主管機關訂之（第126條第3項）。

5.資本公積提存之除罪化：按第41條係規定公開發行公司應依規定提撥一定之特別盈餘公積及資本公積，按該等事項於公司查核簽證財務報表時，經獲會計師查核簽證或經主管機關核准，故第41條有關該等提存公積之情事應無再處以刑罰之必要，故第41條之違反應予以除罪化（第177條第1款）。

（七）第七次修正——該修正係於2002年2月6日修正公布，修正重點如下：

1.私募之規範：爲使國外盛行已久之私募得以於本國獲採行，故修正第7條、第20條、第22條、第43條之6至第43條之8等相關之規定。

2.公開收購股份之規範：爲使公開收購股份之規範得以更爲明確，爰將過去行政命令之規定，轉由證券交易法第43條之1至第43條之5爲規範。

3.內線交易標的：就內線交易之標的，將過去僅限於股票而擴張至其他具有股權性質之有價證券，第157條之1爰爲修正。

4.罰則：對前述私募、公開收購及內線交易等罰則爲配合修正之。

（八）第八次修正——該修正於2002年6月12日修正公布，該次修正之條文係包括第14條之1、第30條、第36條之1、第37條、第178條等條文，該修正係因立法院依立法院職權行使法第43條及行政程序法第174條之1修正證交法時，乃做成附帶決議要求行政院就行政程序法修正後，應提升法律位階者，應提出修正案供立法院審議，依該附帶決議，行政院遂擬定證券交易法部分修正條文，經立法院修正通過，以下說明其修正重點如下：

1.內部控制實施要點之授權立法：爲使金管會日前所頒布之「公開發行公司建立內部控制實施要點」有法律之依據，第14條之1遂爲增訂，而使公開發行公司、證券交易所、證券商及證券交易法第18條所定之證券投資信託事業等相關事業，得由主管機關訂定內部控制制度之準則，且該機構應於每會計年度終了後，向主管機關申報內

部控制聲明書（第14條之1）。而依該法所訂定之「公開發行公司建立內部控制制度處理準則」業於2002年11月18日發布。

2. 公開說明書應行記載事項之授權：發行公司除公開發行有價證券者外，其於申請上市或於櫃檯買賣中心交易者，亦應加具公開說明書，其公開說明書應載事項由證交所及櫃檯買賣中心擬訂，報請主管機關核定，該規定係授權主管機關訂定該公開說明書應行記載事項（第30條）。

3. 取得處分資產要點等授權立法：主管機關前訂有公開發行公司取得或處分資產要點、公開發行公司從事衍生性商品交易處理要點及上市上櫃公司背書保證處理要點等，該等規定因涉及人民權利義務，故就該等事項及財務預測資訊揭露等，授權主管機關訂定準則，依此，公開發行公司取得或處分資產、從事衍生性商品交易、資金貸予他人、為他人背書或提供保證及揭露財務預測資訊等重大財務業務行為，其適用範圍、作業程序、應公告、申報及其他應遵循事項之處理準則，得由主管機關訂之（第36條之1）。

4. 會計師查核準則之授權立法：會計師查核簽證財務報表規則係主管機關已發布之規則，然為配合行政程序法之要求，故於第37條乃規定就該準則由主管機關訂之。

5. 罰則因增訂第14條之1有關內部控制制度等準則之規定，就未依該準則訂定內部控制規則者，乃增訂第178條第1項第1款有關違反第14條之1第1項及第3項之行政罰。

（九）第九次修正——該修正係因行政院金融改革專案小組建議強化金融犯罪查緝，依此，乃加重銀行法、金控法、票金法、信託業法、信用合作社法及證券交易法之刑責，其中證交法係修正第171、174及178條等規定，主要內容為加重刑責（包括徒刑、罰金）及自首、自白之減刑等。

（十）第十次修正——該修正係於2005年5月18日修正公布，該次修正共增訂第174條之1、第174條之2及第181條之1等條文，其修正要點如次：

1. 增訂在一定條件下，證券犯罪行為人所從事之財產移轉行為，公司得聲請法院撤銷之（修正條文第174條之1）。

2. 增訂第171條第1項第2款、第3款或第174條第1項第8款之罪，為洗錢防制法第3條第1項所定之重大犯罪，適用洗錢防制法之相關規定

　　（修正條文第174條之2）。

　　3.增訂法院為審理違反本法之犯罪案件，得設立專業法庭或指定專人辦理（修正條文第181條之1）。

（十一）第十一次修正——該修正係於2006年1月11日修正公布，該次修正幅度頗為廣泛，共增訂證券交易法第14條之2至第14條之5、第20條之1、第21條之1、第26條之3及第181條之2條文；刪除第17條、第18條之2、第18條之3、第28條、第73條、第76條至第78條及第180條條文；並修正第3條、第6條、第14條、第18條、第20條、第22條、第25條之1、第28條之3、第44條、第45條、第51條、第54條、第6條、第95條、第150條、第156條、第157條之1、第172條、第178條、第182條之1及第183條條文，主要之修正內容重點如下：

　　1.強化公司治理制度，增訂獨立董事及審計委員會等規定。

　　2.增訂財報不實之損害賠償責任。

（十二）第十二次修正——該修正於2006年5月30日修正公布，修正理由係為因應刑法已於2005年2月2日修正，其中第四章章名已由「共犯」修正為「正犯與共犯」，故修正本法第171條及第183條條文。

（十三）第十三次修正——該修正係就公開收購得停止收購之理由，及收購超過股權百分之五十得請求召開股東會為明訂（第43之5及第183條）。

（十四）第十四次修正——該修正於2010年1月13日修正公布，修正理由為增訂受監護宣告或受輔助宣告尚未撤銷者，不得充任證券商之業務人員之規定（第54條）。

（十五）第十五次修正——該修正於2010年6月2日修正公布第21條之1、第36條、第157條之1、第177條及第183條，修正重點如國際協定、內線交易及財報等。

（十六）第十六次修正——該修正於2010年11月24日修正公布第14條之6，修正內容為薪酬委員會的設置。

（十七）第十七次修正——該修正於2012年1月4日修正公布第4、14、22、36、38條之1、141、142、144、145、147、166、169～171、174～175、177、178、179、183條條文；增訂第165條之1～165條之3條文及第五章之一章名；刪除第146條。

問題與研究

一、證券交易法之法律性質爲何？其究爲公法或私法？抑或兼而有之？

二、證券交易法之立法目的爲何？如無證交法，證券市場得否依其他法規及自律而維持市場秩序？

三、證券商與委託人間之法律關係爲行紀或居間，如交易習慣視其爲行紀，則法院得否以此交易習慣爲判決之依據？

四、現行證券交易法章節安排是否妥適？現行條文尚有何待修正之處？

五、證交法未來修正應著重於何項改革？

第二章　主管機關之職權及組織

　　依舊法證券交易法第3條之規定，該法所稱之主管機關，係指財政部證券暨期貨管理委員會（金管會），惟因金融監督管理委員會（金管會）組織法之制定（92年7月23日華總一義字第09200134050號令制定公布）及證交法第3條之修正，證交法之主管機關改為金管會，金管會有其權責指揮監督銀行局、證券期貨局、保險局、檢查局而為證交法之主管機關（參考行政程序法第11條）。為將金管會由委員會制改為首長制，2011年6月29日總統一義字第100001365號令修正公布名稱及全文，將行政院金融管理委員會組織法去除「行政院」，改為金融監督管理委員會組織法，該法並於2012年7月1日經行政院公布施行。

壹、金監法立法之緣起

　　行政院於2002年5月15日第2786次院會決議將行政院金融監督管理委員會組織法草案送請立法院審議，於行政院所草擬之該草案，係基於下列四項理由，認為有設立金管會而為特別立法之必要：其一、行政管理權之集中：由於我國目前金融檢查權分屬財政部、中央銀行及中央存款保險公司，且銀行、證券、期貨及保險業務因法令而未為合併監督管理，為使行政管理與檢查得以合一，故有設立金管會之必要。其二、我國金融控股公司經核准成立者已達十四家，金融集團之商業管理模式逐漸形成，為對橫跨銀行、證券、期貨及保險業之金融集團為有效監理，故有設立金管會之必要。其三、各國頗多有金融監理一元化之趨勢，其中最著名者包括英國、挪威、瑞典、丹麥、新加坡、日本、韓國、冰島、澳洲、奧地利及德國等國已合併銀行證券保險之監理，金監一元化似為國際間之發展趨勢。基於此等國際趨勢及合併監理之需求，行政院乃建議設立具職權與預算獨立之金管會。

貳、金監法立法之架構

　　依行政院所提出之金監法草案及2012年施行之新法，於其立法總說明中，乃強調金監法係為嗣應目前金融集團與金融控股公司之產生，為避免系

統性風險，必須建立綜合監理之機制，再者，基於諸多先進國家亦有該機制之設立，為推動我國金融監理之現代化，乃參考英國等先進國家設立單一金融監理機構，以下就其立法架構說明如下。

一、委員會改為首長制

2012年新法將金管會改為首長制，設主任委員、副主任委員，其他委員皆為財政、經濟及法務部長兼任，該委員會為諮詢性質。

二、資訊透明化

我國過去金融問題產生之原因，係部分金融機構之經營資訊無法完全透明，此主要之原因仍係整體客觀環境政治化之影響，未來金管會重大政策、法規、措施與處分，均應於適當時間內對外公布說明，以受大眾檢驗，且委員及員工均必須遵循避免利害衝突之原則（第11條）。

三、組織彈性調整

金管會之機構及人員多由財政部之金融局、保險司、金管會及中央銀行、中央存款保險公司轉移，就其組織之設計目前已有相當之規劃，主要包括銀行局、保險局、證券期貨局、檢查局及其他幕僚機構，然因金融環境之迅速變化，於設立之後勢必為相當之調整，故該法乃賦予金管會於設立後二年內，以暫行組織規程及編製表進行，各局之組織法律，應於金監法施行之日起二年內完成立法程序（修正前第30條），該等法律已於2008年陸續修正完成，因應新金管法，亦配合修正。金管會處務規程亦明訂該會內部各處室之組織，包括綜合規劃處、法律事務處、國際業務處、資訊服務處等。

四、調查權

為檢舉不法而保障金融消費者之權益，該法乃參考稅捐稽徵法及各國立法例，賦予金管會有相當之調查權（第5條）。

五、公務預算及基金設立

為符合使用者付費之原則，金管會得向業者依其營業收入或其他標準收取年度監理費及檢查費，該等相關費用得納入基金。基金之設立係因央行、存保公司人員調動之後，為使同工同酬之概念得以實踐，故依此方式加以調整。再者，為聘用市場優秀人士及進行各項研究，亦得使用該基金。除前述

支出外,對於一般性之支出則採公務預算(第6條、第7條)。

　　按金監法於2003年7月23日經總統公布,財政部係籌備金管會設立之單位,除場所、人事及經費之規劃外,依修正前金監法第3、6、7、10、25條等規定應訂定子法者,財政部亦分別擬定相關草案,各組織法已於2008年陸續通過,現行金管會之組織架構詳如圖2-1:

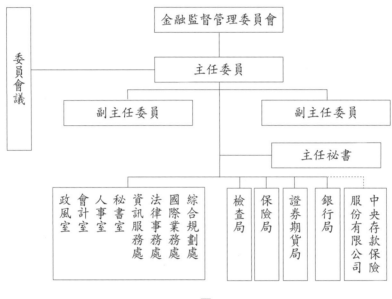

圖2-1

參、我國與各國金監一元化制度之比較

　　按英、日、韓之金融改革均有其利弊,惟由表2-1可知其均有完整之監督、檢查及處分權責,就其組織權能比較詳如表2-1:

表2-1　金融監理機關比較表

項目	台　灣	日　本	韓　國	英　國
設立目的	1.健全金融機構業務經營 2.維持金融穩定 3.促進市場發展	1.金融機能安定之確保 2.金融消費者之保護 3.金融運作之圓滑	1.促進經濟成長 2.維繫金融交易公平 3.保護金融消費者	1.促進市場信心及大眾認知 2.保護消費者 3.降低金融犯罪
法令依據	金融監督管理委員會組織法（2012.7.1施行）	金融廳設置法金融廳組織令金融廳組織規則金融審議會令	金融監理組織設置法	2000年金融服務與市場法 2001年規範之市場活動命令
主管業務	金融市場及金融服務業之發展、監督、管理與檢查業務	國內外金融制度之企劃與立法及金融機構等之檢查、監督	金融政策之擬定、金融市場及機構之監理	對金融市場相關事項訂定法規、提供指導原則、決定整體政策，及為檢查、監督及處分
內部組織架構	1.銀行局 2.證券期貨局 3.保險局 4.檢查局 5.金融監督管理基金	1.檢查局 2.監督局 3.總務企劃局 4.證券交易等監視委員會	金管會下設有企劃處、政策局、金管會等，監理事項由金監總署執行，該署下設有銀行、證券、保險、會計監理部門	FSA設有秘書部門、投資及保險部門、存款及市場部門、檢查及控部門
委員會（審議會）成員	置委員六人至十二人，其中財政部部長、經濟及能源部部長、法務部部長及新法修正施行前已獲任命之本會專任委員於新法修正施行後原任命之任期屆滿前，為當然委員，其餘由行政院院長就相關機關首長及具有金融專業相關學識、經驗	金融審議會設有委員、臨時委員、專門委員（後二者非常設）；證券交易等監視委員會設委員三人，經兩議院之同意由內閣總理大臣任命之	金管會設有主委、副主委、專任委員、兼任委員（六名），任期三年	FSA設有董事長、一位CEO、二位執行董事、十一位非執行董事

項目		台　灣	日　本	韓　國	英　國
		之人士派（聘）兼之。委員由機關代表擔任者，應隨其本職進退			
監督管理	(Supervision)	1.金融機構之設立、撤銷、廢止、變更、合併、停業、解散、業務範圍核定等 2.得設立金融交易監視系統	由監督局爲之，下設總務課、銀行一、二課與保險課及證券課，從事監督管理及早期健全化業務之實施等	1.監理法令之頒布 2.設立、合併、讓與之許可 3.檢查及處罰	1.對機構及人員爲授權執行業務 2.以風險原則爲監理
檢查方式	(Examination)	1.受檢者提供資料 2.受檢者備詢 3.聲請核發搜索票 4.其他依個別作用法	審查報告書等，並設檢查監理官一人以處理重要金融檢查之實施	1.對金融機構檢查 2.要求提供資料	1.要求控制者、關係人及機構提出財務及遵循法規報告 2.以定期及不定期、具名及不具名方式爲資料蒐集或檢查 3.機構負有變動、違法報告義務
處分權	(Enforcement)	1.由金融監督管理委員會決定 2.處分後應對外公布說明 3.其他依個別作用法		1.糾正及禁止爲一定行爲 2.解除職務 3.撤銷或停止業務	私下警告、公開譴責、罰鍰、撤銷許可、禁制令、撤銷執業許可、民刑事責任追訴

資料來源：依金監法、韓國金管會法、日本金融廳設置法及英國金融服務與市場法整理而成。

肆、金管會之定位與政策發展規劃

　　金管會如有明確之定位，則該組織之架構、預算、人事之安排，均以達成其定位與使命而爲妥適之規劃，且基於機構或公司治理之概念，應與關係人爲必要之協調及溝通，以發揮綜效、達成使命，金管會未來就監理合作組

織而言，包括中央銀行、財政部及得以指揮監督之機關（包括中央存款保險公司、證券交易所、期貨交易所、集保公司、相關基金會——金融研訓院、投資人保護中心、證券及期貨市場發展基金會、保險事業發展中心等），藉由金管會與相關部會及組織之力量，提供金融市場完整及具全面性之金融監理服務，同時，金管會亦應與民間業者及消費者強化溝通，以瞭解其需求及建立規範對其影響，金管會對利害關係人影響之評估，而就評估結果為適時、彈性、必要之反應，此為金管會作為監理服務之提供機關必須扮演之角色。

金管會基於前述資源之整合而朝向應達成之使命及定位，最重要仍必須擬定達成該使命之具體策略，該等政策或策略之規劃，必須參考外國金融監理經驗及配合我國現行法制架構，以漸進方式形成高效能之經營措施及策略。

一、健全金融機構業務經營

各國金融監理組織之主要工作係健全金融業務經營，該健全之方式包括設立之核准、業務之許可、業務之監理、不當業務行為之立即糾正及處分、撤銷許可等機制，就英國之金融監理經驗而言，健全金融機構業務經營主要係建立三道防火牆，此亦為國際存款保險組織建議之監理措施，此防火牆即「金融機構之良善經營與公司治理」、「資訊透明化與市場紀律」、「有效之檢查及早期介入與立即糾正」等措施，其中藉由金融機構自律及市場紀律可達成務實監理而降低監理成本，唯有經營者本身遵循法令及維持誠信經營，方得以提供高品質之法令遵循與金融消費者保障，金管會未來仍應以此等業者自主性之自我管理為最重要之策略，並由市場資訊對自我管理予以評價，監理機關應於必要時始介入或監理，以維持市場高度效能與彈性。

金融監理之處分與糾正機制，應以早期介入及即時糾正（PCA）之制度為之，此作法有助於降低監理成本，並使業者於早期不當業務行為時，即獲得糾正，而降低未來公共資金補救問題機構之成本，再者，立即糾正措施在於促使監理機關於一定違反法令情事發生時，避免應監理容忍而導致問題擴大，且藉由此等明確化之糾正措施，使業者有效評估遵循法令之效益及違反之損失與成本。

二、維持金融穩定

金融監理之目的不在於維持無風險或排除所有金融機構問題之監理體

制，於具彈性、創新及適度成長之金融市場中，均難免有不當或違反法令之行為，此為市場中發展過程之必要之惡，維持金融市場穩定必須由金管會、財政部、中央銀行及相關單位相互配合，該等機關必須長期分析不利於金融穩定之相關因素，尤其總體經濟政策之影響、國際資金之流動均為外部影響金融穩定之因素，就內部監理而言，前述促進金融機構健全經營之措施，均有助於金融市場之穩定，除此之外，應建立銀行、證券及保險機構經營不善之市場退出機制，以避免因無法處理此等金融機構問題，而導致更嚴重之系統風險，由於金融市場之整合及金融控股公司之設立，跨市場之風險控制體制，亦必須於金管會之資訊、檢查及處分過程中，維持適當之預警、資訊處理及線上監視體制，以瞭解或控制不當或突發之影響金融穩定因素，組織設計角度而言，各部會間之金融穩定協調機制及金管會內部設立專責單位均值為採行。

三、促進金融市場發展

金管會未來除促進金融機構健全及金融市場穩定之外，亦必須將台灣金融市場推向更具效能、競爭力及國際化之標準與規格。我國金融市場之發展，部分因素取決於金融機構及金融市場之整合，就金融機構整合而言，目前金融機構之市占率均偏低，而與香港、新加坡、韓國、英國等國家有所差異，此對金融市場穩定、合理競爭及未來跨國市場之發展均有所不利，就金融市場之整合而言，目前跨市場商品及服務機構均呈相互合作之趨勢，單一金融商品或不同商品之單一服務，是否有整合而由單一機構或規範單一化之必要，均為金管會必須研擬之議題。

金管會必須就監理之法規朝向業務自由化之管理方向，尤其必須注重新商品及新業務之開發，使我國金融業者具有國際金融機構之基本體質，同時於頒布法令時，應注重法規之效益極大化及成本最低化，以有效達成監理目標但降低法規障礙及成本。

金融市場之發展與產業發展相配合，金融市場除自身之發展外，必須注重產業發展及其他經濟發展之因素，即金融市場發展必須帶動金融服務總體人口之數量、金融市場活動對國民生產毛額之貢獻外，必須重視金融市場如何滿足台商，以台灣為發展根本之資金、管理及國際化發展之需求。

四、保護金融消費者權益

於立法院審議金監法時，部分委員提出應否將保護金融消費者列為金

融管理之目標之一，然有認為如前述目標得以達成，金融消費者權益即得以保障，惟本書以為保護金融消費者權益非僅為金融監理之目標亦為重要之策略，因此，外國法制及管理經驗所建立之金融消費者保護機制，亦應為金融監理之重要策略，其中有關「提供金融消費者申訴」、「爭議解決及法律協助」，為金管會要求民間業者及金管會本身必須建立之管理機制，同時必須對金融消費者提供必要之教育，使金融消費者瞭解金融商品之風險與效益，再者，金融犯罪為金融市場發展長期存在之問題，必須對不法行為為有效之責任追訴及控制，金融犯罪有隨著科技發展及環境變化不斷變異之可能，故必須以預防性之概念控制及防範金融犯罪，以最終保障金融消費者權益及金融機構安全經營之目標。

我國金融改革環境與他國並不一致，然大體而言，快速之金融改革必須以獨立、長期專注及有遠見之監理機制始達成該使命，此機制一方面必須控制市場風險維持紀律、對消費者權益予以保障、另一方面必須對金融市場之國際競爭力予以維繫，唯有維持金融市場穩健發展、保障相關參與者權益及促進長期競爭力之金融政策及機構，我國方得以在日益競爭之全球金融競爭環境中為生存及發展。

伍、我國金管會功能及發展之相關法制議題

如何使金管會設立之後，達成其使命，並成為東亞地區金融監理組織之典範，此必須經由妥適之領導人員之人事安排、組織體系之建立及管理策略之妥善規劃，就法制面而言，金管會應得以參考外國金監一元化之組織發展，而逐次調整其職權及行使之方法。

金管會主管金融市場及金融服務業之發展、監督、管理及檢查業務。該金融市場係包括銀行市場、票券市場、證券市場、期貨及金融衍生性商品市場、保險市場及清算系統等；所稱金融服務業包括金融控股公司、金融重建基金、中央存款保險公司、銀行業、證券業、期貨業、保險業、電子金融交易業及其他金融服務業；但金融支付系統，由中央銀行主管。金監法對此等金管會之職掌有概括性之定義，然就下列權限似仍有爭議：

一、會計師之管理

按各國對會計師之管理均明定為金監一元化之金融監理機關，我國金監法第2條對會計師等專業人員之管理並未明定為其執掌事項，此為近來會計

師法修正時，有會計師主張將主管機關回歸經濟部，此或得以證券交易法未來之主管機關爲金管會，故會計師法之主管機關爲金管會爲解釋適用，會計師法修正後金管會已正式爲會計師及其業務之主管機關。

二、金融相關機構股權之處理

　　按目前相關國營事業或證券期貨機構，乃由財政部出資而爲股東，如中央存款保險公司係由中央銀行及財政部等機構出資設立，未來是否有必要將該等股權轉爲由金管會持有，似可爲討論，就英國、加拿大及韓國而言，金管會與財政部仍爲必要之協調，就股權仍由財政部持有，我國未來是否金管會除監理外仍必須持股該等機構，似得爲討論，本書以爲若未來金管會爲該等機構之主管機關且得派任相關人員爲該等機構之董事，或指派獨立董事成爲該機構之董監事等，即得解決金融指揮之問題，似無必要將該等股權轉爲由金管會持有，此亦得避免若干政府持股之金融機構之角色衝突問題，例如過去財政部持有金融機構股份，於發行新股或民營化時，往往發生監理機關亦爲主要股東或發行人，而造成球員兼裁判之爭議，未來將監理及持股爲劃分，似符合部分國家之現況且可降低法律爭議。

三、金融違法行為之責任追訴

　　金融機構之健全經營及金融市場之穩定發展，必須依賴有效之民刑事責任追訴，以降低道德風險，於2002年所成立之行政院金融革新小組，對金融犯罪查緝訂定檢調單位之聯繫體制並建議修正銀行法、證券交易法等金融各別作用法，然由各國之金融監理經驗觀之，仍必須有適當之資源投入爲早期介入、立即糾正、犯罪防範及檢查等，使目前就應屬於檢查局或各銀行局、證券期貨局及保險局功能，並未明確，於外國之金融監理機構設計而言，均必須建立執行部門（enforcement division），以進行檢查、責任追訴及財產保全等措施，未來似應建置檢查局之任務及功能，使影響金融機構健全之經營之風險因素得以早期發現及儘早處分，就檢查局所發現之不當或違法行爲，應直接由金管會爲立即處理，並由檢查局配置充足之法律人才，以爲責任追訴及財產保全，亦有效防範揭金融犯罪及控制風險，以預防取代危機處理，仍爲金融監理之上策。

四、金融市場功能性之整合

　　由於金融控股公司之興起及金融服務界線不明確，且目前我國就金管會

之內部組織仍以金融局、證券期貨局及保險局為劃分之方法，為使整體市場風險得為有效管控及促進金融市場相關單位資源之有效運用，就各項金融業務之整合監理及相關機構之服務功能整合，此為未來金管會應策略規劃之目標，諸如證券交易所與櫃檯買賣中心之整合問題、證券集中保管公司與票券集中保管結算公司之整合、跨金融商品結算或保管之整合等問題，此均涉及金融市場之風險管控及資源有效發揮之問題，是否就各個相關事業應設立控股公司，此為金管會除法定之執掌事項外，所必須面對之整合性問題。

證券期貨市場各功能性之整合項目包括金融法規整合、金融消費者保護之整合、新商品及業務發展之整合、資源及資訊設備技能運用之整合、風險管理之整合、對外策略聯盟協商之整合、跨市場組織發展策略及金管會對市場整合之內部組織對應等，此均為整合項目之優先項目。前述整合項目中應以功能性之組織整合為座標之基準，藉由功能性之組織整合，方可達成其他業務別功能性整合之效果，以下就市場整合議題說明如圖2-2。

金融市場整合項目及工作

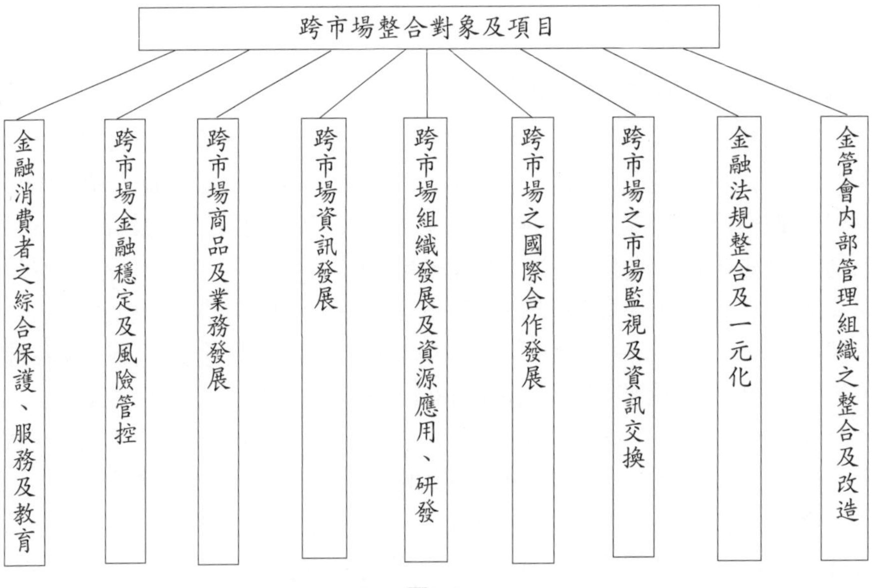

圖2-2

陸、證期局之組織

　　按規劃、執行證券、期貨市場與證券、期貨業之監督及管理者係證券期貨局（證期局）（金監法第4條）。依金融監督管理委員會證券期貨局組織法（2011年6月29日）第2條之規定，證期局掌理下列事項：

一、公開發行公司、有價證券募集、發行、上市、證券商營業處所買賣之監督及管理。

二、期貨交易契約之審核與買賣之監督及管理。

三、證券業與期貨業之監督及管理。

四、外資投資國內證券與期貨市場之監督及管理。

五、證券業、期貨業同業公會與相關財團法人之監督及管理。

六、證券投資信託基金、有價證券信用交易之監督及管理。

七、會計師辦理公開發行公司財務報告查核簽證之監督及管理。

八、證券投資人及期貨交易人之保護。

九、與本局業務有關之金融機構檢查報告之處理及必要之追蹤、考核。

十、其他有關證券業與期貨業之監督及管理。

問題與研究

一、展望未來十年，於金融自由化、國際化之潮流上，主管機關應如何規劃證券市場，使我國成為亞洲金融中心之一？

二、我國已開放外國期貨經紀商來台設立分公司，以接受國人投資外國期貨之委託，亦準備開設期貨、選擇權及股價指數，此等交易應由證交法或期貨交易法規予以規範？

三、金管會之設立對證券期貨市場有何影響？對投資人保護之利弊為何？

第三章　證券交易法之規範範圍

壹、規範之行為

　　證券交易法第2條規定：「有價證券之募集、發行、買賣，其管理、監督依本法之規定；本法未規定者，適用公司法及其他有關法律之規定。」依此規定，可知該法主要規範之行為乃「有價證券之募集、發行及買賣」，所謂之「有價證券」、「募集」、「發行」，分別規定於第6、7、8條等各條，而買賣原規定於第9條，惟1988年修正時已刪除，則此買賣之涵義，應適用民法第345條之規定，即凡當事人約定一方移轉財產權於他方，他方支付價金之契約者均是。再者，股份轉換等財產權交易行為，雖非屬支付價金行為，惟依民法第347條之規定，民法買賣規定對有償契約準用之，依此，證交法第2條買賣行為應為廣義解釋。

　　查諸證券交易法之規定，其實不限於規範「有價證券之募集、發行及買賣」，諸多信用交易、委託書之使用等事項，亦均屬於該法之規範範圍，則為避免爭議，似宜將該條之規定改為：「有價證券之募集、發行、買賣及其他有關事項，其管理、監督依本法之規定；本法未規定者，適用公司法及其他有關法律之規定。」

貳、規範之證券

　　民商法之有價證券指表彰具有財產價值之私權證券，其權利之發生、移轉或行使與該證券有不可分離之關係。證券交易法所定義之證券與民商法觀念不同，前者之證券僅限於資本證券，而不包括票據，其規定之範圍包括：「政府債券、公司股票、公司債券及經財政部核定之其他有價證券（第1項）。新股認購權利證書、新股權利證書及前項各種有價證券之價款繳納憑證或表明其權利之證書，視為有價證券（第2項）。前二項規定之有價證券，未印製表示其權利之實體有價證券者，亦視為有價證券（第3項）。」（第6條）分別如下述：

一、政府債券

政府為達其財政目標而發行政府債券,其不論中央或地方政府所發行;記名或無記名均屬政府債券。該債券之發行,不必經主管機關核准或申報生效後,即得為之(第22條第1項)。登錄型公債為政府公債之一種,亦屬證交法規定之有價證券(86年台財證(法)字第42132號函)。

二、公司股票、公司債券

公司股票及公司債券分別為表彰股東權及對公司債權之證券,而該等證券不以依本法規定之發行程序發行者為限,以避免限縮證交法之運用範圍,違法者利用此限縮範圍而募集非本法之「股票、公司債」,致有損於大眾權益。依此,證交法修2000年修正以該等證券是否公開募集乃是否豁免交易之問題,故刪除「公開募集、發行」等文字。

三、經財政部核定之其他有價證券

現經財政部核定者包括:
(一)證券投資信託事業為募集證券投資信託基金,所發行之受益憑證(77年台財證(三)字第09030號函)。
(二)外國之股票、公司債、政府債券、受益憑證及其他有投資性質之有價證券,凡在我國境內募集、發行、買賣或從事投資服務者亦是(81年台財證(二)字第50778號函)。
(三)外國人在台募集資金赴外投資所訂立投資契約亦屬有價證券(76年台財證(二)字第06934號函)。

四、新股認購權利證書、新股權利證書及各種證券之價款繳納憑證或表彰其權利之證書

所謂之「新股認購權利證書」,指依公司法第267條,由公司發給員工、股東用以表彰其新股認購權利之證書,或依證券交易法第28條之3,所發行之認股權憑證。所謂之「新股權利證書」指公司如依公司法第240條、第241條之規定增資發行新股,於上市買賣前所先行印製表彰其股東權之證書。其他表彰第6條第1項之權利證書或價款繳納憑證,亦視為有價證券。

五、無實體證券

由於交易成本、遺失風險等問題之考量,證交法乃修正准許無實體發行

有價證券，該等證券亦視為有價證券（2006年1月11日新增第6條第3項）。

　　市場上以公司或個人向公眾籌募資金簽訂之契約或其他文件，是否為本條之有價證券？司法實務上曾認為公司出售不動產持分，而同時與持分買受人簽訂契約，負責經營該不動產使持分買受人分享經營利潤之安排，為招募股份之行為，應受證券交易法之規範。實務上某公司經由盤商而向大眾銷售股條，其於外國法制上認定為股票，而認為係股權證券或投資契約之一種，具有價證券之性質，我國法規如何適用仍有爭議。有關不動產證券化商品因立法院已通過不動產證券化條例，故法規運用上應適用該條例。再者，「投資契約」（Investment Contract）在實務上頗為流行，諸如各種招募俱樂部之會員證，或募集資金赴外投資所訂立之投資契約，其投資人給付資金而取得之憑證，是否為有價證券，目前實務上似未認定為有價證券，惟未來證交法修正時應仿美國法將投資契約納入為有價證券。

　　各種金融性期貨（financial futures）或選擇權（options）是否為有價證券尚有爭議，於美國司法實務上，認為各種期貨契約（含證券期貨、期貨選擇權）是屬於期貨管理委員會之職權，而金管會則管理證券及證券選擇權之交易。為有效規範新型之金融商品，似宜統一事權將期貨商品，不論為國外、國內商品或具金融、農產品之性質者，均由期貨交易法規定之，現行期貨交易法，即為如是之規範。

　　未經主管機關核准或申報而募集、發行前述之有價證券者，應負第175條之刑責。

問題與研究

一、證券交易法規範之行為包括哪些？證券交易法與銀行法如對證券之募集同為規範（如外國基金之銷售），應先適用何種法律？

二、證券交易法之有價證券概念為何？與民商法之有價證券有何不同？投資契約是否為有價證券？

三、出售固網公司股條、不動產持分憑證、高爾夫球俱樂部會員或賽馬俱樂部會員證書、未上市之科技公司股條，是否違反證券交易法？

四、某外商銀行總行派員到我國各大上市公司，推銷其於國外之外幣存款帳戶、期貨基金、連動式債券或提供投資資訊，有無違反證券交易法？

第四章　證券交易法之立法原則

壹、立法原則之內涵及重要性

　　證券交易法之立法目的係以保護投資人為優先，而為達成保護投資人之目的，須以「主管機關及相關單位之監理及處分」、「公司治理及市場機能」及「投資人權益主張」為三大主軸，主管機關為促使三大主軸發揮效能，必須在證券交易上設計完整之「資訊揭露及公開關係」及「防範利害衝突之規制」，整體證券交易法之內涵即以實踐此二原則為主軸。

貳、公開原則

一、公開原則之意義及效能

(一)公開原則之意義

　　證券交易上所謂公開（Disclosure）原則，係指發行公司於證券募集、發行或出賣時，應提供投資人公開說明書，或發行公司應定期提出其營業及財務報告，或於公開收購股權、委託書時，提出參考書類或說明書等，以供投資人為有價證券投資判斷參考之制度。

　　在現代資本主義經濟社會中，工商業愈發達，經營企業所需之資金亦愈龐大，致演變為公司之企業所有企業經營分離現象，即公司股票持有人並未實際參與公司之經營與管理，而賴以促使企業所有者與經營者為溝通之工具，即為企業內容公開制度。蓋企業經營者唯有將判斷企業財務狀況、獲利能力等有關資料公開，一般投資人始能作正確合理之投資決定。企業公開制度，係以對一般公眾公開有關之資料，以有利投資人保障，而達證券交易法第1條所揭示之宗旨。

(二)公開原則之目的及功能

　　由前所述，公開原則之目的及其功能可歸為下列幾點：

1.提供投資判斷之必要資訊

　　按公開原則之目的係對一般投資大眾提供投資判斷之必要、正確資料，

以確保其投資權益及投資行為之正確性。基於此，公開原則可完全發揮保障資本市場公平競爭之功能。

2.提供公司關係人正確資訊，得為權利之行使

所謂權利之行使，如於收購委託書時，為使被收購者得適當行使股票權，由企業提供必要、正確之書類，以為參考、判斷。

3.企業不法行為之防治

公開原則可使企業之商業行為，有自我治癒之機能，美國大法官Louis D. Brandise於其著作*Other Peopoe's Money and How the Banker Use it*, 1914一書中，曾以「公開原則可矯正社會上及企業上之弊病，公開原則有如太陽，是最佳之防腐劑，有如電燈，是最有能力之警察」而為說明，因此，公開原則除提供投資人作合理判定證券投資價值之功能外，尚具有防止企業活動不法行為之功能。

（三）公開原則之批判

茲有下列三種學說批判公開原則：

1.有效市場說

此一學說認為證券投資專業機構已足以形成有效市場，基於此，有效市場決定其購買證券之報酬，或其投資組合。而在此有效市場中，一般投資人是否獲取資訊並無意義。

2.投資組合說

此一學說認為公司之公開制度，主要目的是提供投資人之投資判斷，以減少投資風險，但是基於投資組合說，投資證券以分散投資之方式，即足以規避風險，是以公開原則並無必要。

3.成本效益分析說

此一學說認為美國在證券交易法施行前及施行後，對於公開發行證券之品質，並無明顯之改進，故公開原則之實行，其成本顯超過效益。

公開原則雖有上述學說之批判，然為維繫投資大眾對證券市場之信心，依美國學者之分析，認尚有維持之必要，但應注重其效益及業者之法規遵循成本。

二、公開原則之有效基準

公開原則之目的，在於提供資料，以供投資人判斷證券之投資價值，為使公司公開之事實確為投資人所使用，其須達下述三項有效基準：

（一）完全性及正確性

　　所謂完全性，係指提供投資人判斷證券投資價值之相關必要資料，必須完全予以開示。惟爲全部投資人之有效利用而言，相關資訊之全部開示，並不妥當，故所謂完全開示，應指投資有價證券之必要且重要之情報，須完全予以公開。何謂「必要且重要」之情報？應以具體之事實爲實質上之判斷。

（二）時效性

　　所謂時效性，係指爲使投資人得依企業公開之資訊，而合理判斷證券之投資價值，發行公司必須迅速提供其現在狀態之重要資訊，以避免內部人不當利用該資訊，而爲內部交易，造成市場不公平之現象。

（三）利用容易性

　　公開原則應基於一般投資人利用容易之考量，一般機構投資人，由於具有專門之知識及經驗，其以此標準所決定之投資情報，要完全利用頗爲困難，故所謂利用容易性，應就一般投資人之觀點著眼，使投資判斷上所須知之內容，簡潔、明確而容易爲其所理解。

三、公開原則之內涵

（一）初次公開

　　所謂初次公開，係指有價證券之募集、發行或賣出時，對於不特定多數人取得有價證券，公開發行公司必須依法提出公開說明書（證券交易法第30、31條）。公司編製公開說明書應依「公司募集發行有價證券公開說明書應行記載事項準則」，如爲金融事項另行遵循「金融業募集發行有價證券公開說明書應行記載事項準則」。

（二）繼續公開

　　所謂繼續公開，係指發行公司於發行證券後，必須依照證券交易法之規定，定期或於適當時間，提出一定之財務報告。而依證券交易法第36條之規定，繼續公開有下列幾項：

1.年度報告書

　　已依證券交易法發行有價證券之公司，應於每會計年度終了後三個月

內，向主管機關公告並申報經會計師查核簽證、董事會通過及監察人承認之年度財務報告。（證券交易法第36條第1項第1款）公司編製財務報表應遵循「證券發行人財務報告編製準則」、「關係企業合併營業報告書關係企業合併財務報表及關係企業報告書編製準則」。

2. 季報

已依證券交易法發行有價證券之公司，於每會計年度第一季、第二季及第三季終了後四十五日內，公告並申報經會計師核閱及提報董事會之財務報告。（證券交易法第36條第1項第2款）（本款自102會計年度施行）

3. 月報

依證券交易法發行有價證券之公司，於每月十日前，應公告並申報上月份營運之情形（證券交易法第36條第1項第3款之規定）。

4. 年報

已依證券交易法發行有價證券之公司，應編製年報，於股東常會分送股東。公司編製年報應遵循「公開發行公司年報應行記載事項準則」。

（三）臨時公開

依證券交易法發行有價證券之公司，於發生對股東權益或證券價格有重大影響之事項，或股東常會承認之年度財務報告與公告與向主管機關申報之年度財務報告不一致時，公司應於事情發生之日起二日內，公告並向主管機關申報。關於對股東權益或證券價格有重大影響之事項，參照證券交易法施行細則第7條之規定。

另台灣證券交易所亦依「對上市公司重大訊息之查證及公開處理程序」之規定，要求上市公司公開重大訊息。並指出為期提升資訊揭露之即時性與效益，上市公司董事會決議通過合併、分割、收購、股份受讓等議案時，應辦理相關資訊之揭露。且公司之股東會及董事會依公司法第209條及第32條規定決議許可董事及經理人從事競業行為者，屬「對上市公司重大訊息之查證暨公開處理程序」所稱之重要決議事項及重大決策，亦應依處理程序辦理資訊揭露事宜。

（四）公開收購股權之公開

所謂公開收購股權，係指對不特定多數人，以同一投資條件而為有價證券之收購，依此方式公開收購股權時，必須依照證券交易法第43條之1以下之規定，向主管機關提出一定之文件。而依現行證券交易法第43條之1以下

之規定，公開收購股權之規範有下列之規定：

1.凡公開收購股權者，須向主管機關申報其股份之目的資金來源，及其他主管機關規定應行申報之事項。

2.如不經由集中交易市場或證券商營業處所，而係對非特定人收購公開發行之有價證券者，除係屬特定情形外，非經主管機關之核准，不得為之。

(五) 收購委託書之公開

所謂收購委託書之公開，依證券交易法第25條之1規定，係指徵求收購委託書時，須依公開發行公司使用委託書管理規則之規定為之，並向主管機關申報一定之資料。

(六) 發行公司內部人股權變動之公開

依現行證券交易法第25條之規定公開發行公司內部人，即董事、監察人、經理人及持有股份達公司股份總額10%以上之股東，須將其持有公司股票種類、股數及金額，主管機關申報並公告之。同條第2項並規定，上述內部人持股發生變動時，應向公司申報，公司彙總後，於每月15日前，向主管機關申報，必要時，主管機關尚得命令其公告之。

依證券交易法第157條之規定，公司內部人於六月內賣出買進、買進賣出之行為，得對該內部人行使歸入權，若公司不行使時，股東得代位行使之。公司或股東行使歸入權時，須知悉公司內部人股權變動之資料，其資料之來源，即依證券交易法第25條，公司內部人依此規定向主管機關之申報時，可獲悉其股權變動之情形，並據以行使歸入權。依此可推論第25條及第157條為相互配合之條文，公司或股東得依第25條之資料行使第157條之歸入權。

前述第36條第1項各款之申報，依金管證發字第0990041685號，公開發行公司應向行政院金融監督管理委員會之「公開資訊觀測站」申報或公告。此等規定有助於業者申報、主管機關及投資人直接資訊之取得。

四、公開原則之發展方向

公開原則有多學者批評之，惟自美國安隆案後，為避免經營者操縱財務報表，因此，強化公開及經營者責任，以提高投資人信心及保障投資人權益，已成為各國之主要立法趨勢：

（一）經營者之公開責任

經營者必須對年度財務報表等出具確認函，以承諾該公司財報之眞實性，若明知而不實出具該確認函或虛僞揭露財務報表資訊者，負重大刑責。2006年1月11日修正之證券交易法第14條第3項即明文規定，第1項財務報告應經董事長、經理人及會計主管簽名或蓋章，並出具財務報告內容無虛僞或隱匿之聲明。

（二）會計師之管理

爲確保會計師之獨立性，會計師對特定公司之簽證應行輪流或揭露，且主管機關對會計師事務所有諸多直接監督、處分權限。

（三）審計委員會之設置

上市公司應設有由獨立董事組成之審計委員會，並由該委員會負責會計師之選任、監督及財報疑義之解決。2006年1月11日修正之證券交易法第14條之4及第14條之5，並已就審計委員會之設置、成員組成及決議事項等作明確規範。

（四）主管機關對財報之密集審查

按自美國雷根總統以來，美國政府爲減輕政府負擔，而採行抽樣審查制度，惟自沙賓法案以來，美國乃強化其對財報審查之人力及工作。

（五）公司未來狀況之公開

按有價證券發行公司，未來業績預測之公開，與投資人投資之判斷有密切重要之影響，美國證券管理委員會對於發行公司未來業績之預測，並未採取強制制度，僅對其公開未來業績之預測，採行獎勵政策，但我國舊法則採取強制措施（詳86年台財證(六)字第00588號函）。證交法修正條文第36條之1，明文授權主管機關訂定財務預測資訊之規定。2004年12月9日修正之「公開發行公司公開財務預測資訊處理準則」（金管證六字第0930005938號），考量到隨著我國證券市場規模逐步擴大，公司面臨之經濟環境日趨複雜，爲符合國際作法及實務需要，爰修正財務預測制度改採自願公開方式，並參考國外有關預測性資訊公開之相關規定及實務運作方式，提出相關調整方向。

五、公開原則之執行

　　爲督促發行公司運行公開原則及法令，得就違反之事實而分別爲行政處分、刑事追訴及民事求債，主要依據爲第20、31、32、171、174、177、178條等條文。除前述法律責任追訴外，另證券暨期貨市場發展基金會亦對上市（櫃）公司之公開資訊爲評鑑，期以市場制約力量導引發行公司爲資訊公開，以法律及市場力量並用，公開原則之執行方得爲落實。

參、利害衝突之防免

一、利害衝突之概念

　　證券交易法之立法目的，在保障投資人而防止各種詐欺之行爲，而詐欺行爲最亟待防治者，爲利害衝突（Conflict of Interests）之行爲。按證券發行或交易時，交易之主體間，彼此應負有忠實義務，所謂之忠實義務，乃受託人須以受益人之利益爲處理事務之唯一目的，而不得考慮自己的利益或圖利他人，即須避免與其他法律關係之主體間生利害衝突之情事。

　　當證券發行或交易之主體處理事務，而此事務牽涉自身之利益時，或基於人類之天性，該主體往往無法爲公平之處理；而於該事務牽涉第三人利益時（該第三人之利益亦可能間接影響其利益），該主體亦可能爲某種原因而圖利他人。該法律主體違反忠實義務之行爲具道德之可非難性，應予防免。

二、利害衝突行為之防免

　　就利害衝突防免之規範，立法例上可分爲下列方式：
（一）要求公開利害衝突之行爲，並經股東會、董事會或委任人之同意。
（二）要求無利害關係之董事或其他人，就該交易行爲報告，並析述其公平性。
（三）原則禁止有利害關係之行爲，惟經一定程序而受核准者爲例外。
（四）只允許經濟上價值不大之利害衝突之交易。
（五）全面禁止與內部人有利害關係之交易，亦不設各種例外許可之情形。

　　利害衝突及利益輸送之行爲導致公司資產掏空及投資人受損害之事件，於證券市場上仍不免發生。公司法於2001年修正時，增訂公司負責人之忠實義務（第23條第1項），並於2012年1月4日增訂歸入權之設計（第23條第3項），證券交易法規視利害關係之嚴重性，而採上述之立法例爲分別規

範。如爲絕對禁止行爲，爲達成有效禁止之效果，應考慮下列三方面並行之措施：

1.主管機關爲各種定期與不定期之檢查。

2.要求對可能生弊端之行爲，予充分公開或爲申報。

3.對不正行爲課以一定之民、刑事或行政責任。

　　證券交易法規中之利害衝突防免之規範，重要者諸如：

（一）證券商利害衝突之防免

　　按證券經紀商受投資人之委託買賣有價證券，其對委託人負忠實義務，自不得利用受託而圖利他人或自己，故「證券商管理規則」第43條規定：證券商在集中交易市場自行及受託買賣有價證券，應分別設立帳戶辦理申報與交割，申報後不得變更。第44條規定：證券商於受託買賣，不得利用受託買賣之資訊，對同一之買賣爲相反之自行買賣。違反前述規定者，證券商應負證券交易法第66條之行政責任，至於民事責任，由於法令並無明文之規定，故只得依行紀法律關係向經紀商請求損害賠償。

（二）公司內部人之內線交易禁止

　　公司之內部人對公司負有忠實義務，故不得利用內部消息而爲圖利，否則有損於發行公司及交易之相對人，違反者應負第157條之1之民事責任，以及第171條之刑事責任。

（三）證券投資信託事業（經理公司）

　　經理證券投資信託基金，對受益人負有忠實義務（證券投資信託及顧問法第7條），故選任之保管機關不得與經理公司有投資關係；而經理公司固不得與基金爲交易，亦不可投資與經理公司有利害關係之公司。

（四）利益輸送之禁止

　　發行公司內部人（即董事、監察人、經理人）或受僱人利用職務，以直接或間接方式，使公司爲不利益之交易，且不符營業常規之行爲，致公司遭受重大損害者，證交法2000年修正條文，明訂此種利益輸送行爲之刑罰（第171條第2款），而得處三年以上十年以下之徒刑。

　　證券市場之公平交易須有有效之利害衝突行爲防範機制，此機制必須不

斷檢討以因應新型態之市場行為，美國沙賓法案近來著重於分析師、券商、會計師及董事之利害衝突防免，此均為我國法所參酌。再者，該等機制必須有調查、處分、責任追訴體制為有效執行。

問題與研究

一、公開原則之意義、目的及內涵為何？投資人對違反公開原則規範之發行人，有何求償之途徑？

二、利害衝突防免規範之概念為何？該規範有何實際之規定？對違反防免利害衝突之人，有何民、刑事及行政責任之處分？

三、銀行或信託投資公司兼營證券業，有何利害衝突之可能情形？應如何為規範？

四、某外國證券擬於我國上市，或台灣證券交易所與外國交易所連線交易，則該等證券發行應適用我國或外國之公開體系？有無統合各國公開體系及規範之可能？

第貳篇

發行公司之規範
有價證券之發行程序與

第五章　證券公開發行之程序

壹、募集、發行之意義

　　所謂「募集」，乃發起人於公司成立前或發行公司於發行前，對非特定人公開招募有價證券之行為（第7條）。所謂「發起人」泛指參與公司設立，並從事有關招募之人，凡「從事籌備設立公司」或「有招募有價證券事實」之人，均包括之，不以在章程上簽名者為限（78年台財證(二)字第12850號函）。「發行」乃發行人於募集後製作並交付，或以帳簿劃撥方式交付有價證券之行為（第8條第1項）。以帳簿劃撥方式交付有價證券之發行得不印製實體之有價證券（第8條第2項）；第2項之規定係2000年修正而增訂，目的係為降低交易成本及風險。於發行市場中，發行人為籌措資金，必經由此募集、發行程序，此有價證券之募集與發行之程序，因涉及投資大眾之權益，故公司法及證券交易法令中，規定由主管機關予以監督管理，並制定嚴整之程序（第22條）。

　　公司法中所稱公開發行，即證券交易法之發行，公司法之公開發行包括下列情形：募集設立（公司法第13條）、公開發行新股（同法第268條）、發行公司債（同法第248條）及其他有價證券，而證券交易法對募集及發行程序，主要規定於該法第22條及發行人募集與發行有價證券處理準則。

　　公司發行之法律性質如何？學者以為應指經由公開發行程序辦理發行者，即為公開發行，而非專指透過公開承銷之部分，故例如發行新股時，部分透過公開承銷，部分為員工、股東優先認購，全均屬於公開發行；證券交易法第22條第2項即規定：「已依本法發行股票之公司，於依公司法之規定發行新股時，除依第43條之6第1項及第2項規定辦理者外，仍應依前項之規定辦理。」此規定之意旨，即在使發行公司之股票，縱部分非依公開發行程序辦理者，均依同一程序辦理公開發行（即申報生效），使具同一性質，便於主管機關對發行公司之管理。

貳、私募之規範

　　為協助企業募集資金，除公司法已創設私募公司債之規定外（公司法第

248條第2項），證交法於2002年2月修正對私募有價證券亦有完整之規定，略述其修法重點如下：

一、私募之標的

為使企業籌募資金方式更具有彈性，並配合企業併購法推動企業併購政策，我國證交法參酌美國、日本對於私募之法例，引進私募制度，由於私募制度牽涉資本市場籌集資金之規範，為健全我國私募制度之發展，應於本法明定私募之定義，並配合修正募集之定義，將募集之標的由股份或公司債，修正為有價證券，以求周延（證交法第7條）。

二、私募詐欺之禁止

為保障投資人權益，增訂有價證券之私募不得為虛偽、詐欺，或隱匿不實等情事（第20條）。

三、私募之申報

參考美、日私募之規定，明定有價證券之私募排除本法第22條第1項應先經主管機關核准或向主管機關申報生效之規定（第22條第2項）。

四、股東會或董事會之核准

有價證券之私募，因排除原股東及員工優先認購權利，涉及股東權益，爰明定應經股東會之決議同意，並應於股東會召集事由列舉說明相關事項，不得以臨時動議提出；復考量上市（櫃）公司股東會召集不易及股東成員每年變動幅度大，明定公司得於股東會決議之日起一年內，分次辦理。由於公司債之募集依公司法第246條規定，僅需經由董事會決議通過，為求簡便，增訂公司債之私募，得免經股東會決議。另參酌美、日立法例，明定私募之對象以及人數之限制，暨增訂公司負有提供資訊之義務暨事後報備主管機關之規定（第43條之6）。

五、私募證券取得後之銷售

為保障投資人權益，增訂有價證券之私募及再行賣出不得為一般性廣告或公開勸誘之行為，違反者，視為對非特定人公開招募之行為。另為避免私募之有價證券透過轉讓以規避公開招募程序之適用，爰參酌美國私募制度，訂定私募有價證券得再轉讓之條件；又為使投資人了解私募有價證券轉讓之

限制，爰訂定資訊揭露之規範（第43條之7及第43條之8）。前述之一般性廣告或公開勸誘行為係指「以公告、廣告、廣播、電傳視訊、網際網路、信函、電話、拜訪、詢問、發表會、說明會或其他方式，向本法第43條之6第1項以外之非特定人為要約或勸誘之行為。」（施行細則第8條之1）。

六、違反規定之處罰

為健全私募制度，避免流弊，就有價證券之私募，違反私募應經股東會決議及對象之規定，以及違反私募有價證券再行賣出規定者，明定其相關刑責（第175條及第177條）。為保障投資大眾權益，對於有價證券之私募未依規定報請主管機關備查、未於有價證券私募股東會召集事由中列舉並說明相關事項，以及分次辦理私募未依規定事先於股東會召集事由列舉並說明相關事項者之處罰（第178條）。

茲依前述新修正之規範（第43條之6及第43條之8），主管機關對「符合條件之自然人、法人或基金」（第43條之6第1項第2款），及「持有期間、交易數量之限制」（第43條之8第1項第2款），亦進一步詳為規範（91年台財證(一)字第0910003455號函及91年台財證(一)字第0910006007號函）：

一、證交法第43條之6第1項第2款所稱符合主管機關所定「符合條件之自然人、法人或基金」，係指符合下列條件之自然人、法人或基金：
　　（一）對該公司財務業務有充分了解之國內外自然人，且於應募或受讓時符合下列情形之一者：
　　　　1.本人淨資產超過新台幣1,000萬元或本人與配偶淨資產合計超過新台幣1,500萬元。
　　　　2.最近兩年度，本人年度平均所得超過新台幣150萬元，或本人與配偶之年度平均所得合計超過新台幣200萬元。
　　（二）最近期經會計師查核簽證之財務報表總資產超過新台幣5,000萬元之法人或基金，或依信託業法簽訂信託契約之信託財產超過新台幣5,000萬元者。
　　所稱淨資產指在中華民國境內外之資產市價減負債後之金額；所得指依我國所得稅法申報或經核定之綜合所得總額，加計其他可具體提出之國內外所得金額。
　　前揭各符合條件之自然人、法人或基金，其資格應由該私募有價證券之公司盡合理調查之責任，並向應募人取得合理可信之佐證依據，應募人

須配合提供之。

但依證券交易法第43條之8第1項第2款規定轉讓者，其資格應由轉讓人盡合理調查之責任，並向受讓人取得合理可信之佐證依據，受讓人須配合提供之。

二、證券交易法第43條之8第1項第2款所稱依主管機關所定「持有期間及交易數量之限制」，指符合下列條件者：

（一）該私募有價證券為普通股者，本次擬轉讓之私募普通股數量加計其最近三個月內私募普通股轉讓之數量，不得超過下列數量較高者：

1. 轉讓時該私募普通股公司依證券交易法第36條第1項公告申報之最近期財務報表顯示流通在外普通股股數之0.5%。

2. 依轉讓日前二十個營業日該私募普通股公司於台灣證券交易法所或證券商營業處所買賣普通股交易量計算之平均每日交易量之50%。

（二）私募有價證券為特別股、公司債、附認股權特別股或海外有價證券者，本次擬轉讓之私募有價證券加計其最近三個月內已轉讓之同次私募有價證券數量，不得超過所取得之同次私募有價證券總數量之15%。

三、證券交易法第43條之8第1項第4款所稱「基於法律規定所生效力之移轉」：係指繼承、贈與及強制執行等基於法律規定效力而取得或喪失所有權者。因繼承、贈與、強制執行及質權設定所取得之私募有價證券，再行賣出仍應受證券交易法第43條之8第1項規定之限制。

四、依證券交易法第43條之8第1項第6款規定辦理私人間直接讓受者，其受讓人及嗣後再行賣出不受證券交易法第43條之8第1項規定之限制。

五、證券交易法第43條之8第1項第6款之主管機關核准者，係包括實行質權等方式，但取得人應符合第43條之6第1項之要件（92年台財證(一)字第0920101786號函）。

六、私募證券應募人於三年內為信託移轉者，不受該條第1項之限制，但受託人為處分時，仍受限制（93年6月11日台財證一字第0930116267號令）。

除前述一般性公開發行公司私募之規定外，針對投信及投顧事業私募員工認股權憑證等有價證券，主管機關亦有私募程序之規定（91年台財證(四)字第0910003581號函、第0910003582號函）。投信及投顧法另亦對私募基

金爲規定（投信投顧法第11條）。

　　爲利公開發行公司辦理私募有價證券之遵循，並確保原股東權益，行政院金管會特別訂定「公開發行公司辦理私募有價證券應注意事項」（94年10月11日金管證一字第0940004469號），重點說明如下：

一、注意事項用詞定義

（一）參考價格

1.上市或上櫃公司以定價日前一、三或五個營業日擇一計算普通股收盤價簡單算數平均數扣除無償配股除權，並加回減資反除權後之股價。
2.興櫃股票、未上市（櫃）或未在證券商營業處所買賣之公司，以定價日最近期經會計師查核簽證之財務報告顯示之每股淨值。
該注意事項就交換公司債亦明訂參考價格計算方式。

（二）獨立專家

　　指會計師、律師或證券承銷商，且不得與公開發行公司或應募人爲關係人。

二、股東會應充分說明事項

　　公開發行公司依證券交易法第43條之6私募有價證券，除普通公司債得經董事會決議外，應依同條第6項規定於股東會召集事由中列舉下列相關事宜，並於股東會充分說明：

（一）私募價格訂定之依據及合理性

1.私募普通股或特別股者，應載明私募價格不得低於參考價格之成數、訂價方式之依據及合理性。
2.私募轉換公司債、附認股權公司債等具股權性質之有價證券者，應載明私募條件、轉換或認購價格不得低於參考價格之成數、暫定轉換或認購價格，並綜合說明其私募條件訂定之合理性。

（二）特定人選擇方式

1.於股東會開會通知寄發前已洽定應募人者，應載明應募人之選擇方式與目的及應募人與公司之關係。應募人如屬法人者，應註明法人之股

東名稱及該法人股東持股比例占前十名之股東名稱及其持股比例。

2.於股東會開會通知寄發後洽定應募人者，應於洽定日起二日內將上開應募人資訊輸入公開資訊觀測站。

（三）辦理私募之必要理由中，應載明不採用公開募集之理由、辦理私募之資金用途及預計達成效益

三、資訊公開

（一）上市及上櫃公司應依台灣證券交易所股份有限公司（以下稱證交所）及財團法人中華民國證券櫃檯買賣中心（以下稱櫃檯買賣中心）規定將私募有價證券資訊輸入公開資訊觀測站：

1.寄發股東會開會通知日起二日內：證券交易法第43條之6第6項應於股東會召集事由中列舉之事項。

2.私募定價日二日內：私募金額、私募資金用途、運用進度與預計達成效益、當次及預計累計私募數額達實收資本額比例、應募人選擇方式、股東會決議私募價格訂定依據、私募之參考價格及實際私募價格、轉換或認購價格；如私募價格、轉換或認購價格與參考價格差異達20%以上者，應洽獨立專家表示意見，並公開差異合理性及專家意見。

3.每季結束後十日內：私募有價證券之資金運用情形，應於股款或價款收足後迄資金運用計畫完成，公開私募資金運用情形季報表。

（二）公開發行公司於股款或價款收足後十五日內，應依證券交易法第43條之6第5項規定將私募有價證券資訊輸入公開資訊觀測站：

1.私募有價證券之種類、股東會決議日期、私募金額、私募單位價格、價格訂定之依據、本次私募總股數、股款或價款繳納完成日期、交付日期、到期日期、辦理私募之理由、私募對象、應募人持股比重、應募人與公司之關係、應募人預計取得董事或監察人席次。應募人如屬法人者，應註明法人之股東直接或間接綜合持有股權比例超過10%或股權比例占前十名之股東名稱。

2.私募員工認股權憑證案件者，應併公開單一認股權人認股數量、單一認股權人每一會計年度得認購數量、履約方式及權利存續期間。

3.私募海外有價證券案件者，應併公開有價證券種類、發行幣別及掛牌地點。

（三）公開發行公司自股款或價款收足後迄資金運用計畫完成，應於年報中揭露私募有價證券之資金運用情形及計畫執行進度。

參、註冊制與核准制

一、意　義

證券之募集與發行時，主管機關以發行人所提出相關書件予以審查，如未發現異常即予以核准，即為申請核准制，否則為註冊制、登記制或申報生效制。詳言之，所稱申報生效，謂發行人為募集與發行有價證券，依規定檢齊相關書件向主管機關提出申報，除因申報書件應行記載事項不充分、為保護公益有必要補正說明或經金管會退回者外，其案件自申報之日起屆滿一定期間即可生效（發行人募集與發行有價證券處理準則第3條）。

美、日兩國對發行制度均採註冊制，而我國兼採註冊制、核准制，不論採何制度，均規定發行人於發行時均須編製公開說明書，且須申報一定事項，以符保障投資人之公開原則。惟於核准制，主管機關得據該資料規定是否核准發行；於註冊制，主管機關則僅得要求該資料須符適當性、正確性。

二、2006年前兼採註冊制、核准制之理由

證券交易法第17條規定：「公司依本法公開募集及發行有價證券時，應先向主管機關申請核准或核准生效。」第22條規定：「有價證券之募集與發行，除政府債券或經財政部核定之其他有價證券外，非經主管機關核准或向主管機關申報生效後，不得為之。」由此可知，我國對證券之發行，兼採申報生效制與申請核准制。而我國於1988年由核准制轉改兼採二種制度之理由為：

（一）簡化手續及改進發行時效

按申請公開發行者，如均採實質審查主義，勢必曠日費時，影響發行人籌措資金之時效，採註冊制可減少實質審查所耗費之程序及時間。

（二）減輕主管機關人力負荷

由於資本市場日益發達，發行人利用發行證券籌措資金者日漸增加，金管會囿於有限人力、物力，無法對每一申請發行案件均為實質審查，縱為審查亦無法周全，則逕採註冊制，可減輕金管會人力負擔。

（三）促使投資人審慎投資而不依賴金管會之審查

　　證券交易法第40條規定：對於有價證券募集之核准，不得藉以作爲證實申請事項或保證證券價值之宣傳。證券募集或發行之核准，僅表示金管會依準則之規定，准許其爲該行爲，不能由此推證發行人申請之事項絕無虛僞，或其發行之證券有絕對之投資價值。國內投資人殊由前述之誤認，視金管會爲保險公司，認其所核准者，投資絕無風險。爲促使投資人改變此錯誤之投資觀念，使其爲謹慎之投資，而不依賴金管會之核准，故仿美、日等國亦採申報制，惟主管機關認爲國內投資環境當未臻健全，故仍兼採核准制，期長遠以後，得全面改爲申報制。

三、新法全面改採申報制

　　經數年兼採二制度之運作，其中申報生效制度已運作成熟，故於2006年1月11日修正之證券交易法第22條、並刪除第17條，全面改採申報制。

肆、發行人募集與發行有價證券處理準則

　　金管會依證券交易法第22條第1項之規定，頒布發行人募集與發行有價證券處理準則（下稱「處理準則」），行政院金融監督管理委員會於2006年3月3日修正公布「發行人募集與發行有價證券處理準則」（金管證一字第0950000988號），對證券之發行改採申報生效制。

（一）申報書之提出

　　公開發行公司申報募集發行新股，應檢具「發行新股申報書」。

（二）生效期間

　　公開發行公司檢具發行新股申報書並檢齊相關附件提出申報，除有申報書件不完備、應記載事項不充分，或有重大影響股東權益之情事者外，於金管會受理申報之日或申請解除停止申報之日起屆滿二十日生效。

（三）申報發行效力之停止

　　公開發行公司有下列情形之一者，金管會得停止其申報發行效力：
　　1.申報書件不完備或應記載事項不充分者。

2.有重大影響股東權益或股價之情事。

（四）得退回申報案件之情形

　　符合處理準則第7、8條之情事或發行人所提出申請書件不完備或應記載事項不充分，經金管會期限補正，逾期不能完成補正者，得退回其申請案件。

（五）撤銷申報生效

　　處理準則第11條之情事，應予撤銷或廢止其申報生效或核准：
1.經生效或核准之日起三個月內，未募足並收足款項者。
2.有公司法第251、271條之情事。
3.有證交法第20條第1項之虛偽、詐欺或足致他人誤信之行爲。
4.有處理準則第5條之爲重大情事未爲臨時申報者。
5.違反或不履行向金管會申報（請）募集與發行有價證券時所出具之承諾，情節重大者。
6.其他有違反準則或金管會之限制或禁止規定者。

（六）申報生效後辦理事宜

　　公開發行公司應於申報生效日起三十日內，依公司法第252條或第273條規定辦理公告，並報金管會備查，其他如證券之簽證、資金運用季報表之申報、計畫重大變更之核備等，均應依處理準則第9條辦理。

　　爲吸引外國企業來台募資主管機關訂有外國發行人募集與發行有價證券處理準則，同時爲開放股票未在國外證券市場掛牌交易，經台灣證券交易所股份有限公司（以下簡稱證券交易所）或財團法人中華民國證券櫃檯買賣中心（以下簡稱證券櫃檯買賣中心）同意上市（櫃）買賣或登錄興櫃之外國發行人得在台募集與發行有價證券，爰增訂第一、二上市（櫃）公司及興櫃公司之名詞解釋、應檢具之相關申報書件、申報生效期間爲十二個營業日。（準則第3條及第38條）。第一上市（櫃）公司及興櫃公司且得以發行股票方式受讓本國公司股份、依法律規定進行合併或收購本國公司。（準則第9條及第38條）第一上市（櫃）及興櫃公司公開說明書應記載事項公開說明書應記載公司治理運作情形、律師之法律意見書及股東行使權利方式，另考量興櫃公司於登錄時無獲利能力、公司規模及設立年限限制，爰增列興櫃公

司應於封面以顯著方式刊印請投資人詳閱風險預告書，以提醒投資人投資風險。（準則第43條）

伍、他種證券之募集與發行

一、基本原則

證券交易法第22條之募集、發行原不限於股票或債券，惟就「處理準則」之內容觀之，其僅就發行股票、公司債（含轉換公司債）之程序而為規範。於金融自由化之大環境下，新金融商品必漸為市場所需求，諸如存託憑證、選擇權、認股權證及選擇權等，為適應此金融商品之證券化，「處理準則」須大幅修正，或另訂新處理準則，為核准或申報生效。就立法方式而言，似以補充「處理準則」之方式為之，以簡化法令，就立法內容而言，則可於準則另立專章，就發行之程序而為規定。金管會為免「處理準則」過於龐雜，且不易修正，故就特種金融商品另訂規則為規範。

金融商品之開發，修改「處理準則」尚非難事，惟如何使其配合市場之發展？如何適用公司法、證券交易法或其他特別法，則須逐項研討之。

二、認股權證之發行

（一）發行之目的及功能

按認股權證（Warrants）乃賦予投資人於一定期限及一定價格認購股份之權利之證券，其發行，就證券市場而言，可增加新的金融商品，使投資人有更多之選擇；而對發行公司而言，可利用之為發行公司債及公司股票之促銷，及發予經理人員，用為鼓勵其工作。

（二）立法之規範

證交法對認股權證之發行，一方面須依第22條，於發行人募集與發行有價證券處理準則中訂明其發行辦法；而另一方面，證交法第28條之3及第28條之4等規定，其發行時，得排除相關公司法之規定，以順利發行，其排除之規定如下：

1.發行價格一律之排除（公司法第256條）。

2.員工、股東優先認購權之排除（公司法第267條）。

3.公司增資條件之排除（公司法第278條）。

4.公司不得收回股份之排除（公司法第167條）：此規定係為使公司得以買回已發行之股份，用為認股權證行使時，供交付股票。

（三）認購（售）權證處理準則

　　國內權證市場自1997年6月開放以來，權證市場之發展已日臻成熟，國內證券商於發行權證及從事相關避險作業亦有豐富之經驗，為進一步擴大證券商業務經營範圍並協助其業務國際化，爰開放證券商得發行海外認購（售）權證，以提升我國證券商之經營效率及競爭力，並加速推動我國證券市場與國際接軌之進程，發行人申請發行認購（售）權證處理準則配合國內證券市場變化與權證業務發展，歷經歷次修正，要點臚列如下：

1.第一章總則規範發行權證之法源依據、認購（售）權證及發行人之定義等事項。
2.第二章規範內容為本國及外國發行人發行國內認購（售）權證之管理。
3.發行國內認購（售）權證之連結標的證券範圍。（第8條）
4.第三章規範內容為本國發行人發行海外認購（售）權證之管理。
5.發行海外認購（售）權證之資格條件。（第14條）
6.發行海外認購（售）權證之證券交易市場應具備之條件及範圍。（第15條）
7.發行海外認購（售）權證之連結標的證券範圍。（第16條）
8.發行海外認購（售）權證應經中央銀行許可並依相關外匯管理規範辦理。（第17條）
9.發行人發行海外認購（售）權證之發行額度計算。（第18條）
10.發行海外認購（售）權證之標的證券額度限制。（修正條文第19條）
11.發行人向海外當地主管機關或交易所申請其擬發行之認購（售）權證前，應依證券交易所或證券櫃檯買賣中心規定之相關書件辦理申報。（第20條）
12.發行海外認購（售）權證應設立避險專戶並依相關規定辦理。（第21條）
13.發行海外認購（售）權證之履約結算方式。（第22條）
14.行政院金融監督管理委員會得停止發行人發行海外認購（售）權證之事由。（第23條）

（四）員工認股權憑證之規範

　　為配合證券交易法第28條之2及第28條之3之修正，金管會遂修正「發行人募集與發行有價證券處理準則」，並增訂第四章——發行員工認股權憑證，略述其重點如下：

1. 董事會決議

　　發行該憑證應經董事會特別決議。

2. 發行對象

　　以發行公司及其子公司之全職員工為限。所稱子公司，係指符合下列情事之一者：(1)直接或間接持有同一被投資公司有表決權之股份超過50%，具有控制能力者。(2)直接或間接持有被投資公司有表決權之股份雖未超過50%，但已達20%，且符合財團法人中華民國會計研究發展基金會所定之財務會計準則公報第5號及第7號規定之下列情況之一，並於發行時最近期經會計師查核簽證或核閱之合併財務報告已納入編製者：①與其他投資人約定下，具超過半數之有表決權股份之能力；②依法令或契約約定，可操控公司之財務、營運及人事方針；③有權任免董事會超過半數之主要成員，且公司之控制操控於該董事會；④有權主導董事會超過半數之投票權，且公司之控制操控於該董事會。（2007年12月26日金管證一字第0960073134號）

3. 審核制度

　　發行人應依處理準則之規定向主管機關申請申報生效。

4. 發行數額

　　每次發行不得超過已發行總數10%。單一認股權人之認股權數量不得超過該次發行之50%，認購金額，不得超過年度結束日已發行股份總數之1%。

5. 轉讓之限制

　　員工認股權憑證不得轉讓，但得為繼承。

6. 定價之限制

　　認股價格不得低於發行日標的股票之收盤價。

7. 發行之期限

　　持有人得於發行日二年後十年內請求履約。

8. 憑證之上市（櫃）

　　持有人於履約並繳足股款，並取得股款繳納憑證後，即得以該憑證為交易。

三、債券之發行

按公司募集資金趨於多元化，以兼顧公司理財的多元化目的，公司債之發行為公司理財的重要方法之一。公司債之募集分別規定於公司法及證券交易法，公司法規定募集的資格與條件，證交法則依此明訂其細部規則，惟為擴張公司債之市場，證交法於2000年修正增訂第28條之4：「公開發行公司募集與發行有擔保公司債，轉換公司債或附認股權公司債，其發行總額，除經主管機關徵詢目的事業主管機關同意者外，不得逾全部資產減去全部負債餘額之200%，不受公司法第247條之限制。」

發行公司發行普通公司債、交換公司債、轉換公司債，應依「發行人募集與發行有價證券處理準則」第三章之規定，外國人於本國發行債券，則應依「外國發行人募集與發行有價證券處理準則」之規定。

發行公司信用評等達一定等級以上者，得採取總括申報，向金管會申請申報生效，以一定額度於一定期間內完成發行。2006年新修正之「發行人募集與發行有價證券處理準則」，開放公開發行公司得募集與發行以外幣計價之普通公司債、轉換公司債及附認股權公司債，多元化我國證券商品，以利企業籌資（95年3月3日金管證一字第0950000988號）。

四、限制員工權利新股

（一）定義

該「限制員工權利新股」係指：發行人依公司法第267條第8項發給員工之新股附有服務條件或績效條件等既得條件，於既得條件達成前，其股份權利受有限制。

（二）股東會決議

發行人申報發行限制員工權利新股，應有代表已發行股份總數2/3以上股東出席之股東會，以出席股東表決數過半數之同意行之。

（三）申報生效

發行人發行限制型股票，應向主管機關申請申報生效。

（四）數量之限制

　　發行人發行限制型股票予單一員工之數量，不得超過申報發行總數之百分之十。

陸、公開說明書之規範

一、公開說明書之意義及功能

　　公開說明書乃發行人爲有價證券之募集或出賣，依本法之規定，向公衆提出之說明文書（第13條）。本條所謂之出賣，有以爲指第22條第3項之已發行證券之出售行爲，然依第30條及「公開募集發行有價證券公開說明書應行記載事項準則」（「處理準則」）之規定，該出售已發行證券之行爲，無須交付公開說明書，僅須依「處理準則」第64條之規定，於申請時檢具公開召募說明書。證券投資信託事業發行受益憑證時，須檢附公開說明書報請金管會核准，證券投資顧問事業推介國外有價證券時，須交付「投資人須知」予投資人，就前述文件之內容是否均爲公開說明書，有待逐項討論，惟本書以爲不妨爲擴張解釋，以保障投資人權益而適用第31、32條之求償權規定。

　　按公開說明書爲實踐公開原則體系之初次公開而設，即發行人初次發行有價證券時，爲使投資人爲認購時有所投資判斷之依據，故須交付該公開說明書，惟實務上少有投資人詳閱公開說明書而予認購新發行之證券者，實爲國內之特殊現象。

二、公開說明書之法令規範

　　爲確保公開原則之實踐，除前述第13條規定其定義外，第30、31、32條等條亦規定其應載事項及有關之民事責任：

（一）應載事項

　　公司募集、發行有價證券，於申請核准時，除依公司法（即第133、138條）所規定記載事項外，應另行加具公開說明書。其應載事項，由主管機關以命令定之（第30條），金管會依此規定頒布「公司募集發行有價證券公開說明書應行記載事項準則」。惟爲避免增加公司負擔，公司得於已依金管會規定之格式以電子檔方式傳送至金管會指定之機構，並供書面予證券

機關機構者，得交付簡式公開說明書。前述準則之修正方向爲「強化風險資訊揭露」、「強化專家職責」、「揭露員工分紅配股」、「落實公司治理暨強化董事、監察人、總經理及副經理酬金資訊」（金管證一字第095000020號、金管證一字第0930006127號）。另普通公司債有委託證券承銷商對外公開承銷之案件，維持現行作法，免除證券承銷商評估報告及律師法律意見書，但應檢附承銷商複核意見；未委託證券承銷商對外公開承銷案件，則亦免除證券承銷商評估報告及律師法律意見書，唯應檢附會計師複核案件檢查表（同準則第6條、附表九至附表十一、附表十三至附表十八及附表二十三）。證券交易法於2002年6月修正第30條，係向證交所及櫃檯買賣中心申請上市（櫃）交易者，亦須加具公開說明書；其應載事項授權證發所及櫃買中心訂定之。而對金融業發行有價證券，金管會亦頒「金融業募集發行有價證券公開說明書應行記載事項準則」（90年台財證(一)字第000908號）。

（二）交付責任

募集有價證券，應先向認股人或應募人交付公開說明書。違反前項之規定者，對於善意相對人因而所受之損害，應負賠償責任（第31條）。本條規定應負責任之主體指發行人及承銷商（第79條）。

（三）虛僞、隱匿責任

公開說明書應載主要內容有虛僞或隱匿之情事者，特定之人，對於善意之相對人，因而所受之損害，應就其應負責部分與公司負連帶賠償責任（第32條）。

公開說明書之民事責任，另詳本書第伍篇。

柒、公開發行之擬制、補辦公開發行及強制公開發行

一、擬制公開發行

按公開發行僅爲一法律程序之概念，而非指發行已公開承銷者而言，故發行人發行證券，部分爲員工、股東認購，部分經公開承銷，亦整體視爲公開發行；且發行公司一旦有公開發行之行爲，即成爲公開發行公司，其前所發行之證券，雖未依法公開發行，亦爲公開發行之證券（第24條）。此等規定有助於對公司之管理，免於割裂。

二、補辦公開發行

　　未依證交法發行之股份視為已依本法發行者，其實益係取得上市或在證券商營業處所買賣之資格，因此，從未辦理公開發行之公司，須補辦公開發行，即須向金管會申請補辦有關發行審核程序，始得申請上市或於店頭市場買賣（第42條）。

三、強制公開發行

　　為達到「資本證券化、證券大眾化」之股權分散之目標，公司法第156條第4項原已規定資本達一定數額以上時，其股票須強制公開發行；而證交法亦授與財政部之行政命令權，強制發行人公開發行股票。公司經營之事業，以由公眾投資適當者，得由財政部事先以命令規定發起人認足股份數額之一定限度，其在限度以外之股份，應先行公開招募；招募不足時，由發起人認足之，並得規定一定小額認股者之優先認股權（第28條第1項）。公司成立後發行新股時，準用前項之規定。但以公積或其他準備轉作投資者，不在此限（第2項）。

　　實務上尚無由財政部以命令強制公開發行之情形。就該法之規定之效力，是否可排除公司法有關募集設立發起人須認足第一次發行股份之四分之一以上之限制？及證券交易法第28條之1僅得以命令強制提出10%公開發行之限制？該規定應屬特別規定，否則失去該規定之意義，故該條應可排除前述規定，而授權金管會而為有效之強制公開發行。

　　經2001年11月及2011年6月兩次修正後之公司法第156條第3項：「公司得依董事會之決議，向證券主管機關申請辦理公開發行程序；申請停止公開發行者，應有代表已發行股份總數三分之二以上股東出席之股東會，以出席股東表決權過半數之同意行之。」，此顯示，公司股票是否公開發行，歸屬於企業自治事項，因此以公司董事會決議公開發行。但考量一旦停止公開發行，財務狀況將回復至不公開之情形，對投資人權益影響甚鉅。故需以股東會特別決議同意停止公開發行。基此，應可謂目前已無強制公開發行之規定。

四、公司擬補辦公開發行之程序

（一）應檢具股票公開發行說明書

　　依公司法第156條第3項規定首次補辦公開發行者，雖不適用證券交易

法應交付公開說明書之規定，惟為利投資人了解初次辦理公開發行公司之財務業務狀況，爰規定應檢具股票公開發行說明書，其應記載事項準用「公司募集發行有價證券公開說明書應行記載事項準則」或「金融業募集發行有價證券公開說明書應行記載事項準則」規定（處理準則第68條）。

（二）內部控制制度應有效設計及正常執行

　　鑑於公司法修正通過後，已無強制公開發行之規定，公司補辦公開發行多係準備申請上市（櫃），為促進公開發行公司之內部控制健全運作，增訂公司辦理補辦公開發行案件應檢送會計師對內部控制制度及執行有效性之審查報告書（處理準則第69條）。

（三）補辦公開發行前發給員工認股權憑證及私募公司債併同辦理公開發行之規定

1.公司在補辦股票公開發行前，依公司法第167條之2規定發給之員工認股權憑證，為協助該公司解決補辦公開發行後，依證券交易法第22條第2項規定，該員工認股權憑證執行時須經金管會申報生效之問題，因此，公司於股票公開發行前，曾依公司法第167條之2發給之員工認股權憑證，應併同股票辦理公開發行，對於未併同辦理者，金管會將不同意該公司補辦公開發行案件（處理準則第68條及第69條）。

2.公司在補辦股票公開發行前，曾依公司法第248條規定私募普通公司債，係未涉及股權性質之有價證券，為求衡平，比照股票公開發行公司私募之有價證券，自該私募普通公司債交付日起滿三年後，始得併同辦理公開發行。另基於對股票公開發行公司管理之一致性，對於公司在補辦公開發行前有私募轉換公司債或附認股權公司債，未全部清償、轉換或認購為股票者，金管會將不同意該補辦股票公開發行案（處理準則第68條及第69條）。

（四）私募有價證券補辦公開發行審查程序

　　依證券交易法第43條之8，自私募有價證券交付日起滿三年後，始得自由流通，依證券交易法第42條規定，公司對於未依本法發行之股票，擬在證券交易所上市或於證券商營業處所買賣者，應先向主管機關申請補辦本法規定之有關發行審查程序，故私募有價證券自交付日起滿三年後擬申請上

市或在證券商營業處所買賣，應先向金管會申報完成補辦公開發行程序，採七個營業日申報生效制，私募有價證券交付日起未屆滿三年、未依證交法第43條之6規定辦理且尚未改善者、前依本法發行之有價證券經限制上市（櫃）買賣尚未解除者及財務業務有重大異常者等情事者，金管會得為退件（處理準則第70條至第72條）。

捌、發行面額之限制

　　為免於交易紛爭以維持交易秩序，金管會對公開發行之股票，得規定其每股之最低或最高之面額。但規定前已准發行者，得仍照原金額；其增資發行之新股亦同。且公司更改其每股發行價格，應向主管機關申報（證交法第27條）。為統一交易價格，金管會並依「公開發行股票公司股務處理準則」，規定上市之股票每股面額一律均為10元。

玖、強制股權分散及時價發行新股

一、強制股權分散

　　先進國家企業之所有權與經營權分離，股權頗為分散，原無待立法強制發行公司股權分散，惟我國因開發中國家家族企業之性質頗濃厚，所有權與經營權高度結合，多視其企業為私器，無恢宏大公之經營理念，致影響其企業及整體經濟之發展，公司法第156條第3項規定原為「促進經濟繁榮，鼓勵公司財務公開，便利投資，以期達到資本大眾化之目標」，規定資本達一定數額者，須強制公開發行，惟公司法第267條之員工、股東優先認購權，常致於公開發行時，無餘股可供大眾認購，該規定原意盡失。為彌補此缺憾，證交法第22條第1項及第28條之1第1、2項遂規定股權之強制分散，以下說明之：

（一）已依本法發行股票之公司，於增資發行新股時，主管機關得規定其股權分散標準。

（二）股票未在證券交易所上市或未於證券商營業處所買賣之公開發行股票公司，其股權分散未達主管機關依第22條之1第1項所定標準者，於現金發行新股時，除主管機關認為無須或不適宜對外公開發行者外，應提撥發行新股總額之一定比率，對外公開發行，不受公司法第267條第1項關於原股東優先分認規定之限制。

前述之比率，爲發行新股總額之10%。但股東會另有較高比率之決議者，從其決議。第2項所謂之「無須或不適宜對外公開發行者」，係指雖未達股權分散標準（即持股一千股以上之記名股東人數未達300人者），然主管機關以其具下列情形之一，仍應不令其強制分散股權：

（一）首次辦理公開發行者。

（二）自設立登記後，未逾三年者。

（三）獲利能力未達一定標準者。

（四）依10%之提撥比率或股東會決議之比率計算，對外公開發行股數未達五十萬股者。

（五）發行附認股權特別股。

（六）其他金管會認爲無須或不適宜對外公開發行。（處理準則第18條）

二、時價發行制度

依前述第28條之1第2項之規定，於交易所上市或店頭市場買賣之發行公司所發行之股票，得提撥一定比率對外以時價發行，唯該條第4項之規定，其對外發行之部分以時價發行者，應與同次發行而由公司員工或原有股東認購之價格相同。

採行時價發行制度之理由，在於使公司廣爲吸收資金，增加公司營運資金，減低資金成本。

拾、再次發行（公開招募）之規範

一、再次發行（Secondary Distribution）之意義

指發行人以外之人將非首次發行之所持有之證券，而非特定人公開招募之行爲。其型態可分爲下列三種：

（一）以尚未公開發行之證券對外招募者。

（二）以已公開發行但尚未上市或未於店頭市場買賣之證券對外招募者。

（三）以已上市或於店頭市場買賣之證券對外招募者。

二、法規範之必要性

按前述三種型態之招募行爲，非屬首次發行，以首次發行之規則，恐無法有效規範，致影響投資大眾之權益，尤以上市或於店頭市場買賣之證券，無論其是否透過市場招募，亦可能造成市場之不穩定，故再次發行有其規範

之必要。

三、法令規範之現狀

依證券交易法第22條第3項規定：「出售所持有第六條第一項規定之有價證券或其價款繳納憑證、表明其權利之證書或新股認購權利證書、新股權利證書，而公開招募者，準用第一項規定。」此再次發行之證券，僅限於已公開發行者之證券，尚未公開發行者，須補辦公開發行（處理準則第61條）。

依「處理準則」之規定，再次發行之程序如下：

（一）申報生效

按有價證券持有人對非特定人公開招募者，應檢具「公開招募說明書」、「公開招募申請書」報請金管會於金管會及金管會指定之機構收到有價證券公開招募申報書即日起屆滿七個營業日生效（處理準則第61條）。依其他法律規定所為之拍賣或變賣，無須依準則而為核准或申報生效。

（二）再次發行之承銷

為使再次發行之股權得以分散，依處理準則第64條之規定，應由持有人委託承銷商辦理承銷，對非上市或未於店頭市場買賣之證券，應委託承銷商包銷，並依證券交易法第71條第2項規定，於承銷契約中訂明保留承銷股數之50%由承銷商自行認購。

拾壹、證券發行之擔保及簽證

按公司債依其有無擔保，可分為擔保公司債及無擔保公司債兩種。公司債之發行，如由金融機構任保證人者，雖無任何擔保者，得視為有擔保之發行，適用擔保公司債之有關規定（證券交易法第29條）；又公開發行之股票或公司債應經簽證，其簽證規則由主管機關之，現行簽證手續乃依「公司發行股票及公司債券簽證規則」辦理，至於未經簽證之證券是否有效？最高法院69年台上字第2548號判決認為該發行之證券無效，唯本書以為為保障交易安全及認購證券人之權益，宜認為有效。

拾貳、認股之程序

投資人認購新發行之證券，須繳納股款或債款，連同認股書或應募書向代收款項之機構繳納之；代收機構收款後，應向各該繳款人交付經由發行人簽章之股款或債款之繳納憑證。該繳納憑證及其存根，應由代收機構簽章，並將存根交還發行人（第33條）。

公司法第161條之1第1項規定：「公司應於設立登記或發行新股變更登記後，三個月內發行股票。」惟證券交易法第34條規定之期限較短：「發行人應依公司法得發行股票或公司債券之日起三十日內，對認股人或應募人憑第33條之繳納憑證，交付股票或公司債券，並應於交付前公告之（第1項）。公司股款、債款繳納憑證之轉讓，應於前項規定之期限內為之（第2項）。」該條所謂「依公司法得發行股票或公司債券之日」，乃指公司收到核准公司設立或發行新股變更登記執照交達公司之日（證券交易法施行細則第3條）。

問題與研究

一、何謂證交法之「募集」、「發行」、「私募」？發行公司僅部分之股票經由承銷程序募集、發行，其未經承銷之已發行股份，是否為證交法所規範？如何辦理私募？

二、何謂申報制、核准制？試比較該二制度之優劣？現行法採何種制度？其適用範圍如何？

三、何謂公開說明書？有關公開說明書之民刑事責任規定如何？

四、現行法如何規範發行公司之股權分散？

五、准以時價發行新股有何優點？何種公司得以時價發行新股？

六、何謂再次發行或公開招募股份？其程序如何？

七、某發行公司擬向金管會申請發行予員工之認購權證，由證券管理及市場發展之策略，應否准予發行？如何依現行法規為發行？

第六章　發行公司之規範

壹、公司治理之規範

一、公司治理之意義及實踐

　　公司治理係於1997年亞洲風暴以後，鑑於經營者不當行為致投資人、債權人或利害關係人權益遭受損害，故學者及國際組織提出應強化經營者之公司治理紀律與效能之訴求。此基本理念經過國際組織之宣導及討論，非僅對問題企業或特定國家為檢討，已逐漸產生改造各國整體公司法制及經營管理體系之動力。尤其2000年之美國恩龍事件，眾人眼中之績優企業一夕之間成為破產公司，更加深各國對公司治理體系之重視。

　　公司治理之主要焦點為：

（一）公司治理係為「促進股東長期價值與利益，並兼顧利害關係人之權益。」

（二）公司治理係解決學術上所稱之「代理問題」，或企業所有於經營分離後兩者之間之利益衝突問題。

（三）公司治理係應用獎勵、監督、紀律與處罰之機制，促使公司經營者之管理符合股東之長期利益與兼顧利害關係人權益。

（四）公司治理係以強化公司績效及經營者責任（Accountability）為方法。

　　綜合上述之要件，本書乃以下列文字描述公司治理之概念：「公司治理係藉由強化公司績效及經營者責任，以促進股東及其他利害關係人權益之保障，並以此機制指導及管理公司之業務、財務及其他事項。」

　　我國公司治理觀念之推廣，已漸具成效，然其落實仍待大力推動，公司治理協會曾對上市櫃公司為調查，顯示公司遴選董事重視專業性、產學經驗，但女性董事缺乏，僅占10.47%，49.61%連一席女性董事亦無，僅12.37%有董事會績效評估機制，外籍董事占4.54%，82.22%公司無外籍董事。

二、公司治理之規範架構

　　為使我國上市（櫃）公司之公司治理績效提升，主管機關係以「自律為主、他律為輔」之方式，以規範執行公司治理之獨立董事與審計委員會，目前涉及該規範之法規包括下列各項：

（一）證交法之規範

　　證交法於2006年元月為修正，明文規定設立獨立董事及審計委員會（第14條之2至之5），2010年11月證交法修正第14條之6，增訂設立薪酬委員會，其規定為：上市櫃公司應設置薪酬委員會；其成員專業資格、所定職權之行使及相關事項之辦法，由主管機關定之。該薪酬包括董、監、經之薪資、股票選擇權與其他具有實質獎勵之措施。

（二）金管會之規範

　　1.公開發行公司董事會議事辦法。
　　2.公開發行公司審計委員會行使職權辦法。
　　3.公開發行公司獨立董事設置及應遵循事項辦法。
　　4.公開發行公司取得或處分資產處理準則。
　　5.公開發行公司資金貸與及背書保證處理準則。
　　6.公開發行公司董事、監察人股權成數及查核實施規則。
　　7.公開發行公司建立內部控制制度處理準則。
　　8.證券暨期貨市場各服務事業建立內部控制制度處理準則。
　　9.公開發行公司年報應行記載事項準則。
　　10.公司募集發行有價證券公開說明書應行記載事項準則等。
　　11.薪資報酬委員會設置及行使職權辦法。
　　主管機關將於公開說明應行記載事項等法規要求公司揭露公司治理之資訊，並建議修正證交法要求一定條件之公開發行公司設立獨立董事。

（三）證券交易所之規範

　　1.上市上櫃公司治理實務守則。
　　2.台灣證券交易所股份有限公司有價證券上市審查準則。
　　3.台灣證券交易所股份有限公司有價證券上市審查準則補充規定。
　　4.台灣證券交易所股份有限公司證券承銷商辦理股票初次申請上市案之

評估查核程序。

5.台灣證券交易所股份有限公司上市公司設置獨立董事、監察人之相關處置措施。

6.台灣證券交易所股份有限公司對上市公司重大訊息之查證暨公開處理程序等。

（四）櫃檯買賣中心之規範

1.上市上櫃公司治理實務守則。

2.財團法人中華民國證券櫃檯買賣中心證券商營業處所買賣有價證券審查準則第10條第1項各款不宜上櫃規定之具體認定標準。

3.財團法人中華民國證券櫃檯買賣中心集團企業申請股票上櫃之補充規定。

4.財團法人中華民國證券櫃檯買賣中心推薦證券商輔導公開發行公司申請股票上櫃作業應注意事項。

5.財團法人中華民國證券櫃檯買賣中心推薦證券商辦理股票申請上櫃案之評估查核程序。

6.財團法人中華民國證券櫃檯買賣中心上櫃公司設置獨立董事、監察人之相關處置措施。

7.財團法人中華民國證券櫃檯買賣中心對上櫃公司重大訊息之查證暨公開處理程序。

三、獨立董事之強制規範說明

（一）獨立董事之強制規範

　　2006年1月11日證券交易法已明文規範獨立董事及審計委員會，且金管會亦頒布訂定「公開發行公司獨立董事設置及應遵循事項辦法」、「公開發行公司審計委員會行使職權辦法」及「公開發行公司董事會議事辦法」（金管證一字第0950001615號）。依證交法第14條之2規定，已依證交法發行股票之公司，得依章程規定設置獨立董事。但主管機關應視公司規模、股東結構、業務性質及其他必要情況，要求其設置獨立董事，人數不得少於二人，且不得少於董事席次五分之一。獨立董事應具備專業知識，其持股及兼職應予限制，且於執行業務範圍內應保持獨立性，不得與公司有直接或間接之利害關係。獨立董事之專業資格、持股與兼職限制、獨立性之認定、提名方式

及其他應遵行事項之辦法，由主管機關定之。

（二）獨立董事之意義

　　獨立董事除不得與公司有直接或間接利害關係外，亦不得有下列情事：
1.有公司法第30條各款情事之一。
2.依公司法第27條規定以政府、法人或其代表人當選。
3.違反依前述所定獨立董事之資格。

（三）申請上市（櫃）之公司應選任獨立董監事之規範

　　依證交所「有價證券上市審查準則」第9條第1項第9款之規定，申請上市者應選任獨立董事、監察人，承銷商於輔導時，應依台灣證券交易所股份有限公司證券承銷商辦理股票初次申請上市案之評估查核程序（2011年6月16日修正）及「有價證券上市審查準則」第9條第1項各款之規定暨其相關補充規定，逐款抽核相關憑證單據，以評估是否有不符規定情事。有關第9款董事、監察人能否獨立執行其職務之評估，除對其中獨立董事及獨立監察人之獨立性加強評估外，應取得該公司申請上市年度及最近三年度之董事、監察人名單及其董事會會議紀錄等，並到場實地觀察，以評估其組成是否健全、所召集之會議是否有效運作、重大決策之制定或改變是否設想周全、提議審議之程序是否合理，並填具「股票初次上市之證券承銷商評估報告」相關內容。

　　「財團法人中華民國證券櫃檯買賣中心證券商營業處所買賣有價證券審查準則第10條第1項各款不宜上櫃規定之具體認定標準」中規定（2011年8月8日修正），公開發行公司合於本準則之規定條件，其董事會或監察人有無法獨立執行其職務，該中心認為不宜櫃檯買賣者，得不同意其股票為櫃檯買賣。其檢查認定標準如下：
1.申請公司之董事會成員應至少五席，且其中獨立董事席次不得低於二席。
2.申請公司之監察人應至少三席，且其中獨立監察人席次不得低於一席。

　　另獨立董事及監察人資格已如前述，且兼任其他公司獨立董事及監察人不得超過五家。

（四）上市（櫃）公司未符獨立董事要件之處置

　　獨立董事因故解任，致人數不足第1項或章程規定者，應於最近一次股

東會補選之。獨立董事均解任時，公司應自事實發生之日起六十日內，召開股東臨時會補選之。

　　如上市（櫃）公司因故未能履行選任獨立董事之義務者，即可能面臨證交所及櫃買中心之相關處置，如櫃買中心即公布「財團法人中華民國證券櫃檯買賣中心上櫃公司設置獨立董事、監察人之相關處置措施」，規範內容如下：

1. 為推動公司治理並落實獨立董事、監察人制度，爰規定2002年2月25日以後向櫃買中心初次申請有價證券上櫃之公司，應遵守之事項及其違反承諾時之處置措施。該等初次申請有價證券上櫃之公司對於設置獨立董事、監察人所出具之承諾，並得暫時排除櫃買中心「證券商營業處所買賣有價證券業務規則」（以下簡稱業務規則）第12條之1第1項第7款「違反申請上櫃時所出具承諾事項之情事，得由櫃買中心報請主管機關核准後，停止其有價證券櫃檯買賣」之適用。

2. 初次申請上櫃公司未依承諾設置獨立董事、監察人之處置措施：

   (1) 申請上櫃公司若未依承諾於下次股東臨時會或股東常會時辦理獨立董事、監察人之增補選事宜；或已召開股東臨時會或股東常會並辦理獨立董事、監察人之增補選，但未能完成選任程序或選舉結果仍不符合「有價證券櫃檯買賣審查準則」第10條第1項第12款及「不宜上櫃具體認定標準」第12款之相關規定，致違反承諾事項者，本中心除限期辦理外，併處以新台幣10萬元違約金。但有正當理由者，應檢具原因說明向櫃買中心申報，並於三個月內加開股東臨時會補正，本中心即得予以暫緩處置。

   (2) 前開櫃買中心指定之辦理期限或但書所定之三個月期限屆至仍未補正改善者，櫃買中心得依業務規則第12條第12款「本中心基於其他原因認為有必要者」，就其上櫃之有價證券改列為「變更交易方法」之有價證券，證券經紀商於接受委託買賣時，應先收足款券始得辦理買賣。再逾三個月仍未補正改善者，櫃買中心即依業務規則第12之1條第1項第14款「本中心認為有必要停止其有價證券櫃檯買賣之原因者」，就其有價證券予以「停止買賣」之處置。

3. 已依規定或承諾事項設置獨立董事、監察人之公司，嗣後其獨立董事、監察人之異動情形，應列為重大訊息之項目之一，依櫃買中心「對上櫃公司重大訊息之查證公開處理程序」第2條第1項第6款之規定辦理申報事宜。另若選任後遇有缺額時，亦應比照辦理資訊揭露申報事宜。

4.公司上櫃後因獨立董事、監察人辭職、解任、任期屆滿改選，或欠缺獨立性等因素，致席次不足而無法繼續落實獨立董事、監察人制度者，比照二(一)限期補正改善併處違約金，暨二(二)逾期仍未補正改善得對該上櫃之有價證券予以「變更交易方法」或「停止買賣」等處置方式。獨立董事因缺額致不足規定席次時，如尚有一名獨立董事可執行職權者，得至下次股東會時再行補選；但二名獨立董事全數缺額或獨立監察人缺額且已無其他獨立董事、監察人可執行職權者，應依本中心所定期限補正改善。

　　台灣證券交易股份有限公司亦有類似之規定，上市公司尚有一名獨立董事、獨立監察人可執行職權者，得至下次股東會補選，如獨立董事、獨立監察人全數缺額者，應依證交所之期限為補選。

（五）設置獨立董監事之全體董監事持股

　　為使公開發行公司積極建立獨立董監事制度，且獨立董事持股轉讓，不適用公司法第197條第1項後段及第3項規定，毋須於轉讓持股二分之一時為解職（第14條之2）。另選任獨立董事者，其董監持股有降低比率之優惠（詳本章參之說明）。

（六）公司業（財）務執行中獨立董監事之規範

　　選任獨立董事之公司，除經主管機關核准者外，下列事項應提董事會決議通過；獨立董事如有反對意見或保留意見，應於董事會議事錄載明：

1.依第14條之1規定訂定或修正內部控制制度。
2.依第36條之1規定訂定或修正取得或處分資產、從事衍生性商品交易、資金貸與他人、為他人背書或提供保證之重大財務業務行為之處理程序。
3.涉及董事或監察人自身利害關係之事項。
4.重大之資產或衍生性商品交易。
5.重大之資金貸與、背書或提供保證。
6.募集、發行或私募具有股權性質之有價證券。
7.簽證會計師之委任、解任或報酬。
8.財務、會計或內部稽核主管之任免。
9.其他經主管機關規定之重大事項。

四、審計委員會之規範

(一) 強制設立

　　目前國際推動之公司治理制度，甚重視董事會之專業能力，各國均以設置審計委員會為重點，期藉由專業分工及獨立超然之立場，協助董事會決策。為健全公司治理制度，以提升我國企業之公司治理水準與國際接軌，俾強化我國企業之競爭力，爰依據證券交易法第14條之4規定：已依本法發行股票之公司，應擇一設置審計委員會或監察人。但主管機關得視公司規模、業務性質及其他必要情況，命令設置審計委員會替代監察人；其辦法，由主管機關定之。審計委員會應由全體獨立董事組成，其人數不得少於三人，其中一人為召集人，且至少一人應具備會計或財務專長。

　　公司設置審計委員會者，本法、公司法及其他法律對於監察人之規定，於審計委員會準用之。公司法第200條、第213條至第215條、第216條第1項、第3項、第4項、第218條第1項、第2項、第218條之1、第218條之2第2項、第220條、第223條至第226條、第227條但書及第245條第2項規定，對審計委員會之獨立董事成員準用之。審計委員會及其獨立董事成員對前二項所定職權之行使及相關事項之辦法，由主管機關定之。審計委員會之決議，應有審計委員會全體成員二分之一以上之同意。

(二) 職權

　　已依證交法發行股票之公司設置審計委員會者，下列事項應經審計委員會全體成員二分之一以上同意，並提董事會決議，不適用第14條之3獨立董事職權之規定：

1.依第14條之1規定訂定或修正內部控制制度。
2.內部控制制度有效性之考核。
3.依第36條之1規定訂定或修正取得或處分資產、從事衍生性商品交易、資金貸與他人、為他人背書或提供保證之重大財務業務行為之處理程序。
4.涉及董事自身利害關係之事項。
5.重大之資產或衍生性商品交易。
6.重大之資金貸與、背書或提供保證。
7.募集、發行或私募具有股權性質之有價證券。
8.簽證會計師之委任、解任或報酬。

9.財務、會計或內部稽核主管之任免。

10.年度財務報告及半年度財務報告。

11.其他公司或主管機關規定之重大事項。

　　前項各款事項除第10款外，如未經審計委員會全體成員二分之一以上同意者，得由全體董事三分之二以上同意行之，不受前項規定之限制，並應於董事會議事錄載明審計委員會之決議。

五、獨立董事及董事會規範

　　為強化公司治理，金管會另依證交法頒布「公開發行公司獨立董事設置及應遵循事項辦法」、「公開發行公司董事會議事辦法」等。

　　以下就董事會議事規範重點說明如下：

（一）董事會議事規範：公開發行公司應訂定董事會議事規範；其主要議事內容、作業程序、議事錄應載明事項、公告及其他應遵行事項，應依本辦法規定辦理。（第2條）

（二）召集：董事會應至少每季召開一次，並於議事規範明定之。董事會之召集，應載明召集事由，於七日前通知各董事及監察人。但有緊急情事時，得隨時召集之。除有突發緊急情事或正當理由外，應在召集事由中列舉，不得以臨時動議提出。（第3條）

（三）董事會召開之地點與時間，應於公司所在地及辦公時間或便於董事出席且適合董事會召開之地點及時間為之。（第4條）

（四）議事事務單位：公司董事會應指定辦理議事事務單位，並於議事規範明定之。議事單位應擬訂董事會議事內容，並提供充分之會議資料，於召集通知時一併寄送。董事如認為會議資料不充分，得向議事事務單位請求補足。董事如認為議案資料不充足，得經董事會決議後延期審議定期性董事會之議事內容，至少包括下列事項：1.報告事項：(1)上次會議紀錄及執行情形；(2)重要財務業務報告；(3)內部稽核業務報告；(4)其他重要報告事項。2.討論事項：(1)上次會議保留之討論事項；(2)本次會議討論事項。3.臨時動議（第5條）

（五）應提董事會討論事項：公司對於下列事項應提董事會討論：1.公司之營運計畫；2.年度財務報告及半年度財務報告；3.依證交法第14條之1規定訂定或修正內部控制制度；4.依證交法第36條之1規定訂定或修正取得或處分資產、從事衍生性商品交易、資金貸與他人、為他人背書或提供保證之重大財務業務行為之處理程序；5.募集、發行或私

募具有股權性質之有價證券；6.財務、會計或內部稽核主管之任免；7.依證交法第14條之3、其他依法令或章程規定應由股東會決議或董事會決議事項或主管機關規定之重大事項。公司設有獨立董事者，對於證交法第14條之3應經董事會決議事項，獨立董事應親自出席或委由其他獨立董事代理出席。獨立董事如有反對或保留意見，應於董事會議事錄載明；如獨立董事不能親自出席董事會表達反對或保留意見者，除有正當理由外，應事先出具書面意見，並載明於董事會議事錄。（第7條）

（六）授權執行之層級除前條第1項應提董事會討論事項外，董事會依法令或公司章程規定，授權執行之層級、內容等事項，應具體明確。（第8條）

（七）親自出席：召開董事會時，應設簽名簿供出席董事簽到，並供查考。董事應親自出席董事會，如不能親自出席，得依公司章程規定委託其他董事代理出席；如以視訊參與會議者，視為親自出席。董事委託其他董事代理出席董事會時，應於每次出具委託書，並列舉召集事由之授權範圍。第2項代理人，以受一人之委託為限。（第9條）

（八）主席：董事會應由董事長召集並擔任主席。但每屆第一次董事會，由股東會所得選票代表選舉權最多之董事召集，會議主席由該召集權人擔任之，召集權人有二人以上時，應互推一人擔任之。董事長請假或因故不能行使職權時，由副董事長代理之，無副董事長或副董事長亦請假或因故不能行使職權時，由董事長指定常務董事一人代理之；其未設常務董事者，指定董事一人代理之，董事長未指定代理人者，由常務董事或董事互推一人代理之。（第10條）

（九）列席：公司召開董事會，得視議案內容通知相關部門非擔任董事之經理人列席。必要時亦得邀請會計師、律師或其他專業人士列席會議。（第11條）

（十）延後開會：已屆開會時間，如全體董事有半數未出席時，主席得宣布延後開會，其延後次數以二次為限。延後二次仍不足額者，主席得依第3條第2項規定之程序重行召集。

（十一）董事會程序及決議：董事會應依會議通知所排定之議事程序進行。但經出席董事過半數同意者，得變更之。非經出席董事過半數同意者，主席不得逕行宣布散會。董事會議事進行中，若在席董事未達出席董事過半數者，經在席董事提議，主席應宣布暫停開會，並準

用前條第1項規定。（第13條）董事會議案之決議，除本法及公司法另有規定外，應有過半數董事之出席，出席董事過半數之同意行之。（第15條）

（十二）表決：主席對於董事會議案之討論，認為已達可付表決之程度時，得宣布停止討論，提付表決。董事會議案表決時，經主席徵詢出席董事全體無異議者，視為通過。董事會議案之表決方式應於議事規範明定之。除徵詢出席董事全體無異議通過者外，其監票及計票方式應併予載明。

（十三）迴避：董事對於會議事項，與其自身或其代表之法人有利害關係，致有害於公司利益之虞者，得陳述意見及答詢，不得加入討論及表決，且討論及表決時應予迴避，並不得代理其他董事行使其表決權。（第16條）

（十四）議事錄：董事會之議事，應作成議事錄，議事錄應詳實記載下列事項：1.會議屆次（或年次）及時間地點；2.主席之姓名；3.董事出席狀況，包括出席、請假及缺席者之姓名與人數；4.列席者之姓名及職稱；5.紀錄之姓名；6.報告事項；7.討論事項：各議案之決議方法與結果、董事、監察人、專家及其他人員發言摘要、反對或保留意見且有紀錄或書面聲明暨獨立董事依第7條第2項規定出具之書面意見；8.臨時動議：提案人姓名、議案之決議方法與結果、董事、監察人、專家及其他人員發言摘要、反對或保留意見且有紀錄或書面聲明；9.其他應記載事項。董事會之議決事項，如有下列情事之一者，除應於議事錄載明外，並應於董事會之日起二日內於主管機關指定之資訊申報網站辦理公告申報：1.獨立董事有反對或保留意見且有紀錄或書面聲明；2.設置審計委員會之公司，未經審計委員會通過，而經全體董事三分之二以上同意通過。董事會簽到簿為議事錄之一部分，應於公司存續期間妥善保存。議事錄須由會議主席及記錄人員簽名或蓋章，於會後二十日內分送各董事及監察人，並應列入公司重要檔案，於公司存續期間妥善保存。議事錄之製作及分發，得以電子方式為之。公司應將董事會之開會過程全程錄音或錄影存證，並至少保存五年，其保存得以電子方式為之。以視訊會議召開董事會者，其視訊影音資料為議事錄之一部分，應於公司存續期間妥善保存。（第18條）

（十五）常務董事會：董事會設有常務董事者，其常務董事會議事準用董事

會規定。但常務董事會屬七日內定期召集者，得於二日前通知各常
務董事。（第19條）

六、薪酬委員會之規範

　　董、監、經之薪酬為公司治理及企業風險管理之重要一環，依前述上市
櫃公司薪資報酬委員會設置及行使職權辦法，薪酬委員會規範內容重點如下
述：

（一）上市櫃公司資本額達100億元以上者，應於2011年9月30日前設置薪
　　　酬委員會，未達100億元者，應於2011年12月31日前設置完成。

（二）公司法、證交法有關董、監、經之薪酬應優先適用該等法律，該法未
　　　規定者，適用前述辦法。

（三）董事會應通過薪酬委員會組織規程，明訂運作事項。

（四）委員會成員由董事會選任，人數不得少於三人，其中一人為召集人，
　　　人數不足三人者，應自事實發生之即日起算三個月內召開董事會補
　　　足。該委員會成員應備五年以上之商務、財務、法務等工作經驗，並
　　　不得有一定之消極條件。

（五）委員會成員應盡善良管理人及忠實義務，其決議應提交董事會討論。
　　　董事會不採納薪酬委員會之決議者，董事會之決議應為特別決議，即
　　　由全體董事2/3以上之出席，過半數同意行之。

（六）依子公司分層負責辦法，其薪酬決議事項須經母公司董事會核定者，
　　　應先經母公司薪酬委員會決議。

（七）薪酬委員會每年至少開會二次，其召集應於七日前載明召集事由，通
　　　知成員。

（八）薪酬委員會之決議，應有全體成員二分之一以上同意。

（九）薪酬委員會之議事，應做成議事錄。

（十）薪酬委員會得經決議，委任律師、會計師或其他專業人員查核或諮
　　　詢，其費用由公司負擔。

（十一）為免薪酬委員會會議次數太少，影響公司正常運作，其執行相關工
　　　　作，得授權召集人或其委員會其他成員續行辦理。

貳、發行公司之財務、業務之管理

一、公司經營管理之規範

　　按公開發行公司之經營管理應依證券交易法等相關法令，證交法以保護投資人為目的，目前主管機關係以公開原則為主要規範機制，惟國際間各國企業法制重視公司治理，美國等國亦進一步於證字法令對公司經營之董事會、財務會計揭露為規範，故對發行公司之規範顯非僅依公開原則為規範，已依本法發行股票之公司董事會，設置董事不得少於五人。政府或法人為公開發行公司之股東時，除經主管機關核准者外，不得由其代表人同時當選或擔任公司之董事及監察人，不適用公司法第27條第2項規定。公司除經主管機關核准者外，董事間應有超過半數之席次，不得具有配偶、二親等之由親屬關係之。

　　公司除經主管機關核准者外，監察人間或監察人與董事間，應至少一席以上，不得具有前項各款關係之一。公司召開股東會選任董事及監察人，原當選人不符前述規定時，應依下列規定決定當選之董事或監察人：

（一）董事間不符規定者，不符規定之董事中所得選票代表選舉權較低者，其當選失其效力。

（二）監察人間不符規定者，準用前款規定。

（三）監察人與董事間不符規定者，不符規定之監察人中所得選票代表選舉權較低者，其當選失其效力。已充任董事或監察人違反前述規定者，準用前項規定當然解任。董事因故解任，致不足五人者，公司應於最近一次股東會補選之。但董事缺額達章程所定席次三分之一者，公司應自事實發生之日起六十日內，召開股東臨時會補選之。

二、財務、業務之公開

（一）證券交易法第 36 條之立法意旨

　　按第36條之規定，旨在實踐公開原則之繼續公開及臨時公開，以便於主管機關對發行公司之管理，使投資人有投資分析之資料。

　　企業之公開須重視其時效性，證交法修正前規定年度財務報告之申報及公告，須經股東會承認，而股東常會依公司法第170條之規定，應於每會計年度終了後六個月內召開，惟該條但書亦規定：發行公司有正當理由報經主管機關核准者不在此限，致屢有於會計年度終了六個月後再行申報及公告之

情事，已失財務公開之時效性。又發行公司季報、月報及臨時公開之規定，亦均付闕如，故該法1988年之修正補充如下：

1. 將年度財務報告之申報期限，提前於營業年度終了後四個月內，並僅須會計師查核簽證，提經董事會通通、監察人承認後，即可公告並向金管會呈報，免再俟提股東會承認後再申報。
2. 將半年度營業財務報告改為半營業年度終了結束後二個月內申報，並增加第一、三季季報及月報（每月營業情形）之申報。
3. 增加臨時公開之規定，即偶發重大事項之申報及公告，另先前公告並向主管機關申報之財務報告，與提經股東會承認之報告不一致者，亦應申報及公告。
4. 賦予發行公司編製年報並分送股東之義務。
5. 賦予重整人、重整監督人於重整期間之申報財務報告之義務。

（二）繼續公開、臨時公開之規定

　　依證券交易法第14、36條及施行細則第4～7條之規定，詳述發行公司繼續公開、臨時公開之規定：

1.年度財務報告、季報、月報

　　證交法所稱之財務報告係指發行人及證券商、證券交易所依法令規定，應定期編送主管機關之財務報告（第14條），該財務報告之內容、適用範圍、作業程序、編製及其他準則，由主管機關定之。該財務報告應經董事長、總經理及會計主管簽章，並為無虛偽隱匿之聲明。

　　為維持發行公司之財務公開之時效性，發行公司須依法申報並公告；年度財務報告、第一、二、三季財務報告及每月營運情形之月報。其提出義務人為發行公司，其提出財務報告之時期，年度財務報告為會計年度終了後三個月內，季報為每季終了後四十五日內，月報為每月十日以前。（自102會計年度施行）日本法規定清算中，相當期間營業休止之公司或股權不分散之公司均免予提出報告書，我國法無類似之規定，故仍應提出申報，唯清算中之公司，應無申報之必要，亟待立法或行政解釋之補充，以免除其申報之義務。發行人編製財務報表，應遵照金管會依證交法第14條頒布之「證券發行人財務報告編製準則」及「關係企業合併營業報告書關係企業合併財務報表及關係報告書編製準則」加以編製。

　　月報中應申報並公告之營運情形，包括下列事項：
　　(1)開立發票總金額及營業收入額。

(2)為他人背書及保證之金額。

(3)其他主管機關所定之事項（施行細則第5條）。

2.訂正報告

依證交法第36條所公告並申報之財務報告，有未依有關法令編製而應予更正者，應照主管機關所定期限自行更正並依下列規定辦理：

(1)有下列情事之一者，應重編財務報告，並重新公告

　①更正損益金額新台幣1,000萬元以上者。

　②更正損益金額在原決算營業收入淨額1%以上者。

　③更正損益金額在實收資本額5%以上者。

(2)更正損益金額未達前項標準者，得不重編財務報告，但應列保留盈餘之更正數。

前述重新公告時，應扼要說明更正理由及與前公告之主要差異處（施行細則第6條）。

3.臨時公開之規定

臨時報告書乃新法所增列，乃因各種定期報告書往往不能適時報導影響股價之重大事宜，為及時公開發行公司之重大資訊，以資投資人得為適時適當之判斷，第36條第3項於下列事實發行之日起二日內，有臨時申報義務之規定：

(1)股常會承認之年度財務報告與公告並向主管機關申報年度財務報告不一致者。

(2)發生對股東權益或證券價格有重大影響之事項。

前述所謂之「對股東權益或證券價格有重大影響之事項」，指下列事項：

(1)存款不足之退票、拒絕往來或其他喪失債信情事者。

(2)因訴訟、非訟、行政處分、行政爭訟、保全程序或強制執行事件，對公司財務或業務有重大影響者。

(3)嚴重減產或全部或部分停工、公司廠房或主要設備出租、全部或主要部分資產質押，對公司營業有影響者。

(4)有公司法第185條第1項所定各款情事之一者。

(5)經法院依公司法第187條第1項第5款規定其記名股票為禁止轉讓之裁定者。

(6)董事長、總經理或三分之一以上董事發生變動者。

(7)變更簽證會計師者。

(8)簽訂重要契約、改變業務計畫之重要內容、完成新產品開發或收購他人企業等，對公司財務或業務有重大影響者。

(9)其他足以影響公司繼續營運之重大情事者（施行細則第7條）。

(10)為落實資訊公開，保障投資人權益，公開發行公司應於董事會（或股東會）決議許可公開發行公司之經理人自營或為他人經營同類之業務，或董事為自己或他人為屬於公司營業範圍內之行為之日起二日內，應將決議情形及其行為之重要內容輸入主管機關指定之資訊申報網站。公開發行公司知其經理人或董事未依規定取得董事會（或股東會）決議許可，而為前揭行為者，亦應於知悉之日起二日內，將該經理人或董事行為之重要內容及公司擬採行措施輸入指定之資訊申報網站（95年金管證一字第0950120961號）。

4.衍生性商品交易之公開

為貫徹公開原則以保障投資人，並協助發行公司管控風險，金管會乃頒有「公開發行公司從事衍生性商品交易財務報告應行揭露事項注意要點」、「公開發行公司從事衍生性商品交易處理要點」等命令。交易處理要點自2002年12月12日起停止適用，公開發行公司為衍生性商品之交易應依「公開發行公司取得或處分資產處理準則」辦理。

5.抄本之檢送

繼續公開之定期報告及臨時公開之報告書，為使投資大眾得以知悉其內容，已上市之證券，應以抄本送證券交易所及證券商同業公會；有價證券已在店頭市場登記買賣者，應以抄本送證券商同業公會供公眾閱覽。

6.年報之分送股東

按股東對公司務業務之了解，僅依賴公開說明書、財務報告、議事手冊或議事錄，公開說明書僅於發行公司新發行證券時始有編製，財務報告並未涵蓋業務狀況及展望，議事手冊或議事錄又失之簡略，為使投資人對公司之現況及未來有較詳盡之認識，及配合推動僑外資投資證券市場，依「公開發行公司年報應行記載事項準則」編製年報並分送股東，有助於股東權益之保障。

另依金融控股公司法第15條第1項規定，金融控股公司持有子公司已發行全部股份或資本總額，其子公司之股東會職權由董事會行使，不適用公司法有關股東會之規定。準此，該金融機構既無需召開股東會，則無「公開發行公司出席股東會使用委託書規則」及證券交易法第36條第3項規定應編製議事手冊及年報之適用問題（91年台財證(一)字第108711號函）。

7.國際會計準則（IFRSs）之採用

IFRSs（International Financial Reporting Standards）已成為全球資本市場之單一準則，2012年7月前全球計有超過115個國家，我國將針對公開發行公司實施IFRSs，第一階段適用之對象含上櫃公司、興櫃公司及金管會主管之主要金融業（不含信用合作社、信用卡公司、保險經紀人及代理人）；第二階段適用之企業為非上市櫃、興櫃之公開發行公司、信用合作社及信用卡公司。

為實施上述準則，金管會陸續修正發行人財務報告編製準則等。該準則實施後，可免去發行人轉換財報，可直接將國內使用之IFRSs財報提交外國使用，此可提昇發行人募資能力，成為外國投資者理想之投資標的。

（三）違反申報義務之責任

1.行政責任

依本法第178條第1項第1款、第3款之規定，發行人未依法或命令製作、申報、公告帳簿、表冊、傳票、財務報告或其他有關業務文件者，得處以新台幣12萬元以上60萬元以下之罰鍰。主管機關對發行人之違法行為，除科處罰鍰外，尚可責令限期辦理，逾期仍不辦理者，得繼續限期令其辦理，並按次連續各處48萬元以上480萬元以下罰鍰，至辦理為止。發行公司未依法將財務報告之抄本送證券交易所或證券同業公會者，依第178條第1項第1款、第2款之規定，亦可處以12萬元以上60萬元以下罰鍰。

2.刑事責任

發行公司對依法或命令所應提出之帳簿、表冊、傳票、財務報告或其他有關業務文件之內容有虛偽之記載者，對其負責人得處以一年以上七年以下有期徒刑，得併科新台幣2,000萬元以下罰金（第174條第1項第5款、第179條）。發行公司負責人、主辦及經辦會計人員對財報及帳冊有故意不實記載者，亦另依商業會計法第71條以下之規定，負刑事責任。

3.民事責任

發行公司申報或公告財務報告及其他有關業務文件，其內容不得有虛偽或隱匿之情事，證券之善意取得人或出賣人因其虛偽或隱匿受損害時，發行人應負賠償責任（第20條）。

三、公積金之使用及提列

（一）公積之種類及功能

　　公積有盈餘公積與資本公積之分，前者自公司之營業所得中提列，後者自非營業所得中提列。公積金之提列，旨在充實公司資本，健全財務結構，可使公司有餘力擴充規模，亦可增進公司償債能力，以保障債權人之權益。

（二）公司法對公積之規範

　　按公司於完納一切稅捐後，分派盈餘時，應先提存10%為法定盈餘公積，但法定盈餘公積已達資本總額時，不在此限。除法定盈餘公積外，公司得以章程訂定或股東會議決，另提特別盈餘公積（第237條）。法定盈餘公積之提列為強制，特別盈餘公積之提列則為任意，由公司自行決定。

　　資本公積之範圍及種類依商業會計法之規定，惟法定盈餘公積及資本公積除填補公司虧損外，不得使用之，但為擴充資本（第241條）或法律另有規定者，不在此限（第239條）。

（三）證券交易法對公積之規範

　　按證券交易法第41條為加強發行公司之資本結構，對公積之提列及使用均較公司法嚴格，詳述如下：

1. 強制提列特別盈餘公積

　　主管機關認為有必要時，對於已依本法發行有價證券之公司，得以命令規定其於分派盈餘時，除依法提出法定盈餘公積外，並應提撥一定比率之特別盈餘公積（第41條第1項）。特別盈餘公積之強制提列，旨在抑制盈餘分派，以達穩定股票價格之目的。其使用方式，依其提存之目的而為使用。

2. 公積使用之限制

　　依前述公司法第239條及經濟部71年2月15日商字第04315號函，公司以法定盈餘公積或資本公積擴充資本時，不受先彌補虧損之限制，為健全發行公司資本結構及確保資本維持原則，第41條第2項則規定公開發行公司應先填補虧損，不得擴充資本，不再適用公司法第241條，惟證交法既為公司法之特別法，該不適用公司法第239條第1項但書之規定，實無規定之必要，故修正條文予以刪除。

　　按資本公積轉增資，形成股份膨脹，然股權因除權而下降，影響每股盈

餘之分派,且因無現金實質注入,對於公司營運亦無助益,故第41條第1項後段規定,以資本公積擴充資本者,應以一定比率為限。

四、公開發行公司內控制度

公開發行公司之財務業務監督除靠主管機關外,公司本身自律亦屬重要,故金管會制定有:「公開發行公司建立內部控制制度處理準則」、「證券暨期貨市場各服務事業建立內部控制制度處理準則」以建構公開發行公司與證券、期貨事業之自我監督機制;對內控不當者,亦可依新修正之證交法第38條之1之規定,指定專家為檢查。

五、財務預測

正確的財務預測有助於投資人了解發行公司財務發展狀況,主管機關依新增之證券交易法第36條之1,乃訂有「公開發行公司財務預測資訊處理準則」,供發行公司遵循。我國財務預測制度自80年5月起開始實施迄今,已為資本市場中相當重要的訊息,惟隨著我國證券市場規模逐步擴大,公司面臨之經濟環境日趨複雜,為符合國際作法及實務需要,爰修正財務預測制度改採自願公開方式,並參考國外有關預測性資訊公開之相關規定及實務運作方式,提出相關調整方向。

六、公司資產處分或背書保證

按發行公司之不動產處分或背書保證對發行公司財務及股東權益影響頗大,故主管機關乃依新增之證券交易法第36條之1訂有「公開發行公司取得或處分資產處理準則」及「公開發行公司資金貸與及背書保證處理準則」等。

七、主管機關之檢查及糾正權

(一)檢查權

按涉及人民權利、義務之事項均須法律定之,主管機關對發行人或其他關係人之強制處分權,對其權利影響尤甚重大,故第38條予明文規定該強制檢查、命令提出權之範圍。主管機關為有價證券募集或發行之核准,因保護公益或投資人利益,對發行人、證券承銷商或其他關係人,得命令提出參考或報告資料,並得直接檢查其有關書表、帳冊(第1項)。有價證券發行

後，主管機關得隨時命令發行人提出財務、業務報告或直接檢查財務、業務狀況。

　　爲強化檢查之績效，證交法修正條文第38條之1，增訂主管機關得隨時指定專門職業技術人員（會計師、律師、工程師），檢查發行人、承銷商及其他關係人之財務、業務文件，費用由被檢查人負擔。

（二）糾正、處罰權

　　主管機關關於檢查發行人財務報告資料時，發現有違法事情時，得以命令糾正，並依本法有關規定處罰（第39條）。唯該糾正及處罰權僅可對發行人爲之。又謂之依本法處罰，乃指第174條第1項第4款、第174條第1項第5款、第178條第3款及第178條第4款等規定。

參、公司內部人持股之比例、變動申報、轉讓方法及利益輸送之禁止

一、董、監事之最低持股比例

（一）公司法對董監事持股比例之規定

　　公司法第197條第1項規定，董事經選任後，應向主管機關申報，其選任當時所持有股份數額，公開發行公司在任期中不得轉讓其二分之一以上，超過二分之一時，其董事當然解任。本條之規定係以個別董事爲適用對象，且依同法第227條之規定，亦準用於監察人。至於公司章程中是否可另規定董監事每人持股之比例？經濟部認有違公司法之規定，不得適用之（經濟部(64)商第9557、14817號函）。

（二）證券交易法對董監事持股比例之規範

　　爲使公司之董、監事與公司能產生休戚相關、利害與共之觀念，以增進經營績效，並進而健全公司資本結構，及防止董、監事對本公司股票作投機性買賣，影響投資人利益，故證券交易法第26條規定：公開發行公司其全體董、監事二者所持有記名股票之股份總額，各不得少於公司已發行股份總額之一定成數（第26條第1項）。該項於77年修正前之條文爲：凡公開發行公司其章程應分別訂明全體董、監事二者所持記名股份總額，各不得少於公司股份總額一定之成數。此修正旨在避免當金管會以規定之成數要求發行公

司通知董、監事補足時，發行公司藉該條文而以章程未修正，不便通知董、監事補足為抗辯。

　　第26條第2項規定：董事、監察人股權成數及查核實施規則，由主管機關以命令定之。按本項於77年修正時，曾酌為文字修正，以使金管會頒布之「公開發行公司董事、監察人股權成數及查核實施規則」，有法律之根據，依該規則之規定，說明如下：

1.董、監事最低持股成數

(1)公司實收資本額在3億元以下者，全體董事所持有記名股票之股份總額不得少於公司已發行股份總額15%，全體監察人不得少於1.5%。

(2)公司實收資本額超過3億元，在10億元以下者，其全體董事所持有記名股票之股份總額不得少於10%，全體監察人不得少於1%。但依該比例計算之全體董事或監察人所持有股份總額低於前款之最高股份總額者，應按前款之最高股份總額計之。

(3)公司實收資本額超過10億元，在20億元以下者，其全體董事持有記名股票之股份總額不得少於7.5%，全體監察人不得少於0.75%。但依該比例計算之全體董事或監察人所有股份總額低於前款之最高股份總額者，應按前款之最高股份總額計之。

(4)公司實收資本額超過新台幣20億元在40億元以下者，全體董事持有記名股票之股份總額不得少於5%，全體監察人不得少於0.5%。但全體董事或監察人所持有股份總額低於前一款最高股份總額者，應按前一款之最高股份總額計之。

(5)公司實收資本額超過新台幣40億元在100億元以下者，其全體董事持有記名股票之股份總額不得少於4%，全體監察人不得少於0.4%。但全體董事或監察人所持有股份總額低於前一款最高股份總額者，應按前一款之最高股份總額計之。

(6)公司實收資本額超過新台幣100億元在500億元以下者，其全體董事持有記名股票之股份總額不得少於3%，全體監察人不得少於0.3%。但全體董事或監察人所持有股份總額低於前一款最高股份總額者，應按前一款之最高股份總額計之。

(7)公司實收資本額超過新台幣500億元在1,000億元以下者，其全體董事持有記名股票之股份總額不得少於2%，全體監察人不得少於0.2%。但全體董事或監察人所持有股份總額低於前一款最高股份總額者，應按前一款之最高股份總額計之。

(8)公司實收資本額超過新台幣1,000億元者，全體董事持有記名股票之股份總額不得少於1%，全體監察人不得少於0.1%。但全體董事或監察人所持有股份總額低於前一款最高股份總額者，應按前一款之最高股份總額計之。

公開發行公司已依證交法設置審計委員會者，不適用前述有關監察人持有股數不得少於一定比率之規定。

如公開發行公司發行兩種權利及義務不同之股票，其董事及監察人持有股份額應合併計算（詳81年台財證(三)字第72190號函）。又董監事所持有之記名股票，以股東名簿或集保之證明爲準，如已轉讓但未過戶者，應予扣除（實施規則第3條）。

2. 獨立董事監察人之特別規定

證券交易法第26條係就全體董事、監察人所持有記名股票之股份總額如低於一定成數即採取全體罰之規範，然獨立董事既非以具有股東身分爲必要，其是否持有公司股票，或持有股數之多寡，已不適用證券交易法之規範，應排除獨立董事之持股於成數計算標準；另由於獨立董事之持股比率甚低，勢必造成其他董事之持股負擔相形增加，爲鼓勵公開發行公司選任獨立董事，以健全公司治理，對已同時選任二席以上獨立董事之公開發行公司，除排除獨立董事之持股納入計算董監事持股成數外，其餘非獨立性董事所應負擔之最低持股成數標準，以原有最低持股數額之八成爲適用標準（實施規則修正條文第2條第2項）。爲積極鼓勵增設獨立董事及審計委員會，除金融控股公司、銀行法所規範之銀行及保險法所規範之保險公司外，公開發行公司選任之獨立董事超過全體董事席次二分之一，且已依本法設置審計委員會者，不適用第1項及第2項有關全體董事及監察人持有股數各不得少於一定比率之規定。

爲配合獨立董事制度之推行，除排除獨立董事持股於全體董事、監察人之持股成數計算外，亦應免除其於公開發行公司股東會選任當時或任期中，全體董事或監察人持股不足所定成數之補足義務，公開發行公司亦無須通知獨立董事補足持股，以避免對獨立董事制度產生負面效果，獨立董事亦免除相關行政處分（實施規則修正條文第4條、第5條、第8條）。

3. 法人代表人持股集保之特別規定

基於法人董事、監察人代表人，於任期中將其持股強制集保者，因具有穩定持股及對公司產生向心力之功能，且該持股易於掌控，故將法人董事、監察人之代表人送存集保之持股，列入扣抵董事、監察人最低持股成數之計

算,以降低董事、監察人持股不足及受處分之可能性(實施規則修正條文第3條第2項)。

政府或法人為股東,自行或由其代表人當選董事或監察人者,其持有股份總額應以政府或法人股東持有之記名股票計算。但其指定之代表人自己所持有以分戶保管方式提交證券集中保管事業辦理集中保管之該公司記名股票,得併入前條持有股份總額中計算。

4.未足成數之補足

董、監事於選任時,其持股未足規定之成數時,應由獨立董事以外之人於就任後補足;董、監事於任期中轉讓或部分轉讓者,或部分解任者,除獨立董事以外之全體董、監事補足。

5.檢查及處罰

對董、監事持股變動之登記,主管機關得檢查其書表、帳冊。「舊規定」第7、8條原規定,對董、監事持股變動之登記……處罰代表人。但依據大法官會議第313號及第638號解釋意旨,對人民違反行政法上義務之行為科處罰鍰,涉及人民權利之限制,其處罰之構成要件及數額,應由法律定之;且證券交易法第178條第1項第6款對於違反本規則之規定已定有處罰依據,故主管機關2006年4月14日頒布之新法已刪除第7條之規定。

(三)證券交易法第 26 條之檢討

按證券交易法第26條之立法,旨在藉董、監事持有一定之股份,使之對公司產生休戚相關,利害與共之觀念,以增進經營績效,已如前述。惟其立法是否妥當,有學者持反對見解,以為該條文並無必要,應予刪除,其理由述之如下:

1.證券交易法之立法目的旨在發展國民經濟,而藉「資本證券化、證券大眾化」,以達民生主義均富之目標。而所謂之證券大眾化須公司持股股權相當之分散,然第26條卻規定公司董、監事須持有一定比例之股份,兩者之立政策並不一致。

2.就保障投資人之觀點而言:尚無實證顯示經營者的持股比例與經營績效有任何關聯,則第26條之立法恐無法達成促進經營績效、保障投資人權益之目標。且規定其最低持股成數,反致其永保權位,易生濫權而有損於小股東之權益。就家族企業邁向大眾化企業觀點而言,該規定對大眾化企業目標之形成,當無助益。且家族式企業往往僅計較短期利益,而忽略企業之社會責任。就世界公司法制之趨勢而言,企業所有與經營已趨於分離,尚

無任何現代法要求董、監事持有一定股份，其持有一定股份，反致其投機買賣。

二、公司內部人持股轉讓之方法

按證券交易法第22條之2規定發行公司內部人，持股轉讓方法之限制，其立法之理由旨在：防止公司內部人參與股票買賣，與藉上市轉讓股權，影響公司經營，損害投資人權益，並破壞市場穩定。就第22條之2之規定分析其內容如下：

(一) 規範之對象

即對公開發行公司內部人（董事、監察人、經理人及持有公司股份超過股份總額10%之股東）持股轉讓之限制。若大股東係依公司法、企業併購法或金融控股公司法等法律規定，由公司收買異議股東所持有之股票，其股權移轉方式仍屬證交法第22條之2第1項第3款的情形。至於，公司依企業併購法第13條第1項第2款規定，將買回之股份轉讓予消滅公司或其他股東乙節，因該轉讓行為屬企業併購法對公司收買異議股東股份之特別規定，故公司依該規定轉讓收買之股份，得不受證券交易法第22條之2第2項規定之限制（92年台財證三字第0920134020號函）。其限制之持股範圍，依同條第3項，應包括公司內部人之配偶、未成年子女及利用他人名義持有者，而公司內部之持股須與上述利用他人名義之受益所有人（beneficial owner）之持股合併計算。所謂利用他人名義持有者，依證券交易法施行細則第2條之規定，指具備下列條件者：

1. 直接或間接提供股票予他人或提供資金予他人購買股票。
2. 對該他人所持有之股票，具有管理、使用或處分之權益。
3. 該他人所持有股票之利益或損失全部或一部歸屬於本人者。

(二) 內部人轉讓持股之方法

依第22條之2之規定，內部人得依下列三種方法之一，轉讓其持股：

1. 如依第22條第3項之對非特定人公開招募者，須經主管機關核准或自申報主管機關生效日後為之。
2. 如係透過集中交易市場或證券營業處所為轉讓，依其轉讓股數之不同而有不同之處理：

   (1) 如每一交易日轉讓股數未超過一萬股者，免予申報。

(2)如超過一萬股者，須於向主管機關申報之日（即收件之日）起三日後，依主管機關所定持有期間及每一交易日得轉讓數量比例而爲轉讓。所謂每日得轉讓之數量，由申報人由下列規定擇一方法而爲計算，依「台灣證券交易所股份有限公司鉅額證券買賣辦法」、「財團法人中華民國證券櫃檯買賣中心鉅額證券買賣辦法」進行交易者，其轉讓數量不受證券交易法第22條之2第1項第2款規定「每一交易日得轉讓數量比例」之限制（92年台財證(三)字第0920001073號函）。

①公司已發行股份總額在3,000萬股以下者，按5‰計算；超過3,000萬股之部分，按2.5‰計算。

②申報日之前十個營業日，該股票在集中交易市場平均每日成交量之10%。

3.如係向管機關所定條件之特定人爲之，須申報日起三日內爲交易。所謂特定人，符合下列情形之一者：

(1)公開發行公司其股票未於證券交易所上市且未於證券商營業處所買賣者，其特定讓受人爲對公司財務、業務有充分了解，具有資力，且非應公開召募而認購者。

(2)公開發行公司其股票已於證券商營業處所買賣者，其特定讓受人限於證券自營商或以同一價格受讓之該發行公司全體員工。

(3)公開發行公司或華僑或外國人經華僑及外人投資條例，報經經濟部投審會核准轉讓予其他華僑或外國人者（79年台財證第12635號函），此解釋旨在使金管會了解僑外持股轉讓之情形，並藉以監督、管理。其股票已在證券交易所上市者，其特定讓受人限於以同一價格受讓之該發行公司全體員工。

(4)依公司法、企業併購法或金融控股公司法等法律規定辦理「發行新股作爲受讓他公司股份之對價」、「合併」、「分割」、「收購」、「股份轉換」、「概括讓與」或「概括承受」等情形者，而須將其持有之股票轉讓予他人，則該受讓人爲所稱之「特定人」（93年台財證三字第0930100151號函）。

(5)證券交易法第22條之2所定之董事、監察人、經理人及持有公司股份超過10%之股東，依公司法第131條規定以其持有之股票抵繳股款轉讓予發起設立之公司，則前揭受讓之公司爲同條第1項第3款所稱之「特定人」（95年金管證三字第0950000352號）。

（三）私募股份之申報

內部人依證券交易法第22條之2第1項第3款規定向特定人轉讓所屬公司發行之「私募股票」時，該特定人條件爲符合同法第43條之8第1項各款情形之受讓人。內部人持有所屬公司發行之「私募股票」異動時，亦應依同法第25條規定辦理股權申報。上述規定於下列之人，亦有適用：1.內部人之配偶、未成年子女及內部人利用他人名義持有者；2.法人董事（監察人）代表人、代表人之配偶、未成年子女及利用他人名義持有者（91年台財證(三)字0910005507號函）。

（四）買賣認售權證及選擇權之申報

內部人買賣股票認售權證及股票選擇權，因履約而需轉讓所屬公司發行之股票時，應依證券交易法第22條之2第1項第3款規定辦理申報，所稱「特定人」，在認售權證爲該商品之發行人、在股票選擇權爲台灣期貨交易所股份有限公司所指定取得標的證券之人。內部人買賣股票認售權證、股票選擇權等衍生性商品，因履約致持有所屬公司股票異動時，亦應依同法第25條規定辦理股權申報。下列之人，亦有前揭規定之適用：1.內部人之配偶、未成年子女及內部人利用他人名義持有者；2.法人董事（監察人）代表人、代表人之配偶、未成年子女及利用他人名義持有者（92年台財證(三)字第0920000590號函）。違反第22條之2規定而轉讓其持股者，公司內部人應負第178條之罰責。

三、公司內部人持股變動之申報

證券交易法第25條規定：公開發行公司內部人，持股變動時，須依法申報及公告之。該規定乃公開原則體系之一部，旨在公開公司內部人持股之狀況，而與同法第22條之2及第26、157條相輔相成。尤其於公司內部人短線交易時，須賴第25條得知持股變動之情形，以行使歸入權。

1988年之修正賦予公司內部人有依法申報持股變動情形之義務，旨在免除發行公司以內部人未申報而抗辯。另於持股計算時，準用第22條之2之規定，即計算內部人持股時，應包括公司內部人之配偶、未成年子女及利用他人名義持有之股份。

法人股東一人所組織之公開發行股票公司，於依證券交易法第25條規定辦理內部人股權申報作業時，基於法人股東所指派之董事、監察人及經

理人（含關係人）等皆無持股情況，亦無股權異動情形，得免按月依該條文第2項規定辦理內部人股權變動申報作業（參考91年台財證(三)字第107897號）。

　　公司內部人依信託關係移轉或取得股份者，應依下列規定辦理股權申報：

（一）內部人為委託人

1.內部人將其所持有公司股份交付信託時，依信託法第1條規定，信託財產之權利義務須移轉予受託人，故內部人即應依證券交易法第22條之2規定辦理股票轉讓事前申報。

2.內部人於轉讓之次月5日依證券交易法第25條規定向所屬公開發行公司申報上月份持股異動時，經向該發行公司提示信託契約證明係屬受託人對信託財產具有運用決定權之信託，得僅申報為自有持股減少，對於內部人仍保留運用決定權之信託，內部人應於申報自有持股減少時，同時申報該信託移轉股份為「保留運用決定權之交付信託股份」。

3.內部人「保留運用決定權之交付信託股份」，因係由內部人（含本人或委任第三人）為運用指示，再由受託人依該運用指示為信託財產之管理或處分，故該等交付信託股份之嗣後變動，仍續由內部人依證券交易法第22條之2及第25條規定辦理股權申報。

4.公開發行公司之董事、監察人之「保留運用決定權之交付信託股份」，於依證券交易法第26條規定計算全體董事或監察人所持有記名股票之最低持股數時，得予以計入。

5.持有公司股份超過股份總額10%之股東，將所持公司股份交付信託，並將信託財產運用決定權一併移轉予受託人者，該股權異動如達證券交易法第43條之1規定變動標準，即應依規定辦理變動申報。

（二）內部人為受託人

1.受託之內部人為信託業者

　　(1)內部人取得信託股數時，係屬其信託財產，而非自有財產，故毋須於取得之次月依證券交易法第25條規定向所屬公開發行公司辦理該信託持股異動申報，亦毋須併計自有持股辦理證券交易法第43條之1之申報。

(2)信託業者原因自有持股而成為公開發行公司之董事或監察人者，嗣後所取得之信託持股股數，不得計入證券交易法第26條規定全體董事或監察人法定最低持股數之計算。

2. 受託之內部人為非信託業者

(1)非信託業者受託之信託財產，其對外係以信託財產名義表彰者，其股權申報及證券交易法第26條之適用，與前揭對信託業者之規定相同。

(2)非信託業者受託之信託財產，其對外未以信託財產名義表彰者：

①因受託之內部人對外未區分其自有財產與信託財產，故採自有財產與信託財產合併申報原則，不論取得股份為自有財產或信託財產，內部人均應於取得之次月5日前依證券交易法第25條規定，向所屬公開發行公司申報取得後之持股變動情形。

②前述內部人依信託法第4條第2項規定為所取得股份向所屬發行公司辦理信託過戶或信託登記時，發行公司應於依證券交易法第25條規定彙總申報內部人持股異動時，註記該等股份為信託持股。

③內部人如為公司之董事、監察人，其受託之信託持股無論對外是否以信託財產名義表彰，均不得計入證券交易法第26條規定全體董事或監察人法定最低持股數之計算。

(3)依信託業法施行細則第7條第2款所定，信託業者對信託財產不具運用決定權之信託，係依委託人之運用指示為信託財產之管理或處分，故毋須由信託業者辦理股權申報；至於信託業者管理之具運用決定權之信託財產（所有具運用決定權之信託專戶合併計算）部分，如取得任一公開發行公司股份超過其已發行股份總額10%時，其為信託財產之管理或處分，信託業者即應依證券交易法第43條之1及第22條之2、第25條規定為其信託財產辦理股權申報。

(4)非信託業者受託之信託財產，其對外係以信託財產名義表彰者，比照前揭(三)對信託業者之規定辦理。

(5)非信託業者之信託財產，其對外未以信託財產名義表彰者，採自有財產與信託財產合併申報原則，故併計其信託財產後，取得任一公開發行公司股份超過其已發行股份總額10%時，即應依證券交易法第43條之1及第22條之2、第25條辦理股權申報（92年台財證(三)字第0920000969號函）。

公司內部及公司除於期限內申報內部人之持股種類、股數及票面金額

外，如股票設定質權者，出質人亦應即通知公司；公司應於其質權設定後五日內，將其出質情形，向主管機關申報並公告之。違反該規定者，應負第178條之罰責。

四、利益輸送之禁止

公司內部人（董事、監察人、經理人）或其受僱人，以其職務之便利，為利害衝突之利益輸送之行為，應負民刑事責任。所謂之利益輸送行為，即以直接或間接方式，使公司為不利益之交易，且不會營業常規，致公司遭受損害者。該公司內部人員，受僱人間本為委任關係，依委任本旨，應盡善良管理人之注意義務（民法第535條），如為利益輸送行為，似有違前述規定，然前公司內部人本即控制該公司，該公司殊無可能向該等求償，而致內部人濫用公司資源，使股東利益受損，於美國法上，係利用股東之訴權，請求賠償，而我國公司法上，對股東請求內部人賠償之訴權，殊不周延，致實務少有案例，為解決此問題，證交法遂擬明訂其刑責（證交法第171條第1項第2款），以糾正不法。同時為防範不法，該利益輸送之無償行為有害及公司之權利者，公司得聲請法院撤銷之。公司董監事、經理人或受僱人與其配偶、直系親屬、同居親屬、家長或家屬間之財產處分行為，均視為無償行為（第174條之1）。與前述之人以外之財產處分行為，推定為無償行為。

肆、發行公司股東會之規範

一、股東會召集事由之列舉

按公司法對股東會通知公告之召集事由得否以臨時動議提列，本已有限制。其規定關於改選董事、監察人、變更章程或公司解散、合併、分割或第185條第1項各款之事項，應在召集事由中列舉，不得以臨時動議提出（公司法第172條第5項）。而證券交易法以發行公司股權分散、股東眾多，其股東會決議更影響投資大眾之權益，故第26條之1對得否以臨時動議之規定更為嚴格，即關於董事競業禁止之股東會許可（公司法第209條）、以發行新股份派股利之股東會許可（同法第240條第1項）及以公撥充資本之股東會許可（同法第241條第1項）等事項，亦應在股東會召集事由中列舉並說明其主要內容，不得以臨時動議提出。又公司法尚無規定減少資本應於召集事由中列舉，自得以臨時動議提出於股東會。惟其他法令另有特別規定者，則從其規定（經濟部92年2月6日經商字第09202025640號函）。

二、零股股東之開會通知

按公開發行公司由於歷年不斷增資配股，致造成持有記名股票不滿一千股之股東，而因持有人不願賣出，亦不併合為一成交單位，致持有零股股東人數眾多，惟依公司法第172條之規定，股份有限公司召集股東會，對於記名股票股東之通知，應於召集股東常會二十日前或召集股東臨時會十日前通知各股東，而發行公司依此規定須向眾多零股股東掛號郵寄開會通知書，造成其人力、物力重大負擔。為免除發行公司此重大負荷，第26條之2遂規定，發行公司對於持有記名股票未滿一千股股東，其股東常會之召集通知得於開會三十日前，股東臨時會之召集通知得於開會十五日前，以公告方式為之。該規定有學者以為乃對零股股東之股東權侵害，蓋公司法對不論持股多少之股東，均賦予其固有權——議決權，而開會通知為其議決權行使之程序之一，證券交易法似乎不宜任意以公告代替通知，而侵害其議決權。惟依行政院金管會2011年7月7日令，各公開發行股票公司辦理證券交易法第26條之2及公司法第183條第3項規定，對於持有記名股票未滿一千股股東，其股東常會（股東臨時會）於開會三十（十五）日前之召集通知，及股東會議事錄於會後二十日內分發，以公告方式為之者，其公告方式自即日起應向本會指定之資訊公告申報網站進行傳輸，於完成傳輸後，即視為已依規定完成公告，目前本會指定之資訊公告申報網站為「公開資訊觀測站」（參考金管證交字第1000031773號）。

三、股東會議事規範

為使股東會召開順暢，主管機關訂有「公開發行公司股東會議事規範」及「公開發行公司股東會議事手冊應行記載及遵行事項辦法」，供發行公司召集及進行股東會之遵循，各公司亦得經股東會決議採該規範，以使該規範具法律效力。

伍、發行公司股務之處理

發行公司之股務，指發行公司之股票事務及股東權益之諸事宜。現國內發行或上市公司股東人數漸多，股務事宜日漸繁瑣，除少數公司設股務室自行處理外，均多委託自營商代為辦理。發行公司或自營商辦理，除依公司法及證券交易法相關條文辦理外，金管會亦依證交法第22條之1第2項，頒有「公開發行公司股務處理準則」，該準則主要規定關於股票之印製、股東名

簿、股東開戶、股票開戶、異動、設質、遺失及股利發放等事宜。爲有效規範股務之品質，主管機關另訂有「自辦及代辦公開發行公司股務應行注意事項」，且於2005年12月15日修正準則增電子投票。

陸、庫藏股制度

一、意義及緣由

庫藏股（Treasury Shares）於國外乃用爲平衡股價，使公司得以資本買回已發行之股份，在我國則因三目的准許買回，其一、轉讓股份予員工，其二、配合附認股權公司債、附認股權特別股、可轉換公司債、可轉換特別股或認股權憑證之發行，作爲股權轉換之用，其三、爲保護公司信用及股東權益，所必要而買回，並辦理銷除股份者（參考2000年修正條文第28條之2）。於外國法制，前兩者用爲員工股票選擇權，然多發行新股，而似較少以庫藏股來支應。

二、法制架構

按庫藏股制原與公司法第167條之規定相違，故證交法89年之修正乃增訂以爲排除，第28條之2除規定買回之目的、條件外，該條文亦授權主管機關訂定「上市上櫃公司買回本公司股份辦法」（以下稱買回辦法），以明訂買回之程序、價格、數量、方式、轉讓方法及應申報之事項。公司法增訂第167之1後，非公開發行公司亦得實施庫藏股制度，唯兩者仍有歧異，公開發行公司應優先適用證交法之規定。

三、買回之申報條件

公司買回所有股份須下列程序辦理：

（一）董事會特別決議

董事會三分之二以上董事出席及出席董事二分之一之同意。如遇董事會休會時，可依據公司法第208條第4項規定，由常務董事會議決議辦理，再提報下一次董事會追認。

（二）買回比例

不得超過已發行股份10%；總金額不得逾保留盈餘加發行股份溢價及已

實現之資本公積之金額（第28條之2第3項）。非公開發行之公司爲分配股份予員工而買回股份者，不得超過已發行股份5%，總金額不得逾保留盈餘加以實現之資本公積之金額（公司法第167條之1第1項）。

（三）變更登記

依第3款之買回應辦理變更登記，第1、2款之買回則應於三年內爲轉讓，逾其未轉讓，視爲未發行股份，並應辦理變更登記。

依金融控股公司法第38條規定，對交叉持股係採嚴格禁止之原則，故原上市、上櫃之金融機構於轉換爲金融控股公司之子公司前，已依證券交易法第28條之2第1項第1款及第2款規定買回公司股份者，徵諸證券交易法第28條之2有關公司買回股份之目的，並參酌金融控股公司法第31條之精神，給予該等股份轉換爲金融機構持有金融控股公司股份最長三年之調整期，逾期未轉讓乾，視爲金融控股公司未發行股份，並應辦理變更登記註銷。金融控股公司之子公司因前揭情形而持有之金融控股公司股份，仍屬子公司之庫藏股，應遵守證券交易法第28條之2對庫藏股之相關規定；據此，該股份於未轉讓前，不得享有股東權利（金管會91年台財證(三)字第108164號函）。

又證券交易法係公司法之特別法，依該法第28之2條規定買回之庫藏股應辦理減資之變更登記，係屬法定減資之事由，無須召開股東會決議通過。又公司召開股東會時，依該法第28之2條規定買回之庫藏股既不得享有股東權利，自不算入已發行股份總數（金管會89年台財證(三)字第88837號函）。

（四）買回股份之權利限制

該買回之股份不得質押，於轉讓前，不得享有股東權利。

（五）內線交易之防免

於某種交易市場或店頭市場買回者，該公司其依公司法第369條之1規定之關係企業或董事、監察人、經理人之本人及其配偶、未成年子女或利用他人名義持有之股份，於買回期間不得賣出。依公司法第27條第1項規定，以政府或法人身分當選爲董事或監察人，並指派代表行使職務之自然人時，該自然人及其配偶、未成年子女、利用他人名義所持有之股份，均適用證券交易法第28條之2第6項之規定。又依公司法第27條第2項規定，政府或法人

爲股東，由其代表人當選爲董事或監察人，除當選爲董事或監察人之代表人持股外，其配偶、未成年子女及利用他人名義所持有之股份及該政府或法人之持股，亦有前開證券交易法第28條之2第6項規定之適用（參考90年台財證(三)字第006507號）。又公司依證券交易法第28條之2規定買回其股份期間，內部人持股若辦理信託，並須「不得賣出」規定，惟內部人「保留運用決定權之交付信託股份」，於公司買回其股份規定之適用（93年台財證三字第0930117411號函）。

(六) 股東會之報告

買回股份之決議及執行情形，或因故未買回者，均應向最近一次股東會報告。

(七) 公告

公司非依買回辦法第2條規定辦理公告及申報後，不得於有價證券集中交易市場或證券商營業處所買回股份。其買回股份之數量每累積達公司已發行股份總數2%或金額達新台幣3億元以上者，應於事實發生之日起2日內將買回之日期、數量、種類及價格公告。董事會買回股份之決議（目的、期間、數量、價格區間、買回方式）及買回之情形如累積達股本2%或3億元以上者，應於2日公告或申報。

(八) 買回價格及數量之限制

公司每日買回之數量除依證交法第43條之1第2項規定買回者外，不得超過計畫買回總數量之三分之一且不得於交易時間開始前爲報價，並應委任二家以下證券經紀商辦理。又公司每日買回股份之數量不超過二十萬股者，得不受前述買回數量之限制。

公司法依證交法第28條之2第1項第1款至第3款之事由買回其股份之總金額，不得超過保留盈餘及下列已實現之資本公積之金額：

一、尚未轉列爲保留盈餘之處分資產之溢價收入。

二、公司法第241條所列之超過票面金額發行股票所得之溢額及受領贈與之所得。但受領者爲本公司股票，於未再出售前不予計入。

前項保留盈餘包括法定盈餘公積、特別盈餘公積及未分配盈餘。但應減

除下列項目：

一、公司董事會或股東會已決議分派之盈餘。

二、公司依本法第41條第1項規定提列之特別盈餘公積。但證券商依證券商管理規則第14條第1項規定提列者，不在此限。

　　公司得買回股份之金額，其計算以董事會決議前最近期依法公開經會計師查核或核閱之財務報告爲準；該財務報告應經會計師出具無保留查核意見或標準核閱意見。但期中財務報告如因長期股權投資及其投資損益之衡量係依被投資公司未經會計師查核或核閱之財務報告核算，而經會計師保留者，不在此限。

(九) 轉讓辦法

　　按公司依證券交易法第28條之2第1項第1款規定買回本公司股份者，應依買回辦法第10條規定，訂定轉讓辦法；依買回辦法第10條第2項規定於轉讓辦法所載明之轉讓期間，得由公司董事會依實際需要訂定之，唯最長不得逾法定期限（三年）。已買回之股份，若逾公司所訂轉讓期間仍未轉讓時，公司即應依證券交易法第28條之2第4項規定，辦理變更登記。公司前已訂定之轉讓期間如有縮短之必要，可依原訂程序修訂轉讓期間，惟鑑於員工轉讓辦法公告後，已賦予員工在轉讓期限內認購股份之期待權，故修訂轉讓期間時，尚應再徵得員工之同意（有異議之員工則保留該部分員工認股所需之股份），其餘股數可於修訂後之轉讓期間屆滿後，依法辦理變更登記。另員工轉讓辦法規定事項，應屬公司與員工間之契約關係，若公司與員工間，就辦法中涉及員工認購權利等事項發生爭議時，應由公司與員工本於契約自行處理（金管會90年台財證(三)字第162456號函）。

　　公司依證券交易法第28條之2第1項第1款規定買回本公司股份，買回執行期間屆滿已逾二個月或無變更買回目的之安排或未修訂轉讓期間而依法辦理變更登記者，嗣後與他公司合併而消滅時，該尚未轉讓予員工之股份，應換爲合併後存續或另立之新設公司之股票，並依換股比率調整被合併公司原買回本公司股份時所訂定之轉讓價格，仍於原買回之日起三年內轉讓予員工，逾期未轉讓者，視爲公司未發行股份，並應辦理變更登記；至於轉讓之員工對象，得由合併後存續或另立之新設公司自行決定（金管會90年台財證(三)字第117163號函）。

　　買回股份轉讓予員工，其發給或轉讓之對象，以本公司及國內外子公司

之全職員工爲限；所稱「子公司」，係指符合財團法人中華民國會計研究發展基金會所定之財務會計準則公報第5號及第7號規定，直接及間接持有同一被投資公司有表決權之股份超過50%之公司。公司並應於發行及認股辦法明訂認股權人資格條件或於員工轉讓辦法中明訂受讓員工之範圍及資格（金管會91年台財證(一)字第0910005444號函）。

（十）專家意見

公司董事會之買回決議，應考慮財務狀況，並應出具會計師或承銷商對買回價格的無保留查核意見或標準核閱意見。其中所稱之「無保留查核意見」，依規範意旨，包括符合審計準則公報第33號「財務報表查核報告」第23條規定所出具之「無保留意見」及同號公報第25條規定所出具之「修正式無保留意見」（金管會89年台財證(二)91651號函）。

四、法律責任

違反第28條之2之買回條件而買回者，依證交法第175條處罰。然違反證交法第28條之2第2、4至7項者，則僅以罰鍰（第178條），董事會之決議有違上述規定，董事依其是否有過失，對公司負損害賠償責任（公司法第23、192條、民法第544條）。

問題與研究

一、發行公司繼續公開及臨時公開之規定如何？

二、發行公司未依法向主管機關申報報告之責任如何？

三、何謂公積金？公積金之提列及使用，公司法及證交法有何規定？

四、公司法及證交法對董監持股心例有何規定？證交法第26條有無修刪之必要？

五、公司內部人持股轉讓有何限制？限制之理由爲何？

六、公司內部人持股變動及設質應如何申報？爲何須強制內部人爲申報？

七、發行公司股東會通知書之召集事由，應列舉而不得以臨時動議提出之事項有哪些？

八、對零股股東應如何爲召集股東會之通知？此通知方式，是否有違股東平等原則？

九、公司如何訂定股份買回制度？

第七章　證券之承銷

壹、承銷之意義及其種類

一、承銷之意義

依證券交易法第10條之規定，承銷乃依約定包銷或代銷發行人發行有價證券之行為，此為承銷之定義。此定義比諸美國法及日本法均稍嫌嚴格。

美國證券法第2條第11項規定，所謂承銷商乃是由承銷人取得證券以為發行人募集或出賣該證券，或直接或間接參與此項工作者，視為承銷；但並不包括僅自承銷商或自營商取得一定之利益，而沒有超過自出賣人取得之利潤。又發行人包括直接或間接控制發行人者，或由發行人控制之人。

二、承銷之種類

依證交法第10條之規定可知，我國之承銷包括包銷及代銷。包銷規定於證交法第71條，可分為餘額包銷及確定之包銷。

餘額包銷（stand-by underwriting），於美國實務通常適用在新股認購憑證或新股認購權，對股東發行時使用之。現行法第71條第1項規定，承銷商包銷有價證券，於承銷契約所訂之承銷期限屆滿後，對於約定包銷之有價證券未能全數銷售者，其剩餘數額之有價證券，應自行認購之，此即所謂嚴格或老式之承銷。

第二種包銷，即所謂確定之承銷（firm-committement under-writing），依現行法第71條第2項之規定，證券承銷商包銷有價證券，得先行認購後再行銷售，或於承銷契約訂明保留一部分自行認購，此為證券交易法77年修正時所增入。又為配合第71條之修正，第74條並規定，證券承銷商除第71條規定外，於承銷期間內，不得為自己取得所包銷或代銷之有價證券。此規定即排除71條第2項，使其能於承銷期間開始時，即取得有價證券。此種確定之承銷，為美國現行主要之承銷方式。一般由發行人與承銷集團之代表，商訂承銷契約及價格，而後承銷集團再向自營商或機構投資人訂定買賣契約，將其所取得之證券，轉售於該自營商或投資人。

第三種承銷之方式為代銷（best-effort underwriting），代銷是指證券

交易法第72條之規定，於承銷契約所訂承銷期滿後，對於約定承銷之有價證券，未能全數銷售者，其剩餘數額之有價證券得退還發行人。此種承銷不同於全數之包銷，乃是由承銷人居於代理人地位，而發行公司為本人之地位，將其發行之證券銷售於其他投資人。此種承銷方式，依美國學者之見解，非為真正之承銷，只是一般的有價證券之買賣。

貳、承銷之必要性

承銷之必要性，下列兩點說明：

一、引入專業服務

公司設立或募集資金時，若採募集設立或公開發行新股，須經發行市場以之募集、發行有價證券，然發行工作並非經常性，僱用專職人員並不經濟，因此以合理之費用，與有發行經驗之證券商簽約，由其代理發行工作，此種受託發行股票或其他有價證券之行為，稱之為承銷。在美國實務而言，經由所謂投資銀行擔任，其不僅擔任所謂證券的分銷工作，而且包括證券發行的事前規劃和事後輔導，所以常常與發行公司維持半永久性之關係。

二、風險轉嫁

發行人可將發行時之風險，經由包銷等方式轉嫁由承銷商加以分擔。

參、承銷之程序及職務

在實務上，承銷商依下列之程序而辦理承銷之業務：
一、承銷商必須對發行人進行評估及了解。
二、經調查後，向發行人寄發承銷意願書，或與發行人訂立上櫃及上市之輔導契約。
三、準備有關附件，並由發行人向金管會申請發行登記。
四、組織承銷集團：由承銷經理人選擇適當的承銷商為代表人或主辦承銷商，選擇的條件為該承銷商有相當之營業和經理能力。
五、修正書表：如金管會發現申請書有不妥之處，承銷商協同發行人依金管會之意見修正補充。
六、辦理投資人說明會：由發行公司及證券商共同舉辦之。此種說明會乃使

投資人及承銷商，包括主辦承銷商，及其分辦承銷商，得以瞭解其發行計畫。

七、寄發公開說明書暫定本。

八、正式訂立承銷契約。

九、辦理發行登記而後開始發行銷售。

肆、承銷之實務發展

美國實務之承銷程序以多層次之銷售方式爲之，近年來則多有轉變：

一、承銷程序之簡化：由承銷集團與發行人訂立契約，而後直接銷售於投資人，而不如以前有多層之承銷程序。

二、共同承銷之承銷商增加：共同承銷之承銷商可能多達一百家以上，以減輕承銷商之危險負擔。

承銷商之業務，係以承銷爲主，惟下列業務，亦爲美國承銷商或投資銀行之相關業務：

一、調查評估發行人之業務狀況。

二、對於發行人提出發行計畫。

三、安定操作：承銷期間如有證券價格下跌之趨勢，經主管機關之許可，承銷商得爲穩定價格之行爲。

四、承銷後之輔導：即承銷完畢後，仍對發行公司繼續參與其必要之事務。

五、合併及收購股權：即協助企業尋找合併或收購之對象，並代爲設計進行合併之計畫。

六、資金提供：證券商提供短期資金借貸（bridge loan）或專案融資（project finance）以協助企業從事購併或特定計畫。

伍、承銷契約及作業規範

一、承銷契約之法律性質

承銷契約爲代銷時，應是一種委任契約，銷售者仍爲發行人，承銷商僅居於代理人之地位。於包銷即有所不同，在餘額（老式）之包銷中，於承銷期間內，雖僅爲代理人之地位，而於承銷期間屆滿後，依證券交易法第75條之規定，則爲自己之計算，以自己名義之銷售，即與發行人之間發生買賣之法律關係。

於確定之承銷時，承銷商所取得之利潤，爲其再轉售於一般投資人之兩者之間之差價，無論承銷商與發行人之間，或與投資人之法律關係，皆爲買賣之法律關係，但如於承銷期間即爲轉售者，承銷商與投資人間或亦有行紀之關係。

二、發行價格及其收款

證交法第80條規定，承銷商於承銷期間內，應按契約所訂立之發行價格銷售，並應一次收款。證交法修正條文刪除該規定，使承銷商於分銷時，得依不同定價銷售予經紀商或投資人。關於證券承銷價格，在實務上常引起爭執，依證券商管理規則第24條之規定，於訂定承銷價格時，應計算每股獲利能力，以充分反映發行股數增加之稀釋效果，不同的來源或期間資料，其計算之基礎一致。除此之外，金管會於1988年度並頒布股票承銷價格訂定使用財務資料注意事項，期使承銷之發行價格具客觀性。但如能確實推動確定包銷制度，由發行人及承銷商基於個別利益及風險爲協商，該價格決定之行政規範，即無規定之必要。

三、承銷手續費

依證券交易法第82條之規定，證券承銷商之報酬或代銷之手續費，其最高標準由主管機關明訂之。金管會依此規定，頒布命令認手續費由承銷商與發行公司議定之，但包銷之報酬最高不得超過包銷有價證券總金額10%，代銷手續費最高不得超過代銷有價證券總額之5%。除該包銷報酬或代銷手續費外，證券承銷商不得另以其他名義收取費用。但承銷商拋棄其報酬或手續費，似非法所不許。

但爲導正承銷配售專業化及承銷業務收費來源合理化，主管機關將證券承銷商與發行公司議定之包銷報酬或代銷手續費調整爲：包銷之報酬最高不得超過包銷有價證券總金額之10%，代銷之手續費最高不得超過代銷有價證券總金額之5%。且財政部1988年12月31日台財證(三)字第09690號函有關包銷報酬或代銷手續費上限比率規定亦停止適用（93年金管證二字第0930005837號）。

陸、承銷之禁止行爲

現行法所規定之禁止行爲如下：

一、承銷商除依證交法第71條規定外，於承銷期間不得爲自己取得包銷或
　　代銷之有價證券，即除確定之承銷外，於承銷期間內，不得爲自己取得
　　包銷或代銷之有價證券。

二、證券商管理規則第26條規定，承銷商與發行公司間有特定利害關係
　　者，不得爲該發行公司之主辦承銷商。

三、動用款項之禁止：承銷商代銷、承銷有價證券，除當場交付有價證券
　　外，應設立專戶保管款項。該代收之款項，須向認購人交付價款繳納憑
　　證，或所銷售之有價證券後，始得動支。

　　至於安定操作之是否法所許可？所謂安定操作即承銷商於承銷期間爲免
使承銷證券之價格跌落，故以承銷商之費用，向市場買進證券，以穩定市場
價格，因我國法無日本法或美國法之明文規定，故有違反第155條操縱市場
禁止規定之爭議，惟若法有明文規定，即可避免此爭議。現主管機關乃於證
券商管理規則第28條第3項許可對上市證券承銷或再行銷售，爲安定操作，
其管理辦法由證券交易所訂定之。

柒、承銷商之資本及承銷金額

　　依現行法第81條之規定，證券承銷商包銷有價證券者，其包銷之總金
額不得超過流動資產減流動負債後之餘額之一定成數。其標準由主管機關明
定之。依證券商管理規則第22條之規定，證券承銷商包銷有價證券者，其
包銷總金額不得超過流動資產減流動負債後餘額之十五倍。證券商自有資本
適足比率低於120%者，前項倍數得調整爲十倍；低於100%者，前項倍數得
調整爲五倍。

捌、包銷取得之證券之出售

　　依證券交易法第75條之規定，證券承銷商於承銷期間屆滿後，認購之
有價證券，或於承銷期間開始時取得之有價證券，如果是集中交易市場之有
價證券，應該將其有價證券於取得後一年內，在集中交易市場銷售，未上市
者應依第62條之規定，於證券商營業處所一年內銷售之。唯證交法修正條
文爲使承銷商之銷售功能足以發揮，故擬不限制其由流通市場銷售，經由經
紀商所爲之分銷，亦得爲之，而第72條僅規定其管理辦法，由主管機關定
之。

　　就承銷商之銷售方法，乃依證券商管理規則第28條，由券商公會訂定「證券商承銷或再行銷售有價證券管理辦法」，依該辦法，承銷可採競價拍賣、詢價圈購、洽售銷售及公開申購配售等方式售予投資人。

問題與研究

一、說明承銷之一般包銷、確定包銷及代銷之意義。

二、證券發行中，承銷商應具何種功能？並簡要說明承銷之程序及該程序之規範。

三、承銷商除承銷業務外，得否為發行公司為財務規劃購併之諮詢或其他輔導業務？

四、共同承銷之主辦承銷商應否為其他承銷商所承銷之部分負責？

五、包銷之承銷商，應如何處理包銷取得之證券？得否為安定操作，以穩定承銷證券之價格？

六、我國承銷商轉型為投資銀行之困難點為何？

第八章　股東會委託書之規範

壹、委託書之意義

　　按委託書乃公開發行公司之股東，於委託代理人代理行使股東會表決權，爲證明該代理權以提出於發行公司之文件。

貳、委託書之功能及法律規範之必要

一、委託書之功能

　　按委託書具下列數種功能，對現代大眾化公司之管理具重要意義：

（一）代理出席股東會

　　按委託書乃爲代理出席股東會所書立之憑證，該憑證乃是因股東或無暇、或離開會場所過遙、或對開股東會之興致不高，而委託他人出席股東會，並交付予委託書，以證明受託人具代理權限，此爲委託書最原始和傳統之功能。

（二）現代大型企業開股東會之方式

　　按現代大型企業股東分散，股東眾多，召集不便，縱或勉強聚集一堂，亦無法就議案爲實質之討論，於是傳統集合一定場所開股東會之方式，已轉爲委託書徵求的過程，在徵求委託書之競賽中，已決定公司經營權之歸屬及經營之方向，故有稱現代巨型企業之股東會，乃是於正式股東會召開前早已結束。

（三）公司經營權爭奪之工具

　　傳統爭奪公司經營權乃收購股權而取得較多董事席位，以控制董事會，惟收購股權需較多之資金，不若以徵求委託書之成本較爲低廉，取得委託書即取得表決權並進而當選董事，控制董事會，故徵求委託書可謂較低廉之取得公司經營權之方式。

（四）管理發行公司之方式

按經營者往往可利用其優勢地位，而較在野者更易徵求委託書，遂造成經營者長期控制公司，美國學者更有認為：「只要公司能夠繼續營業，要改組一個董事會比改組政府一個部還難。」此種情形殊與「自動延續生命的寡頭政治」無異，美國學者羅斯教授遂認為：「委託書的使用，如放任而不加以管理，無異是鼓勵經營者長期留任而濫用其經營權；如加以適當管理，則可能成為挽救現代公司制度的利器。」而如何藉委託書而管理發行公司？應以貫徹公開原則，使徵求委託書之資料公開，以遏制不法。

（五）實現公司社會責任之方式

按現代巨型企業應由全面之注重營利性，轉而具公益性之色彩，即應使現代企業負社會責任，使經營者除顧及本身及股東之利潤外，更應重視企業對整體社會之影響，如企業對生態環境之影響，以及企業對所在社區之貢獻等。上述理念往往無法為經營者接受，故須由有社會責任理念之人，藉徵求委託書，而改變公司經營階層的結構，使其經營方向著重於社會責任。

二、委託書規範之必要性

委託書之規範對公司制度及股東權益之保障殊為重要，而其規範之方法，則在實踐公開原則，藉由徵求委託書之公開，使委託他人出席股東會之股東，有機會了解公司的業務，及股東會討論的議案。而經由資料之充分公開，可警阻經營者違法濫權之行為。

就為發揮委託書之功能而言，委託書之規範應注重徵求者徵求競爭行為之公平性，不應偏惠於經營者，亦不應只有讓大股東有徵求之機會，在實際的徵求競爭條件中，經營者及大股東本已有較優勢之地位，故法律規範應注重小股東或具社會責任理念之徵求者之權益保障。

參、現行委託書之規範

一、公司法之規範

按公司法第177條規定：股東得於每次股東會，出具公司印發之委託書，載明授權範圍，委託代理人，出席股東會（第1項）。除信託事業或經證券主管機關核准之股務代理機構外，一人同時受二人以上股東委託時，其

代理之表決權不得超過已發行股份總數表決權之3%，超過時其超過之表決權，不予計算（第2項）。一股東以出具一委託書，並以委託一人爲限，應於股東會開會五日前送達公司，委託書有重複時，以最先送達者爲準，但聲明撤銷前委託者，不在此限（第3項）。上述公司法之規定，茲有下列數點值得討論：

（一）受委託之代理人是否限於股東？依經濟部之看法，公司章程如規定「但代理人必須是本公司股東」者，與法不合。蓋公司法第177條並無明文限制代理人須爲股東，故不得任意以章程限制之。惟「公開發行公司出席股東會使用委託書規則」（下稱「委託規則」）第5條則規定徵求委託書者，其須具股東身分，此應視爲對公開發行公司之特別規定。

（二）股東得否自行製委託書委託代理人出席股東會？按公司法第177條雖規定，委託書須由公司印製，惟最高法院65年台上字第1410號判例認爲，該規定並非強制規定，公司雖未印發，股東仍可自行書寫此項委託書，委託代理人出席股東會。又前述規則第2、22條則規定須以公司印製者爲限，自行書寫者，其代理之表決權不予計算，公司亦得拒發表決票，則於公開發行公司之委託書，應不得自行印製，否則仍可以召集程序違法，提起撤銷股東會之訴（公司法第189條）。

二、證券交易法之規範

按第25條之1規定：公司發行公司出席股東會使用委託書應予限制、取締或管理；其徵求人、受託代理人與代爲處理徵求事務者之資格條件、委託書之格式、取得、徵求與受託方式、代理之股數、統計驗證、使用委託書代理表決權不予計算之情事、應申報與備置之文件、資料提供及其他應遵行事項之規則，由主管機關定之。由此規定，可知其立法之意旨乃消極地限制並嚴格管理委託書之使用。主管機關依此規定，頒布「公開發行公司出席股東會使用委託書規則」，以下依此規則說明委託書之諸問題：

（一）定義

按該規則所規範者爲徵求委託書或非屬徵求委託書之受託代理，至於何謂「徵求」？何謂「委託書」？該規則並無明文之規定。則必致是否屬該規則適用範圍之爭議，似宜仿美國法予明文之規定。惟就該規則之規定觀之，徵求之行爲不限於以書面或廣告爲之，而委託書乃以規則所附格式爲公司印

製者為限。然各種出席證、出席簽到卡或其他出席證亦準用對委託書之規範。

（二）發行公司徵求人及受託代理人之規範

1.發行公司之義務

發行公司召開股東會時，須於開會前寄發通知書（公司法第172條）且於常會時分送股東年報（證交法第36條第3項）。議事手冊公告之時間、方式、議事手冊應記載之主要事項及其他應遵行事項之辦法，授權由證券管理機關定之。而行政院金管會依法已訂定「公開發行公司股東會議事手冊應行記載及遵行事項辦法」（94年金管證三字第0940005846號）。

2.徵求委託書之規範

(1)徵求人之資格

依委託規則第5條之規定，委託書之徵求人應為持有發行公司發行股數五萬股以上股份之股東，但於股東會有選舉董事或監察人議案者，徵求人應為截至該次股東會停止過戶日，依股東名簿記載或存放於證券集中保管事業之證明文件，繼續持有六個月以上，持有該公司股份八十萬股，或達2‰且不低於十萬股者（無表決權特別股不計入）。金融機構召開股東會有選舉董事或監察人議案時，一般徵求人應繼續一年以上，持有股份幾十萬股或已發行股份總數2‰以上。另「金融機構」召開股東會，股東應繼續一年以上持有公司已發行股份總數10%以上，但股東會有選舉董事或監察人議案者，股東應繼續一年以上持有公司已發行股份總數12%以上，始得委託信託事業或股務代理人擔任徵求人。繼續一年以上持有公司已發行股份而符合一定條件者，得委託信託事業或股務代理機構擔任徵求人，其代理股數不受限制（第6條第1項）。但無表決權之可轉換特別股於未轉換前，仍屬無表決權之特別股，自不計入已發行股份之總數，其應自轉換為普通股之日起，始計算「委託書規則」第6條第1項所規定之持股期間（金管會95年金管證三字第0950102811號）。信託事業或股務代理機構依前項規定受股東委託擔任徵求人，其徵得委託書於分配選舉權數時，股東擬支持之獨立董事被選舉人之選舉權數，應大於各非獨立董事及監察人被選舉人之選舉權數（2005年12月15日修正新增訂6條第2項）。又信託事業或股務代理機構本身係召開股東會之公開發行公司之股務代理機構等情形時，於股東會有選舉董事或監察人議案不得接受委託擔任徵求人，或接受徵求人之委託辦理代為處理徵求事務（第6條第3項）。金融控股公司召開股東會，其依金控法第4條所規定之

子公司，或依公司法第179條第2項所規定無表決權之公司不得擔任徵求人或委託信託事業、股務代理機構擔任徵求人（第6條之1）。再者，股東信託其股權予信託業者，委託人及受託人若欲擔任股東會徵求人者，委託人及受託人本身皆須符合委託書規則所定之消極資格條件（下述第093012713號函）；且縱股東（即委託人）保留運用決定權，持股不能合併計算（2004年5月11日0930117411號函），然就持股期間計算，得合併計算委託人原持股期間（金管會2004年7月19日金管證三字第0930127131號函）。

(2)徵求人之行為規範

①通知之義務

徵求人應股東會開會三十八日前或股東臨時會開會二十三日前，檢附徵求之機關資料送達公司及證基會（第7條）。徵求委託書之書面及廣告，應載明應記載事項，且不得於徵求場所外徵求委託書，且應於徵求場所將前項書面及廣告內容為明確之揭示（第8條）；徵求人徵得之委託書應於股東會開會前，彙總編製明細報表，送達被徵求公司及其股務代理機構（第12條），以上均為貫徹公開原則，將徵求人之資料予以公開化。

②徵求人之禁止行為：

(A)變更或省略之禁止：徵求委託書之書面及廣告經寄送或刊登後，於再次寄送或刊登時，不得變更或省略其內容（第9條）。

(B)轉讓之禁止：徵求人應於徵求委託書上簽章，並不得轉讓他人使用（第10條）。

(C)虛偽或欠缺之禁止：徵求人之書面或廣告或其他申報之資料，不得對應記載之主要內容有虛偽或欠缺之情事（第16條）。

(3)徵求數量之限制

徵求人除本規則另有規定外，其代理之股數不得超過公司已發行股份總數之3%（第20條）。

(4)價購之禁止

委託書之取得不得利用他人名義、不得以金錢或其他利益為條件，但代為發放股東會紀念品或徵求人支付予代為處理徵求事務者之合理費用，不在此限（第11條第1項），且該紀念品以一種為限（同條第2項）。公司對於股東會紀念品之發放，應以公平原則辦理。徵求人或受託代理人檢附明細表送達公司或繳交一定保證金予公司後，得向公司請求交付股東會紀念品，

再由其轉交委託人，公司不得拒絕。又徵求人僅得以轉交公司所提供之當次股東會紀念品予所徵得之委託人，不得自行以等值之其他商品交付予委託人（93年4月9日台財證(三)字第0930001482號）。

(5)代為處理徵求事務者，其資格及人員應符合第7條之1之一定資格

3.非徵求之受託代理人之規範

除股務代理機構外，非屬徵求之受託代理人，所受委託人數不得超過30人（第13條）。如受委託人數超過三人者，其代理之股數除不得超過其本身持有股數之四倍外，亦不得超過公司已發行股份總數之3%（第21條）。

4.報表之彙報及驗證

發行公司及股務代理機構應彙整受託代理人代理之股數彙總編造統計表，以電子檔案傳送至證基會，並於股東會開會場所為明確之揭示（第13條）。公司召開股東會有選舉董事或監察人議案者，委託書於股東會開會前應經公司之股務代理機構或其他股務代理機構予以統計驗證。但公司自辦股務者，得由公司自行辦理統計驗證事務。公司應將統計驗證機構載明於股東會召集通知，變更時，公司應即於公開資訊觀測站公告。統計驗證事務應依法令及內部控制制度有關委託書統計驗證作業規定為之；金管會指定之機構得隨時檢查委託書統計驗證作業，公司或辦理統計驗證事務者，不得拒絕。自辦股務公司或股務代理機構違反規定，經命令糾正或處罰者，不得再自行或為該違規情事所涉公司辦理股務事務。

（三）違反委託規則之法律效果

違反管理規則者，依其情形，得有下列兩種效果：

1.其代理之表決權不予計算。

2.行為人如因故意、過失，如對委託人為虛偽之表示，以取得委託書者，依侵權行為或委任之法理，受託人應負損害賠償責任。

三、現行法規範之檢討

委託書對公司制度及管理具重要之功能，其規範之方法，應貫徹公開原則及注重徵求委託書競爭之公平性，就公開原則之規定而言，我國法與美、日法相類似，唯執行上宜強化公開內容，可考慮由股務代理機構或信託業辦理之；但我國法對原具徵求委託書優勢地位之現任董、監事，似仍頗偏愛，其對徵求人之資格及徵求方式有嚴格限制，似頗不公平，對委託書功能之達

成，亦有所妨礙；對非現任董、監事之徵求者，頗爲不利。又如利用暴力或價購取得委託書者，其表決權之行使乃受脅迫、利誘，有違公序良俗，表決權不應予以計算。

　　部分上市（櫃）公司利用委託書取得經營權係利用公司而非個人資金，且徵求資訊均不透明，妨此易導致董事爾後經營之圖利或長期控有經營權，此宜強化股東訴權、徵求資訊之揭露、經營資料之說明，以符合公司治理之權責一致性（accountability）。

問題與研究

一、何謂委託書？委託書之功能如何？

二、對委託書之徵求應否規範？現行法爲如何之規範？其規範是否妥當？

三、某發行公司股東徵求委託，並於報紙刊登廣告，其首日之廣告，符委託書管理規則之規則，次日之廣告則載「詳首日之廣告」，於此情形，該股東應否負任何責任？依何規定？

第九章　公開收購股份與併購之規範

壹、公開收購股份之意義

公開收購股份（下稱「公開收購」），指爲取得或強化對某公司支配權，而將收購之價格、數量及期間等予以公開，而對不特定多數人爲大量取得證券之要約行爲。法規上則將公開收購定義爲：不經由有價證券集中交易市場或證券商營業處所，對非特定人以公告、廣告、廣播、電傳資訊、信函、電話、發表會、說明會或其他方式購買有價證券之行爲（公開收購公開發行公司有價證券管理辦法（以下稱「收購辦法」）第2條第1項）。此種行爲於美國稱爲「tender offer」，於英國稱爲「take-over bid」（T.O.B.），日本法則稱爲公開買付。

「公開收購」之規定乃證交法1988年修正時所增訂，比較該法第43條之1與美、日法之規定，似有所不同，日本證券交易法第27條之2，規定公開買付之標的不限於證券，且限於證券市場以外之買付。而美國證券交易法第13條第4項（即威廉法案）則規定，不限於「集中交易市場外」之股權收購要約，其規定凡任何人直接或間接取得某種股票5%以上時，應於取得後十日內，將一定事由分別通知或呈報金管會、證券交易所及發行人。

貳、公開收購之功能

隨著資本自由化及經濟國際化，以「公開收購」取得公司經營權之現象必日益增多，蓋企業爲擴張其營業規模及範圍，往往以合併或購買公司資產而爲外部擴充（external growth），惟提出合併他公司計畫之前，多先以「公開收購」取得該公司股權，以便合併計畫之實施。近年來美國企業所謂「合併狂潮」（merger mania），其以「公開收購」取得公司經營權，比諸徵求委託書或協商之方式，更有凌駕於上之趨勢，其理由如下：

一、「公開收購」可長久取得公司經營權，而徵求委託書僅得於當次股東會獲得優勢，偶爾再開股東會，仍須重爲徵求，就此觀點而言，此具投資性質之「公開收購」，實比委託書之徵求，其費用較爲低廉。

二、「公開收購」之要約人可自行限定要約之有效期限，迫使受要約人或發

行公司爲迅速決定，而徵求委託須賴繁瑣之股東會召開成功，始生徵求之效，就此而言，「公開收購」之程序較簡便快速。

三、「公開收購」之失敗，往往是因競爭對手以更高之價格而爲要約，此時原要約人可將已購得之證券轉售予此競爭者，其雖未獲利，然亦無損失，唯徵求委託書者如未徵得足夠之委託書，率多難以轉售，則其須負擔徵求費用，故其爲損失之風險較大。

四、「公開收購」不若徵求委託書須先行取得股東名冊或爲一定之申報及通知，亦不若協商或合併須先取目標公司之同意，其可於經營者毫無準備之狀態下，避免股價上漲前，而爲股權之收購，故「公開收購」有行爲隱匿之優點。

參、公開收購之法規範必要性及原則

「公開收購」爲各國法規所認許，其主要之理由，乃「公開收購」具有確保公司經營者經營能力之功能，蓋經營者若經費不善，即可能爲他人收購，故「公開收購」爲對經營者具有監督之功能，且「公開收購」時，股東得以高於市價之價格，出售予他人，使公司經營權更易移轉，以淘汰經營不善的公司或其經營階層。惟過於熱衷「公開收購」，往往只對經濟資源之分配與利用有其功效，而對經濟資源效率之提高並無助益。就股東權益之保障而言，「公開收購」亦有嚴格規範之必要，其理由述之如下：

一、「公開收購」對目標公司（即被收購之公司）及股東均有重大之影響，目標公司經營者於公司被收購後，可能即喪失經營權，而股東於「公開收購」時，亦須決定是否出售，如其未爲出售，則於要約人取得經營權並與他公司合併時，股東即成爲另一合併後公司之股東，此與要約收購前之情形已大不相同，自對其權益有重大影響。「公開收購」對目標公司或其經營者或股東之權益，既有重大影響，故有規範之必要。

二、「公開收購」爲爭奪公司經營權之工具，競爭者往往爲價格之競爭而造成證券市場之波動，爲避免公開要約影響市場行情或其他對發行公司不利之行爲，殊有開放集中及店頭市場以外管道之必要，且對該行爲爲規範。

三、「公開收購」對股東權益有重大影響，已如前述，而股東權除法令或公司章程另有規定外，應爲平等，「公開收購」之股東承諾之權利亦應平等，則「公開收購」應就如何達成股東平等之機會加以規定。

　　基於前述之理由，「公開收購」殊有規範之必要，其規範應以公開原則爲規範之基礎。因「公開收購」乃對不特定人爲要約，爲使目標公司投資人得其必要之情報而爲判斷，要約人應就其要約之條件、資金之來源及收購之目的予以開示，另目標公司或其董事對「公開收購」之意見，對要約人及股東之判斷亦頗爲重要，亦須予公開，基此公開原則體系之規定，方足以適當地保障投資人之權益。

　　另「公開收購」可能造成要約人及目標公司經營者間之對抗，「公開收購」之規定，應著重實踐「公開原則」，而非偏袒經營者或要約者，蓋「公開收購」對經營者有監督作用，對經營效率之提高有所助益，不應否定其機能，則法規範之目標應維持該制度之公平性，而非強制限制「公開收購」之行爲，而對要約人爲不合理之限制。

肆、公開收購之法規範

一、證交法之規範

　　證交法原於第43條之1對公開收購爲規範，唯實務運作並未頻繁，爲推動企業組織改造，遂於2002年2月修正通過證交法修正條文第43條之2至第43條之5，將公開收購規範趨於完整，以下述明修正重點：

（一）爲符合外國立法之趨勢，爰參酌美、日立法，將公開收購制度由核准制改爲申報制，並將收購數量不致於影響公司經營權變動者予以豁免；另爲避免大量收購有價證券致影響個股市場之價格，爰參酌英國立法例，導入強制公開收購之規定，至於就公開收購之有價證券範圍、條件、期間、關係人範圍及強制公開收購之一定比例及條件，則授權主管機關以命令定之，以因應證券市場之快速變化而能立即調整管理之腳步（修正條文第43條之1）。

（二）爲維護應賣人之權利，明定公開收購人應以同一收購條件爲收購、不得爲公開收購條件之不利變更、不得於公開收購期間以其他方式購買同種類之公開發行公司有價證券及有交付公開收購說明書義務之規定（修正條文第43條之2至第43條之4）。

（三）公開收購原則上不得停止，公開收購人所申報及公告之內容有違法情事者，主管機關爲保護公益之必要，得命令公開收購人變更公開收購申報事項並重行申報及公告；公開收購人未於收購期間完成預定收購數量或經主管機關核准停止公開收購之進行者，除有正當理由並經主

管機關核准者外，公開收購人於一年內不得就同一被收購公司進行公開收購。公開收購人與其關係人於公開收購後，所持有被收購公司已發行股份總數超過該公司已發行股份總數百分之五十者，得以書面記明提議事項及理由，請求董事會召集股東臨時會，不受公司法第173條第1項規定之限制。（修正條文第43條之5）。公開收購得經主管機關核准停止收購之理由包括：

1.被收購有價證券之公開發行公司，發生財務、業務狀況之重大變化，經公開收購人提出證明者。

2.公開收購人破產、死亡、受監護或輔助宣告或經裁定重整者。

3.其他經主管機關所定之事項。

（四）為維護證券市場秩序，以保障投資大眾權益，爰明定公司內部人、基於職業或控制關係及從前開之人獲悉消息者，於重大影響股票價格未公開前，不得買賣具有股權性質之有價證券。另將公開收購納為重大影響股票價格之消息（修正條文第157條之1）。

（五）為使法規鬆綁後有完整之配套措施，爰配合修正本法相關罰責，增列公開收購人違反強制公開收購規定、所提供之表冊、文件等相關文書其內容有虛偽之記載、未交付公開收購說明書，未依規定時間提出或未依規定製作、申報、公告、備置或保存帳簿、帳冊等相關書件或違反本法其他有關公開收購相關規定，應處以刑責或罰鍰之規定（修正條文第174條、第175條、第177條及第178條）。

二、公開收購管理辦法之規範

依增修之證交法第43條之1，金管會另發布「公開收購公開發行公司有價證券管理辦法」（2012年7月5日修正），該辦法重述第43條之1～5之規定，亦對收購有價證券之範圍、條件、期間、關係人範圍及強制公開收購之條件為明文規範，以下略述其重點如下：

（一）關係人之定義

按第43條之1第2項、第4項、第43條之3第1項、第43條之5第4項、第174條第1項第4款、第178條第1項第2款及該辦法所稱關係人係指：自然人之配偶及未成年子女、法人之關係企業、前述自然人或法人利用他人名義持有者（管理辦法第3條）。

（二）申報制

公開收購股份者，除符合第43條之1第2項之豁免外，應向主管機關申報公告始得為之；競爭為公開收購者，應於原公開收購期間屆滿之日五個營業日以前，向主管機關申報公告（第7條）。

（三）有價證券之範圍

以有價證券作為公開收購之對價者，該有價證券係指已在證券交易所上市或於證券商營業處所買賣之有價證券為限，國外有價證券以主管機關另為規定者為限，現亦包括存託憑證。若公開收購人為公開發行公司者，該有價證券係指其募集發行之股票或公司債；若為外國公司者，則其募集發行之股票或公司債之範圍由主管機關另定之（第8條）。

（四）申請文件

公開收購人應依該辦法第9條檢附公開收購說明書、委任契約書、指定訴訟及非訟事件代理人之授權書及其他公開收購說明書應行記載事項準則所要求之相關文件等，向主管機關申請之。另公開收購人應提供公開收購說明書等相關資料查詢網址（第9條）。

（五）強制收購之比例

依第43條之1第3項之規定，任何人單獨或與他人共同預定取得公開發行公司已發行股份總額達一定比例者，應採公開收購方式為之，該等規範即所謂之強制公開收購，其比例係已取得公開發行公司已發行股份總額20%以上有價證券者。

另收購人已取得標的公司超過50%之股份，嗣有意經由證券集中交易市場或證券商營業處所再買進標的公司之股份時，如未有單獨或與他人共同預定於五十日內取得公開發行公司已發行股份總額20%以上有價證券情事者，自不受證券交易法第43條之1第3項及公開收購公開發行公司有價證券管理辦法第11條規定之限制。亦即有關強制公開收購之規定，其適用標準並不含收購人前已以公開收購方式取得被收購公開發行公司之股份，故以公開收購所取得之股份自不計入管理辦法第11條第1項之計算（92年台財證(三)字第0920111262號函）。再者，拍賣取得股份、收購取得股份、內部人持股轉讓予特定人及以發行新股作為受讓他公司股份者，亦不適用強制收購。

（六）共同預訂取得人之範圍

按共同預訂取得股份者，應適用強制公開，該共同預訂取得者係指有共同之目的，並以契約、協議或意思聯絡等方法取得股份者。金管會2005年6月22日並依大法官會議釋字第568號要旨，修正共同取得之定義以意思聯絡達到一定目的（如控制、投資）之核心意義，不以具備親屬關係即認為共同取得。舊法並規定如當事人有一定之職務、親屬或持股關係者，亦係屬共同預定取得。但參酌大法官會議釋字第586號解釋要旨，所謂「共同取得」之「共同」二字，依一般文義應具備以意思聯絡達到一定目的（如控制、投資）之核心意義，不應僅以客觀上具備一定親屬關係及股份取得行為，即認定有「共同取得」行為，故2005年6月22日修正之新法爰與刪除（第12條）。

（七）保密

於公開收購決定之日起至申報及公告日前，因職務知悉公開收購者，均應謹守秘密（第13條）。

（八）被收購之公司之公告

被收購之公司應於接獲公開收購人所檢送之申報書副本及相關書件後七日內，應就管理辦法第14條所規定之事項為公告。公開收購人依本法第43條之5第2項規定重新申報或公告時，被收購公司亦應對其股東表達建議意見（第14條）。

（九）證券及股份之交付

為使交易當事人就有價證券之交存、公開收購說明書之交付及公開收購股款之收付方便進行，公開收購人應委任證券商、銀行或其他主管機關核准之機構辦理前述事項（第15條）。

（十）公開收購條件之變更

公開收購人應以同意收購條件為公開收購：第43條之2，且不得就價格、數量、期間等為變更，除前述不得變更之事項外，就其他事項之變更應向主管機關申報並公告（第17條）。

（十一）公開收購之期間不得少於十日，多於五十日，但有正當理由者，得向主管機關申報並公告延長。但延長期間不得超過三十日（第18條）

（十二）應賣之撤銷

公開收購人於本次公開收購條件成就後應即公告並申報公開收購條件成就之標準，以及應賣人於公開收購條件成就後，除法律另有規定外，不得撤銷應賣（第19條）。

（十三）公開收購人之公告

公開收購人於本次公開收購之條件成就後，應即公告並申報，並副知受委任機構。且公開收購之條件成就應以收購期間屆滿前達公開收購人所定之最低收購數量為標準（第19條第1、2項）。

（十四）應賣之限制

為避免公開收購人與其關係人為不當交易，公開收購人之關係企業、董事、監察人、經理人之本人或其配偶、未成年子女或利用他人名義所持有股份者，不得為應賣（第20條）。

（十五）收購之結果申報

公開收購人於公開收購期間屆滿之日起二日內，應向主管機關申報並公告公開收購人之姓名、被收購之名稱、實際成交數量等相關資料（第22條）。

（十六）超過收購之處理

如義賣之數量超過預定收購數量時，公開收購人應依同一比例向所有應賣人購買，並將已交存但未成交之有價證券退還原應賣人（第23條）。

（十七）再為公開收購之禁止

依第43條之5第3項之規定，公開收購人未完成預定收購數量或主管機關核准停止公開收購者，所有正當理由並經主管機關核准者外，公開收購人於一年內不得就同一被收購公司進行公開收購。該所謂之正當理由依管理辦法第24條之規定，係指有競爭收購者等情事而言（管理辦法第24條）。

除上述管理辦法之規範外，主管機關另定有「公開收購說明書應行記載事項準則」。

違反第43條之1第1項，未依法辦理申報者，金管會得對其處新台幣24萬元以上240萬元以下罰鍰（第178條），至於違反第43條之1第2項未經核准而為「公開收購」者，處二年以下有期徒刑、拘役或併科新台幣180萬元以下罰金（第175條）。

伍、購併的發展及規範

一、購併之實務發展

企業併購法自2002年2月6日公布施行後，企業進行併購活動熱絡時，則對於企業之組織調整、轉型具有正面效益，可促使規模經濟，降低成本，發揮經營效率，提升國際競爭力，有相當助益。經濟部自2006年2月6日起，迄2011年，併購案件及產業別等項分析如下：(一)企業併購案件統計：合計總金額為7,009.3億元。(二)公司資本級距分析：公司併購情形，中、小型公司（資本額5億元以下）併購案件占總件數比例為60.3%，20億元以上公司比例，占總件數比例為19%。(三)產業分布統計：依行業之分類，以電子、電機、營建業等公司比例較重。

二、購併的種類

按購併主要目的在於經濟資源的結合，其主要的方式包括下列數種：

（一）資產收購

藉由購併他公司的資產，而使其取得經營發展的資源，然此種購併亦導致相關的賦稅交易成本，故取得資產購併，占公司購併中比率較少。

（二）股份收購

此為購併中最簡單的方式，而購併之後即取得該公司的股份，而間接取得該公司的所有資產與負債，所以該購併風險較高，除股份的購買之外，必須進行購併契約的擬訂與降低風險。

（三）合併

即藉由兩家簽訂合併契約以達成合併，此種合併須經股東會的同意曠日廢時，且將遭受其他競爭者的挑戰，而購併後必須承受所有的負債，具有相當的風險。

（四）三角購併

即由購併公司先設立子公司對他公司進行購併，此一方式的好處是在於購併時應無須取得股東會的同意，而利用子公司來承受標的公司的資產與負債，而使子公司於購併後所發生的風險有所掌控。

（五）先策略聯盟再購併

爲使購併順利，即先進行策略聯盟的合作，藉由此等策略聯盟了解彼此之間的公司策略、業務及財務結構與經營狀況等，經過長時間的評估之後，再使購併爲更周全的進行。

（六）先投資再購併

即藉由合資經營之後，瞭解所欲投資之公司的狀況，而使於購併後所進行的風險降低。

三、購併之流程

由於購併的主要方式爲資產收購、股份收購及公司合併，所以必須進行的程序如下：

（一）資產收購

即必須進行以下的程序：併購策略的擬訂、標的公司的選定、風險的評估、價格的確定、董事會的特別決議（公司法第185條）、向有關機關申報及公告、申請資產收購合約、股東會的特別決議（公司法第185條）、財務預算的公開、所得稅的結算申報、結合許可的申請、併購後的公司整合。

（二）股份購併的流程

按股份購併時必須進行下列程序：擬訂併購策略、尋覓標的公司、評估風險、確定價格、股東會決議通過（公司法第13、206條）、向有關機關公

告申報、申請股份收購合約、向主管機關申請持股申報、向公平會申請結合之許可、併購後的重整。

（三）公司合併

按公司合併原則上必須辦理下列的程序：擬訂併購策略、尋覓標的公司、評估風險、確定價格、通過董事會決議、向有關機關申報及公告、簽署合併契約（公司法第316、317條）、股東會的特別決議（公司法第316條）、向債權人通知及公告（公司法第316條）股東會或創立會的召集（公司法第318條）、辦理合併的登記、財務預測的公開（公開發行公司公開財務預測資訊處理準則第2條）、所得稅的結算申報、向公平會申請結合的許可（公平法第11條）、公司購併後的整合。而有關公司法第318條及企業併購法第26條規定，存續公司於合併後召集股東會為合併事項之報告，其履行報告之內容，法無明定，允許公司自治事項（92年3月11日經商字第09202047640）。

四、購併的法制重點

（一）一般公司的購併法制問題

按一般公司於購併時必須重視下列法制的適用問題：

1.企業併購法

鑑於企業併購時，涉及公司法、證券交易法、公平交易法、促進產業升級條例及勞動基準法等各相關法令，如分別修法實無法一次全面性解決企業現今於進行併購時所面臨之問題。爰以單獨立法之方式，整體配套修正企業併購之相關法令規定，以避免各主管機關一一修正相關法律，曠日廢時。該法特就現行公司法等規定涉及併購之程序予以簡化，以提供更有效率之企業併購機制。於第19條明文引進「簡易合併」之制度，如公司擬合併其持有90%以上已發行股份之子公司時，得經各公司董事會以三分之二以上董事出席及出席董事過半數之決議行之，不需另行召開股東會，以節省公司之勞費，又公司法第316條之2亦有簡易合併之規定。另依該法第27條之規定，公司為概括承受或概括讓與時，就債權讓與得以「公告」之方式取代民法第297條第1項之「通知」，或於債務承擔時得免除民法第301條有關「經債權人承認」之程序，以省勞費而得以便利企業進行概括承受或概括讓與。

該法就各種多元之併購方式排除現行法令之障礙，俾企業可以彈性選擇

成本最低、程序最適合之併購態樣，諸如法定合併（含簡易合併及非對稱式合併）、概括讓與及概括承受、股份轉換及公司分割。此外，如降低公司合併或解散之股東會決議門檻、放寬允許公司股份買回之情形及條件等，皆係排除現行相關法令對公司進行併購所不必要之限制。

　　人力資源亦為企業進行併購時之重要評估因素，對因併購而牽動勞工轉任或新聘，他國立法例多有相當嚴謹但靈活之機制，以兼顧僱主與勞工之權益。爰以保障勞工權益及降低公司成本之原則，提供公司進行併購時，得適用較具靈活且彈性之勞動法制。例如明文規定因合併而消滅公司之勞工退休準備金，得於支付勞工退休金及資遣費後，移轉至合併後新設公司或存續公司之勞工退休準備金專戶；至於職工福利金之提撥，則肯認新設公司於股份轉換之資本額度內，得免依職工福利金條例之規定再行提撥。另明文規定併購後之存續公司、新設公司或受讓公司應事先通知留用勞工，該員工若未於十日內表示異議者，則視為同意留用，以保障員工權益。

　　對於因併購而形成高度持股之集團公司，依外國法制可以透過連結稅制，由母公司申報集團營利事業所得稅，以減低稅負，並節撙徵納雙方行政成本。爰參考「金融控股公司法」之規定，就公司併購及其持股百分之九十以上之公司亦採納此制。另對於合併、分割及一定類型之收購亦提供適當租稅措施，避免過去稅法多將併購行為視為一般交易買賣行為而加以課稅，進而影響企業進行併購意願。例如公司進行併購於一定條件下，得免徵或緩課印花稅、契稅、證券交易稅及營利事業所得稅或營業稅等，並得准予記存土地增值稅。至於商譽及併購費用得於併購後一定年限內平均攤銷等。此外，為避免公司以併購方式不當規避繳納相關稅捐之義務，亦配合擬具相關因應措施。

2.公司法

　　按如為資產收購時，即必須依照公司法185條經董事會特別決議，送請股東會特別決議成立後始可辦理。如股份收購時，應避免發生超過實收資本40%以上，如超過時須經股東會特別決議通過（公司法第13條）；如公司為合併時，不論採行新設或吸收合併，均須依公司法第317條簽署合併契約，並依公司法第316條有已發行股份總數三分之二以上之股東出席，出席股東表決權過半數以上之同意進行合併的決議，唯控制公司持有從屬公司90%以上已發行股份者，得經控制公司及從屬公司之董事會以董事三分之二以上出席，及出席董事過半數之決議，與其從屬公司合併，其合併之決議，不適用前述有關股東會特別決議之規定（公司法第316條之2）。為保障公司債權

人的權益，應依公司法第73條之規定，向公司的債權人為資產負債表及財產目錄的公告。於前述程序辦理後，必須辦理合併的登記，如有解散時，應辦理公司之解散程序。

於合併時如有股東異議時，公司必須對於異議股東之股權予以收買（公司法第186條及317條）。

公司之董事進行合併時，應盡善良管理人與忠實義務（參考公司法第192條及民法第535條），如因違反該義務致公司受有損害時，持有公司股份一年以上及發行股份總額占3%以上之股東，得以書面請求監察人為公司對董事提起訴訟，即為少數股東權（參考公司法第214條）。

3. 證券交易法

如一人或數人取得公司股份10%以上時，即須向主管機關申報其取得股份之目的、資金來源及其他主管機關所訂之事項，按金管會就43條之1乃定有相關之規則：公開收購公開發行公司有價證券管理辦法與證券交易法第43條之1第1項取得股份申報事項要點等。如於收購時，發生對股東權益有重大影響時，亦須依證券交易法第36條第2項為公開及申報。再者，就合併時應須注意台灣證券交易所與櫃檯買賣中心有關上市上櫃之規則，如合併後未符合上市或上櫃要件者，有可能遭受終止上櫃或上市之可能。

如公司合併時，應依公開發行公司公開財務預測資訊處理準則之規定，辦理公開財務預測。

金管會亦於公開發行取得或處分資產處理準則第22條以下，對合併時之保密、揭露方式及時點訂有明文規定。就投信業的合併則訂有「證券投資信託事業合併應行注意事項」。

4. 公平交易法

按申請購併時，必須依公平交易法第6條、第11條向公平會申請結合，其標準乃是以超過新台幣50億元或符合其他規定者，即須辦理結合，公平會於審核是否同意結合時，乃是以對整體經濟利益大於限制競爭之不利益為裁量之標準，就目前為止，事業結合申請尚未有不許可之情形發生。

5. 稅法

按資產之稅務問題包括營業稅、證券交易稅、土地增值稅等問題。而就股份收購時，則須課徵證券交易稅。而就公司合併時，則須考慮營業稅、土地增值稅，但如符合促進產業升級條例第13條之相關規定時，前述有關之印花稅、契稅、土地增值稅等，均可以免徵。

6. 會計法令

於購併時之計帳方式，須依照商業會計法與金管會所頒布或委託會計研究發展基金會所頒布的各項準則，以認列收益或損失。就股份收購的會計處理問題，有成本法與權益結合法為計算。就公司合併時，則依會計研究發展基金會所頒布之會計處理準則，依照成本法及權益法為處理。

有關合併、分割及股份轉換之會計處理，金管會、會計研究發展基金會、經濟部（商業司）有下列見解可供參考：

(1) 股份轉換之資本公積

以股份轉換方式成立金融控股公司，其轉換對象係各金融機構股東所持有之股權投資，轉換後資本公積性質類似「公司因企業合併而發行股票取得他公司股權或資產淨值所產生之股本溢價」，惟與各金融機構股東權益項目似無直接關聯。

(2) 子公司持有母公司股票之處理

依財務會計準則公報第30號「庫藏股票會計處理準則」第15段規定，母公司於認列投資損益及編製財務報表時，應將子公司持有母公司股票視同庫藏股票處理。若子公司出售母公司股票，而母公司依前述規定辦理而產生「資本公積－庫藏股票交易」時，其性質亦視同母公司因出售庫藏股所產生之資本公積（會計研究發展基金會91年基秘字第204號函）。

(3) 分割資產之會計處理

按公司依企業併購法進行分割，應將獨立營運營業之資產及負債（含資本公積）一併轉讓予既存或新設之他公司。如公司因分割而有減少資本之必要時，應依公司法第168條之規定，按股東所持股份比例減少。相關會計處理細節，應依分割公司與受讓營業之既存或新設公司於分割後是否屬於聯屬公司，作為其以帳面價值或公平價值為入帳基礎之判斷依據（會計研究發展基金會91年基秘字第128號函）。至於與分割淨資產直接相關之股東權益調整科目，是否隨前述淨資產之分割而移轉至受讓營業之既存或新設公司，就商業會計觀點而言，該部分既屬分割淨資產所直接相關者，應隨淨資產之分割而移轉（92年經商字第09202018810）。又企業受讓他公司分割之資產淨值而發行新股，其所產生超過新股面額部分之性質，類似「以超過面額發行普通股或特別股溢價」（會計研究發展基金會91年基秘字第204號函）。

7. 勞動基準法

於公司辦理改組或轉讓時，應就員工之資遣費等分別依勞基法第20條、第29條及第56條分別為處理，勞委會且認不可以不利之條件予以留

任，而規避資遣費，如員工擬不就任新公司，即應付予資遣費。

(二) 銀行合併的重要問題

　　按銀行購併亦必須參考民法、公司法之問題，其中比較複雜的問題包括：

1. 公司債權移轉的問題：按營業讓與時，必須考量債權讓與、債務承擔等問題，分別依民法第297條、第301條與第305條分別為適用。

2. 財政部之許可：銀行的合併必須考量前述一般法制的問題，亦必須考慮銀行本身的特殊問題，如將使購併的程序十分之繁瑣，故為使銀行購併得以迅速之進行，財政部乃擬訂金融機構合併法，而促使合併時，加速其處理程序，以下乃就其重點分述如下：

   (1) 該規定為特別法：銀行或金融機構之合併原須適用該金融機構合併法，未規定則始適用其他公司法、銀行法、存款保險條例及相關之規定。

   (2) 適用之範圍：該法所稱之金融機構包括銀行業、證券業、期貨業、保險業、票券商等，且亦包括其他基層金融機構。

   (3) 主管機關之許可。

   (4) 按申請合併須向主管機關申請許可，農會、漁會信用部之金融機構合併，應由擬合併之機構向主管機關申請許可。

   (5) 期限調整：因合併如將影響該原業務經營是否適法的問題，得由主管機關命其期限調整，該期限最長為二年，必要時得延長乙次，並以二年為限。

   (6) 合併之公告：按公司合併時必須向債權人為合併契約書及其他事項之公告，以保障債權人的權益，為使該公司得以加速，該金融機構合併法乃規定較短之期限，且得以排除公司法第73條第2項，以公告代替通知，並縮短債權人得提出異議之期間。

   (7) 信用合作社與保險合作社合併的程序：信用合作社與保險合作社體質較為特殊，故其決議之方式有其特別之規定。

   (8) 不同主管機關管轄之金融機構合併：按目前我國存在農、漁會信用部與信用合作社等，為使該合併得以順利進行，財政部於許可合併時，應洽商農漁會中央主管機關之意見。

   (9) 農漁會信用部財務惡化之處理：為使我國基層金融財務問題迅速解

決，得由主管機關命令農漁會將其信用部讓與指定之銀行，而不適用農會法、漁會法等規定。

(10)讓受後之業務解決：依前述程序由農漁會將信用部移轉於銀行時，此信用部即為結束，不再適用相關農會法，且漁會法即不可再設立信用部。

(11)排除公司法及公平交易法之規定：就金融機構合併問題保險業者，乃明定排除公司法與公平交易法之規定，以加速合併之程序。

(12)稅捐之減免：按金融機構合併是否得以符合促進產業升級條例第13條及存款保險條例第15條之2項之規定，尚有爭議，該法乃特別就金融機構合併為賦予相關印花稅、契稅之免徵，另就土地增值稅准予記存，以提供合併之誘因。

(13)概括承受或概括讓與之準用：按就問題金融機構有進行概括承受、概括讓與、分次讓與或讓與主要股份、營業及資產負債之規定，該等狀況雖非單純合併，然為使金融問題得以迅速解決，乃優先適用銀行法及存款保險條例規定外，亦準用該金融機構合併法之規範，准予以債權通知代替公告，承擔債務時，免經債權人的承認，以排除民法相關的規定。

(三) 證券商及投信事業等之合併

按證券商合併除適用公司法及民法的一般規定之外，其亦適用金融機構合併法。除此之外，該合併法所適用之相關證券期貨事業包括：證券商、證券投資信託事業、證券投資顧問事業、證券金融事業、期貨商、槓桿交易商、期貨信託事業、期貨經營事業及期貨顧問事業等，惟各業之合併應詳相關業法及法規。

問題與研究

一、何謂「公開收購」？實務上為何以「公開收購」之方式取得公司經營權？公司之購併，對合併之公司及整體經濟，有何正負面之影響？

二、為何須對「公開收購」之行為予以規範？

三、現行法對「公開收購」有何規範？

四、上市、櫃公司為何進行併購？法律程序為何？

第參篇

證券商及證券事業之管理

第十章　證券商規範之通則

壹、證券商之意義及重要性

一、證券商之重要性

　　證券市場依其機能可分為發行市場及流通市場。發行市場乃發行人向投資人發行證券之過程，流通市場乃投資人間相互移轉證券之過程。兩者緊密相連，如無發行市場，則無證券可於流通市場交易，如僅有發行市場而無流通市場，則投資人即不欲於發行市場取得證券，發行市場將為縮小。因此，為使發行市場及流通市場之機能達成，須有證券商發揮其功能，輔助發行人發行證券，而代投資人買賣證券，甚或為自己計算而自行買賣，以熱絡或調節市場。

二、證券商之意義

　　依證交法第15條、第16條之規定，所謂證券商乃經營證券業務者為證券商。所謂證券業務乃指有價證券之承銷、自行買賣或行紀、居間之業務。凡經營前述業務之一者，即為證券商。所謂綜合證券商，乃日本實務所引用之名詞，其正式名稱亦無綜合證券商之稱呼。學理上所謂綜合證券商，係相對於單一功能之證券商，指對證券之承銷、自行買賣與行紀或居間三種證券業務均予經營之證券商。依前述之定義，有下列問題應值得討論：

（一）按所謂自營商乃為有價證券之自行買賣者而言，而一般之投資人不論其為個人或以經營證券投資為專業之機構投資人，如其為自己而為買賣，是否為自營商？有學者主張吾證交法之自營商乃於集中交易市場為自己計算而為買賣者而言，然現行證券自營商是不限於集中交易市場而為買賣，如於店頭市場為自己之計算而為買賣，亦為自營商。
　　　　依日本學者之見解認為所謂自營商，是基於營業之概念而為頻繁之交易，一般非自營商之投資人乃是為投資之目的而為買賣而言。

（二）依證券交易法第15條規定，經紀商乃為有價證券之買賣或行紀。按所謂行紀乃是以自己名義為他人計算而為之動產買賣或其他商業上之交易而受報酬之營業，而居間乃是指當事人約定一方為他方報告訂約

之機會或訂約之媒介，他方給付報酬之契約。兩者最大之不同，乃是行紀一般皆以自己之名義，而居間以本人之名義而為債務之履行。依現行實務，皆以行紀解釋證券商與委託人之法律關係，以保障委託人之權利，免經紀商於債務不履行時，委託人受財產之損害。然依現行法之定義，所謂經紀商只須為行紀或居間，即為經紀商，且所謂居間不論其為訂約之媒介或僅提供訂約之機會均為經紀商，故此定義頗為廣泛。為使證券分銷得以實現，證交法修正草案增加經紀商得為代理，已增加其業務型態。

（三）所謂證券商是指經營業務者而言，即須為營業，如非具對價性之提供證券服務，應非所謂證券業。

（四）如發行公司、證券投資信託公司、證券投資顧問公司、票券商等是否符合證券業之定義？按發行公司乃是將有價證券發行並以募集資金者而言，其以該等行為主要為募集發行之行為而非出賣之行為，故不符合自營商之定義。所謂證券投資信託事業，乃是指發行受益憑證募集證券投資信託基金，以從事證券投資之事業。該事業將受益憑證交予投資人，亦是屬於募集發行之行為，而非買賣之行為，故其尚未符合證券商之定義。

證券投資顧問事業乃是指提供證券投資顧問服務而收取報酬之事業。該等所謂證券投資顧問服務應不包括前述證券業務之任一種，如其為任何一種，譬如推薦外國基金而為居間者，亦是屬於證券業，則非法律所許可。另所謂票券商，因票券商所經營者為短期票券之買賣等。所謂短期票券尚非證交法第6條所規定之有價證券，故其經營者不符證券業，依上所言，此等金融事業均非符證券業。然其與證券業或有業務相重疊之處，故為避免爭端應仿美國法而為排除之規定。

（五）承銷、自營之區別：所謂承銷商乃包銷、代銷有價證券，而自營商乃為自己買賣有價證券者而言。承銷商如為包銷有價證券時，得向發行人取得有價證券，此等行為如為以自己名義而取得，應為買受有價證券之行為，則與自營商如何區別？依前述所謂承銷商乃題向發行人取得有價證券者而言，其取得乃是經由發行人之募集發行行為，與一般之買賣有所不同，而自營商所為之自行買賣能與募集發行之認購尚有區別。

貳、證券商規範之立法沿革

我國證券商規範之立法沿革，分為三個階段。第一階段在初期店頭市場乃以台灣證券商管理辦法而為規範。而後於1961年2月，行政院依據國家總動員法第18條制定證券商管理辦法，作為證券交易法未制定前之權宜措施。其將經紀人分為甲、乙種，乙種為代客買賣，甲種為自行買賣。第三個階段為證券交易法制定公布以後，證交法於1968年4月公布施行。現行法於1988年1月修正公布，該等修正之規定與修正前主要之不同在於：

一、加強證券商之功能

如准許外國證券商在我國設立分支機構，取消自營商經紀商兼營之限制，准許僑外投資我國證券商，取消證券商之股票不得上市之限制，准許證券商辦理融資融券，許可證券商為確定之包銷等。

二、加強證券商之管理

如准許證券商之董事、監察人或經理人於其為金融機構者得為兼任，然其不得為發行公司之董事、監察人、經理人。尚有者如證交法第56條之處分權等。

證交法2000年之修正則為擴大證券商業務，將第15條之各類型券商業務，均賦予主管機關核准經營相關業務。

參、證券商之設立程序

依證交法第44條之規定，證券商須經主管機關之許可及發給許可證照方得營業，非證券商不得經營證券業務，證券商分支機構之設立，應經主管機關之許可，外國證券商在中華民國境內設立分支機構應經主管機關許可及發給許可證照，證券商及其分支機構之設置標準與其財務、業務及其他應遵行事項之規則，由主管機關定之。

一、證交法對設立程序之規範

(一) 許可制

證交法1988年修正前之條文為金管會之「特許」及發給「特許證照」，而現行之條文為「許可」及發給「許可」照證。因證券商有公益之性

格，故各國法令均加以嚴格規範，如日本法在修正前爲登錄制，而後改爲許可制，而美國證交法於修正前亦採登記制，修正後改爲準則制，而我國現行法將特許改爲許可，兩者有何不同？按特許與許可依日本學者之見解有下列三點不同：

1. 所謂特許乃是行政機關對其有自由裁量權，而許可乃符合一定基準時即准設立。
2. 特許時，於特許之情況依據特許所成立之企業與行政機關間有特別權利義務關係，如產生損害時行政機關得爲特許之撤銷。
3. 第三種區別之標準，所謂特許乃是對企業經營有無積極之監督規定而言，如有積極之監督規定即爲特許之行業。

（二）外國券商之開設

證交法1988年修正第44條第3項，准許外國證券商在中華民國境內設立分支機構。此乃爲使證券市場國際化，吸收外國證券商之經營理念，提升我國證券商服務水準，拓展我國企業吸收外資的管道，改善資本結構，促使證券國際化。

（三）組織型態及名稱

證交法對券商設立之組織型態，乃依證交法第47條規定，即證券商須爲依法設立之公司。所謂之公司，依同法第4條之規定，乃是指股份有限公司者而言，但依第45條第2項但書之規定兼營者不在此限，即如爲金融機構兼營者，因現行金融機構未必爲股份有限公司，故須有第47條但書之規定。依證交法第50條之規定，證券商之公司名稱應表明證券之字樣，但依第45條第2項但書，兼營之證券商不在此限。非證券商不得使用類似證券商之名稱，此規定在使避免商業之紊亂，使經營證券商者專用證券商之名稱，而不經營證券商者不得使用證券商之名稱。

二、程序概述

依據現行證券商設置標準（以下稱「券商設置」）之規定，略述設立證券商之程序如下：

（一）業務範圍

依設置標準第2條之規定，證券商得經營之項目，由金管會按證交法及證券商之標準加以核定，如未載明於許可證照之業務不得經營；其增加業務種類須符合一定條件（第38條）。

（二）設置條件

1.資力條件

依「券商設置」第3條之規定承銷商之資本為4億元，自營商4億元，經紀商2億元。除此之外，證券商之發起人於設立時為確保其債務之履行，必須繳納營業保證金，依第7條之規定承銷商須繳納4,000萬元，自營商須繳納1,000萬元，經紀商須繳納5,000萬元，此等營業保證金得以政府債券或金融債券代之。此等保證金於設立登記後，須正式提存為營業保證金，如果未經許可設置或撤銷許可時，由金管會通知領回。

2.人力條件

「券商設置」第4條乃規定發起人一定之消極資格條件。

3.物力條件

即證券商依「券商設置」第6條之規定，應符合同業公會或證券櫃檯買賣中心所定之場所及設備標準。其經營集中交易市場受託或自行買賣有價證券者，並應符合證券交易所所訂立之場所及設備標準。第8條為證券商應具備一定之電腦設備，其於申請前應先向證券集中保管事業取得電腦連線之承諾，並依其業務為集中市場或店頭市場交易，須取得交易所或同業公會電腦連線之承諾，始得申請。

又依據金融控股公司法第43條及第47條之規定，金融控股公司之子公司進行共同行銷時，各業之營業場所內得互設他業之專業櫃檯，因之，證交所訂定之場所及設備標準，乃增訂金融控股公司之證券子公司進行共同行銷時，得於銀行及保險業營業場所內設置證券櫃檯，各業櫃檯應予區分並明確標示之。另該證券商營業處所內亦得設置銀行及保險業櫃檯，各業櫃檯亦應予區分並明確標示之。

4.申請程序

依「券商設置」第9條為申請設立許可所應具備之文件；第10條乃是申請許可證照應具備之文件；第11條為其內部控管之規定。

（三）兼營機構

兼營之機構，乃是指金融機構兼營證券業務者而言。

1.業務範圍

第14條為兼營機構業務範圍之規定。其業務包括下列幾種：有價證券之承銷、有價證券之自行買賣、有價證券之行紀或居間、有價證券之承銷及自行買賣、有價證券自行買賣及其在營業處所受託買賣。

2.申請程序

「券商設置」第13條之規定，須以兼營之金融機構為申請名義人，依第17條之規定，應具備一定之申請文件申請許可，依第18條之規定，於申請許可後六個月內補齊一定之證件申請許可證照。

3.準用規定

「券商設置」第6條至第8條、第11條及第12條之規定於兼營金融機構準用之。

（五）分支機構之設立

1.申請條件

(1)申請限制及資力條件

申請之券商必須有符一定之資力條件，依「券商設置」第19條之規定，申請設立分支證券商者必須營業滿一年始得申請，但因合併或受讓而設置分支機構者不在此限。第20條及第21條為其資力之規定，第20條乃是規定其設立分支機構，須符合一定之財務能力及未受處分之情形。第21條乃是指其最低資本額應增加新台幣3,000萬元。

(2)人力、物力條件

依「券商設置」第22條，場所設備必須符合第6條之規定，其在營業處所受託買賣有價證券，應與櫃檯買賣中心電腦連線。

2.申請程序

依「券商設置」第23條及第24條之規定，須具備一定之申請文件，向主管機關申請許可，申請許可後於六個月內辦妥分支機構設立登記，請求金管會發給許可證照。

3.設立外國分支機構

如其欲於外國設立分支機構，須經金管會之許可始得為之（第25條之2），如設於大陸地區則應依「台灣地區與大陸地區證券及期貨業務往來許

可辦法」辦理。

(六) 外國分支機構在台設定之規定

1. 許可之條件

(1)行政裁量

依原標準第27條由主管機關依國內經濟、金融及證券市場情況而加以設立，該規定未符世貿組織之規範，故予以刪除。

(2)資歷條件

依同標準第28條其必須為具備一定之資歷條件始得加以許可。

(3)資力條件

其資力之條件必須符合與本國證券商同一之最低實收資本額，並應專撥在中華民國境內使用之資金。

(4)準用規定

同標準第6條、第8條之規定於國外證券商在台設立分支機構標準用之。

2. 申請程序

依同標準第31條其須具備一定之文件始得申請，依第32條外國分支機構於許可後六個月內請求主管機關發給許可證照。

3. 外國金融機構之兼營

同標準第33條規定外國金融機構在台經營證券業務須以其本國政府准許者為限，始得在台設立分支機構兼營證券業務。

4. 外國證券商代表人辦事處

依證交法第44條第4項及同標準第33條之2之規定，外國證券商如為辦理非證券商業務之聯絡事宜，得申請在台設立代表辦事處（80年台財證(二)字第15960號函）。

(七) 僑外投資我國證券商

1. 核准制

依同標準第34條之規定須經主管機關之核准始得加以投資。

2. 資歷條件

原標準第35條其投資經營者以有經營證券業務者為限，已於1996年之修正為刪除。

3.投資限額

原標準限制投資之額度不得超過證券商已發行股份總額之40%，而對每一特定證券商之投資以10%爲限，並且以投資一家爲限。然因該標準未符合世貿組織之規範，故現予以刪除。

肆、證券商之營業規範

一、兼營之限制

依證交法第45條之規定，證券商依第16條之規定分別依其種類經營證券業務，不得經營本身以外之業務。依2006年1月11日新修正證券交易法第45條之規定，證券商應依第16條規定，分別依其種類經營證券業務，不得經營其本身以外之業務。但經主管機關核准者，不在此限。證券商不得由他業兼營。但金融機構得經主管機關之許可，兼營證券業務。證券商非經主管機關核准，不得投資於其他證券商。本條之規定主要在限制證券商兼營主管機關所許可之業務，或證券商之業務亦禁止他業來經營之規定，該條規定有以下之說明：

（一）此種關於他業經營證券業務或證券商兼營他種業務之限制，僅大陸法如我國法及日本法較有嚴格之限制，而美國法不似有我國嚴格之限制。

（二）關於證券商三種證券業務之職能分離，詳見前述。現行綜合證券商得兼營經紀、自營、承銷之業務，而可爲綜合證券商。

（三）關於證券商之業務是否得爲他業兼營？依第44條第1項後段及第45條第2項之規定，原則採禁止主義，但金融機構得經主管機關之許可而爲兼營。

（四）所謂其他有關之業務，金管會原僅就第15條之3種證券業務、股務代理及融資融券等加以核可，而是否有他種業務得爲證券商所經營？依日本法之規定，於核准證券商得否經營他種業務，須判斷其與證券業務之關聯程度、業務之性質規模，及對證券業經營之影響等。目前日本證券局所承認有關證券業務包括股務之代理業務、證券投資顧問業務、必要之保管業務及可轉讓之定期存單等業務。我國證券商是否得兼營票券業務，爲一值得討論之問題，依美國之實務，非法所禁止，而日本法亦非採禁止之態度，故現行證券商應許可其具票券商之業務。目前金管會已核可之，其應具備之資格條件得參酌2003年8月26

日發布之「證券商兼營短期票券業務注意事項」。至於金融機構應否兼營證券業務？詳以下之說明：

目前金管會以行政命令准許券商經營包括承銷及自行買賣以台幣或外幣計價之金融債券（含次順位金融債券）。（95年8月16日金管證二字第0950003875號函）

另爲配合國內經濟環境之變遷與證券商業務之開放，金管會開放證券商經營財富管理業務，爲進一步衡平國內、外金融商品之發展，並提升證券商財富管理業務之競爭力，經參酌證券商受託買賣外國有價證券之規定，爰開放證券商經營財富管理業務得接受客戶委託運用財富管理專戶爲客戶執行資產配置，並擴大資產配置之範圍，除現行外國有價證券之外，增列國內各項金融商品，包括債券附條件交易、國內證券投資信託基金、結構型商品及證券化商品等。爲加強證券商辦理財富管理業務之管理，爰規範證券商銷售金融商品時應綜合考量金融商品之期限與風險等級，客戶年齡等重要因素，以避免不當銷售之情形。另爲確保證券商財富管理業務人員依規定向客戶說明金融商品之內容及其風險，爰規範證券商應針對金融商品介紹與風險告知等與客戶間重要溝通內容留存紀錄。爲擴大國內財富管理市場之參與，提升我國金融市場之國際化，並建立優質之金融投資環境，爰放寬外國證券商國內分支機構申請業務時應檢附之文件，及信用評等部分之資格條件認定方式。

金管會頒布「證券商受託買賣外國有價證券管理規則」（97年1月22日發文字號：金管證二字第0960074741號）使證券商得受託買賣外國有價證券。

關於違反第45條之規定，依同法第177條得處以一年以下有期徒刑、拘役，或科或併科120萬元以下之罰金。

二、營業之申報及其核准

依第58條之規定，證券商或其分支機構於開始或停止營業時，應向主管機關申報備查。因證券商如開始或停止營業，均關係於其與投資人之法律關係，故須向主管機關申報，使主管機關爲必要之處分。依證券商管理規則第3條及第4條，則規定其開業、停業、變更機構名稱、合併、解散、變更資本、變更分支機構、處所及投資外國證券商等事由之核准及申報。

三、自營、經紀之兼營及其區別

依前述之規定，自營商與經紀商得由證券商加以兼營，惟是否採取綜合

證券商或職能分離之制度，理論上尚有爭議。其主張綜合證券商之制度而反對職能分離者，認為使同一證券商而得經營多種證券業務，將使得經營之種類多角化，對於經營之安定及營業之擴大均有所助益。惟採取綜合證券業務將亦有下列之缺憾：

（一）當同一證券商兼營自營及經紀業務時，可能利用與客戶間之信賴關係，為自己有利益，而為不利於客戶之經紀買賣，諸如以低價報進而高價出售予他人等。

（二）當其自營買賣虧損時，則對證券商之經紀業務及客戶之證券或資金產生危險。

（三）當其兼營承銷及經紀買賣時，為推銷其所承銷之證券，而違反顧客之利益，使其購買承銷之證券。

（四）當其兼營、受託自營承銷時，基於其業務範圍而為操縱價格之行為，影響價格之變動，使市場秩序有所影響。

　　就以上而言，綜合證券之制度將對投資人之保護及證券市場之發展有所影響。然為維持證券市場價格之持續性、流動性等市場交易發展之必要及證券商收入之多元化，仍有採取綜合證券制度之必要。唯對於未採職能分離制度之弊病，亦應加以防止。以下依證交法之規定說明之：

　　第46條規定證券商兼營、自營或經紀業務時，其每次買賣應以書面文件區別其為自行買賣或代客買賣，此即為證券商身分之主動表明。關於證券商管理規則之規定，如第7條證券商經營兩種以上證券業務者，應按其經營業務範圍種類獨立作業，即各部門之資訊不得任意流通。第42條規定證券商在集中交易市場自行及受託買賣有價證券應分別設立帳戶，辦理申報與交割，申報後不得相互變更。此即免證券商以自營、經紀兩種身分而為不利客戶之行為。第43條規定證券商於受託買賣，不得利用受託買賣之資訊對同一之買賣為相反之自行買賣，但因應經營在其營業處所買賣有價證券業務，依其報價應賣，並同時申報買進者，不在此限。此等規定在免證券商利用其知悉客戶買賣之資訊而圖利自己。但此規定僅限於證券商在集中交易市場買賣之行為，就其在店頭市場，店頭市場因證券商之應買、應賣對店頭市場之交易流動性有所助益且為必要，故第44條但書乃予以許可。

四、財務之規範

　　因證券公司與一般投資人為有價證券之買賣，其目的為使證券商之債務有所擔保，必須對於證券商之財產及關於其他資金之提供加以規定。關於證

券商財務之規定，有下列幾點說明：

（一）其申報時所備之財務條件

　　依證交法第48條之規定，證券商應有最低之資本額，由主管機關依其種類以命令定之。前項所稱之資本，爲已發行股份總額之金額。「券商設置」第3條之規定，證券商依其經營之業務爲承銷商、自營商、經紀商，而應有最低之實收資本額爲4億元、4億元及2億元。

（二）證券商之資本額、健全性之維持

　　關於其擔保之規定，證券交易法及證券商管理規則分別規定保證金、交割結算基金等規定。

1.關於保證金規定於證交法第55條，證券商於辦理公司設立登記後，應依主管機關規定提存營業保證金。因證券商特許業務所生債務之債權人，對於前項之營業保證金有優先受償之權。證券商於辦理公司登記後即應向有限公司所指定之銀行提存保證金，承銷商爲4,000萬、自營商爲1,000萬元、經紀商爲5,000萬元。經營兩種業務者，應合併計算之。如設分支機構者，每一家應提存新台幣1,000萬元。保證金得以現金、政府債券或金融債券提存之。第55條第2項所謂優先受清償之權，應僅指爲債權之優先權，則與證券商發生債務關係者，其債權清償之優先順序應劣於物權之優先權，而優於一般之債權。

2.交割結算基金分別規定於證交法第119、132、137條，至於其使用之方式則規定於第153條，須於證券商不履行債務時，證券交易所應指定其他會員或經紀商、自營商代爲繳付。其產生之差額及費用由證券交易所動用交割結算基金代償之。證券商管理規則第10條亦規定證券商在集中交易市場、受託買賣有價證券，應在開業前向交易所繳存交割結算基金1,500萬元，開業後按受託買賣有價證券成交金額一定比率，於每季終了後十日內繼續繳存之。開業次一年起，其原繳之基本金額減爲350萬元起，並逐年按前一年受託買賣有價證券成交金額依前揭比例併計。但已達金管會規定金額者，得免繼續繳存。證券商在集中交易市場自營買賣者，在開業前應向證券交易所繳存500萬元。如均在集中交易市場受託及自行買賣，則應合併計算繳存。證券商每增設一分支機構於開業前，向證券交易所一次繳存交割結算基金新台幣300萬元（證券商管理規則第10條），但自開業次

一年起,其原繳金額減為50萬元。(2012年1月10日修正)

就上列之金額言,其使用方式均為其債務之擔保或維持證券商財務之健全,然投資人對該基金並無優先權,不得主張優先受償。

(三)資產負債之規定

證交法第49條規定財務健全性,依該條之規定,證券商之對外負債總額不得超過其資本淨值之規定倍數,其流動負債總額,不得超過其流動資產總額之規定成數。前項倍數及成數由主管機關以命令定之。依證券商管理規則第13條之規定,證券商對外負債總額不得超過資本淨值之四倍,流動負債不得超過流動資產總額。但經營受託買賣有價證券或自行買賣者,除金管會另有規定外,其對外負債總額不得超過資本淨值。前項總額之計算,得扣除承作政府債券買賣所發生之負債金額。除此之外,證券商管理規則第14條亦規定證券商提存特別盈餘公積之問題。證券商除由金融機構兼營者外,應於每年歲後盈餘下提存20%為特別盈餘公積,但金額達實收資本額者,得免繼續提存。特別盈餘公積除填補公司虧損或已達資本50%外,得以其半數撥充資本者外不得使用之,此亦是對證券商之盈餘運用限制,用以保障其債務之清償。同規則第16條規定:證券商除金額機構兼營或因證券商業務併購者外,不得購置非營業用不動產。

(四)財務報表之規定

證券商財務報表之規範為證交法第36條,依該條規定,證券商應依照同法第36條所規定之編製申報及公告財務報告。依證券商管理規則第21條之規定,證券商應於每會計年度終了後三個月內公告並向金管會申報經會計師查核簽證、董事會通過及監察人承認之年度財務報告,於每半營業年度終了後二個月內公告並向金管會申報經會計師查核簽證、董事會通過及監察人承認之財務報告。其股票已上市或在店頭市場買賣者,並應依照第36條第1項第2款、第3款及第2項、第3項之規定,申報其月報之規定。除此之外,金管會亦頒布「證券商財務報告編製準則」,使證券商申報財務報表及相關會計憑證處理程序等有所依循。

(五)資金擔保、投資、貸款之禁止規定

證券商管理規則第15條至第17條之規定,為關於證券商提供擔保、投

資不動產及借款等限制。第15條規定證券商除由金融機構兼營者另依銀行法規定外，非經金管會核准，不得為任何保證人、票據轉讓之背書或提供財產供他人設定擔保。按公司法第16條規定，公司除依其他法律或公司章程規定得為保證外，不得為任何保證人。違反者，負責人應自負保證責任，如公司受有損害亦應負賠償責任。「券商管理」第15條比諸公司法

第15條，關於保證、背書或設定擔保之限制更為嚴格。惟公司負責人違反此等規定，公司法第15條之民事責任亦應予適用。第16條為關於不動產之投資之限制，證券商除由金融機構兼營者外，不得購買非營業用之不動產。其營業用之固定資產總額不得超過其資產總額之60%。此等規定在使證券商得專營其證券業務，而免其以其優厚之資力，而為不動產之投資。此等規定與銀行法第74、75條之規定意旨相同。第17條規定證券商除由金融機構兼營者外，不得向非金融機構借款。但為因應公司緊急資金週轉、發行商業本票或發行公司債者不在此限。證券商為前項資金週轉者，應於事實發生之日起兩日內向金管會申報。證券商之短期資金應以向銀行機構借貸者為限。以免其因資金之向地下錢莊等借貸而生鉅額之負債，因此短期債務而對公司產生不利之影響。

有關證券商之轉投資應受公司法第13條、管理規則第19、20條及相關主管機關解釋令之限制，主管機關分別已許可證券商得投資私募之有價證券、證券條例之證券、公開發行公司（未上市、櫃）之增資新股、再次發行之股票、次順位公司債、創投事業、保險業、期貨經理事業、資產管理服務公司（91年台財證(二)字第0910005790號函等）、國內銀行（91年台財證(二)字第09100003345號函）、國內金融控股公司（93年台財證(二)字第0930000588號函）。有關證券商投資外國事業，主管機關就其投資範圍及監理亦有特別之規定（92年10月31日台財證(二)字第092004507號函）。

（六）資金運用及投資之限制

證券商管理規則第18條及第19條為對於證券商資金管理運用之限制，第18條規定證券商之資金，除金融機構兼營者外，應只得做為業務之用，不得借予他人或移作他項用途。

關於資金之借貸，該規則第19條之規定比諸公司法第15條之規定較為嚴格。資金運用之方式，包括銀行存款、購買政府債券、金融債券、購買國庫券、可轉讓之銀行定期存單或商業票據，證券商如自行買賣有價證券，

持有任何一股份之總額不得超過已投資之本國公司已發行股份總額之10%。其持有任一本國公司所發生有價證券之成本總額不得超過本身資產總額之20%。持有任一外國公司股份之總額，不得超過該公司已發行股份總額之5%；其持有任一外國公司所發行有價證券之成本總額，不得超過其資本淨值之10%。此等規定在免證券商因單一投資公司投資過巨，而產生債務之風險，另亦免其形成控股公司而對他公司業務之經營有所影響。又證券商得以實收資本額10%為限投資證券、投資信託事業（85年台財證字第02506號函）。

第49條之1及第50條分別對於大陸及海外地區從事業務行為、設立分支機構及子公司為規範。

（七）資本適足性之規定

為健全證券商財務基礎及管理證券商經營風險，遂於證券商管理規則中增訂得由金管會訂定證券商自有資本管理辦法，現規定於證券商管理規則第62條至第62條之7。

五、禁止之行為

「券商管理」第5條關於誇大宣傳之禁止，在於明白規範證券商對投資人有忠實信賴之義務，不得於其製作及廣播有誇大偏頗之事實。證券商同業公會並得制訂一定規則，報金管會備查，而對證券商之製作及傳播有所規範。同規則第25條規定：承銷商之評估報告及總結意見不得有虛偽情事等。

六、主管機關之行政監督及處罰

依證交法第64條主管機關有行政監督權，即主管機關為保護公益或投資人利益得隨時命令證券商提出財務或業務之報告資料或檢查其業務、財產、帳簿、書類或其他有關物件，如發現有違反法令之重大嫌疑者，並得封存或調取有關證件。蓋一般對公司法人之檢查權須有刑事訴訟之規範，但金管會除其行政管理權之外，為保障投資人之利益，亦賦予其有關之檢查、命令提出、封存或調取文件之權利，如其發現有違法之情況，可以命令糾正之。發現其違反法令者，並得按其行為違法程度之輕重處以警告、命令證券商解除董事、監察人、經理人之職務、對公司或分支機構全部或一部營業六個月以內停業處分、公司或分支機構營業許可之撤銷等（同法第66條）。

該條文有下列可說明：其一、所違反者爲證交法或依該法之授權命令，若法未授權或授權不明確者，均不適用該條文。其二、2000年修正，加入「總公司、分公司」、「全部、一部營業」之處罰，賦予主管機關依情節輕重爲處理。

七、內部業務章則及稽核之規定

按證券商除主管機關之行政監督、同業公會之自律規定外，證券商爲保障投資人之權益，必須有相關之內部稽核等規範。如證券商管理規則第2條規定證券商應制訂內部控制制度，其記載事項依證券商設置標準第11條之規定。第6條規定證券商必須設置內部稽核，定期或不定期稽核公司之財務、業務，作成稽核報告。稽核報告應包括公司財務、業務之情況，並符合有關法令及其內部控制制度之規定。

自2002年4月1日起並開始實施「建立證券商資通安全檢查機制」，共訂有62項檢查項目，該項目並列爲內部稽核人員自行檢查之事項（台灣證券交易所92年台證稽字第0920300133號函）。

伍、證券商內部人員之規範

證券商須有一定之財務健全性、人員構成之適格性及營業場所設備之合理性。所謂人員構成之適格性，乃是因爲證券商之經營，須由具有專業常識經驗及社會信用之人所構成，乃以確保其業務之公正。因證券商爲服務業及信用機構，其人員構成必須具有相當之社會信用，以遂行其複雜之證券業務。關於內部人員之規範，說明如下：

一、關於董、監、經理人之規範

依2006年1月11日新修正之證交法第51條規定，證券商之董事、監察人及經理人，不得兼任其他證券商之任何職務。但因投資關係，並經主管機關核准者，得兼任被投資證券商之董事或監察人。此爲關於兼業禁止之有關規定，此等規定可分述爲下列幾點：

（一）除證券商本身不得投資於他業外，其內部人員必須有其專業經營之義務。公司法第209、32條等規定爲公司內部人競業禁止之普通規定，證交法第51條之規定爲特別之規定。證券商內部人員不得投資於其他證券商，或兼爲其他證券商或公開發行公司之董事、監察人或經理

人，此在避免證券商之內部人員因其兼任其他證券商之內部人員，而發生利害衝突之情形。至於證券商之董、監、經亦不得擔任公開發行公司之一定內部人員，如不得擔任所投資之非金融機構（被投資公司）之董事長、經理人，亦在使證券商之內部人員專業經營其業務，而亦避免其因具公開發行公司之一定職位，產生利害衝突或炒作股價之行為。關於證券商之內部人員兼職之限制之例外，乃兼營證券業務之金融機構因投資關係者，可以兼營其他證券商或公開發行公司之董事、監察人或經理人，故此等兼營之金融機構可以轉投資於其他證券商。此等規定對專營證券商者為立法上不平等之待遇，蓋兼營證券業之金融機構者，亦可能產生利害衝突之情形。日本法對關於內部人員之限制，僅規定其常務董事，須經財政部長之承認，始得經營其他公司之常務。此等規定與我國現行法規定不同。日本法僅限制常務董事之理由，因常務董事須有專業經營之理念，避免兼營其他證券業。我國現行法之規定，對於證券商彼此間之獨立經營有所幫助，比諸美國法及日本法之規定，似較為嚴格。另金控公司負責人因投資關係，得兼任子公司職務，不受證交法第51條之限制（金控法第17條第1項）。

（二）消極資格之規定：第53條規定證券商內部人員董、監、經理人等，如有第53條第1款至第6款情事者，已充任者，應加以解任，並由主管機關函經濟部撤銷其登記。證交法2000年之修正將券商董、監、經理人遭解職處分者，原不得五年再任券商職務，現已改為三年。

二、關於業務人員之資格限制

依第54條規定證券商，關於有價證券營業行為之重要人員，應年滿二十歲，且應具備法定資格條件，且無該規定之第1款至第6款之情事。關於其職稱及其管理之事項，依證交法第54條第2項及第70條之規定，授權主管機關加以規範。依證券商負責人與業務人員管理規則（以下稱「人員規則」）之規定，其規定將有關業務人員之資格及必要之其他管理事項。

（一）負責人及營業人員之意義

依「人員規則」第2條之規定，所謂負責人乃指依公司法第8條規定股份有限公司之董事、經理人、清算人、發起人、監察人、檢查人、重整人、重整監督人等。而所謂業務人員乃是指證券商中從事有關有價證券投資分

析、內部稽核或主辦會計，有價證券之承銷買賣之接洽、執行，辦理有價證券自行買賣、交割或代辦服務，或辦理有價證券開戶、徵信、招攬、推介、受託、申報、結算、交割、券款收付、保管、融資及融券和衍生性金融商品之風險管理或操作等業務之人。

（二）營業人員之種類及資格

業務人員可分為高級業務員、業務員。原「助理業務員」已刪除，其修正理由乃因「人員規則」自1911年修正以來，即確立證券商從業人員均應透過考試制度取得業務員資格，以確保其對證券法規與實務均有一定程度之瞭解，惟依「人員規則」修正前第8條規定，高中或高職以上畢業，具行為能力者，即得登記為證券商之助理業務員。考量助理業務員目前所從事之工作內容，主要為一般事務性工作，原不在本會所規範需登記始得從事之列，爰廢除助理業務員之制度，由證券周邊單位規範之。上述人員之資格依「人員規則」第5至6條之規定，分別規定二種營業人員之資格。證券商之承銷、自行買賣、受託買賣、結算交割、內部稽核、股務、財務等部門之主管及分支機構負責人、擔任受託買賣與結算交割部門之主管，除由金融機構兼營者，其內部稽核主管及財務部門主管得另依其中央目的事業主管機關之規定外，應具高級業務員資格條件。外國證券商在中華民國境內分支機構，除其負責人、財務及股務部門主管外，擔任承銷、自行買賣、受託買賣、結算交割及內部稽核等部門之主管，亦應具備高級業務員之資格。

（三）人員之變更

根據該規則第13條之規定，公司之負責人、業務人員、內部稽核人員等業務變更或離職時，應對金管會、交易所，或證券商同業公會加以申報登記。所屬人員未辦妥登記前，對各該人員之行為不能免責。

（四）業務人員訓練之問題

該規則依第15條至第17條之規定，證券商之業務人員參加職前訓練及在職訓練。擔任內部稽核職務者，須參加指定之內部稽核訓練班受訓及結訓。

（五）禁止之行為

其禁止之行爲包括下列之情形：

1. 爲獲取投機利益之目的以職務上所知悉之消息，從事上市或上櫃有價證券之交易活動。
2. 非應依法令所爲之查詢，洩露客戶委託事項及其他職務上所獲悉之秘密。
3. 受理客戶對買賣有價證券之種類、數量、價格及買進賣出之全權委託。
4. 對客戶作贏利之保證或分享利益之證券買賣。
5. 約定與客戶共同承擔買賣有價證券之交易損益而從事證券買賣。
6. 接受客戶委託買賣有價證券時，同時以自己之計算，買入或賣出。
7. 利用客戶名義或帳戶申購、買賣有價證券。
8. 以他人或親屬名義供客戶申購、買賣有價證券。
9. 與客戶有借貸款項、有價證券或借貸款項、有價證券之媒介。
10. 辦理承銷、自行或受託買賣有價證券時，有隱匿、詐欺或其他足致他人誤信之行爲。
11. 挪用或代客戶保管有價證券款項、印鑑或存摺。但依證券商辦理客戶委託保管及運用其款項管理辦法辦理者不在此限。（97年2月19日金管證二字第0970004485號）
12. 受理未經辦理受託契約之客戶買賣有價證券。
13. 未依客戶委託事項及條件，執行有價證券之買賣。
14. 向客戶或不特定多數人提供某種有價證券將上漲或下跌之判斷，以勸誘買賣。
15. 向不特定多數人推介買賣特定之股票。但因承銷有價證券所需者，不在此限。
16. 接受客戶以同一或不同帳戶爲同種有價證券買進或賣出與買進相抵之交割。但依法令辦理信用交易證券相抵交割者，不在此限。
17. 受理本公司之董事、監察人、受僱人代理他人開戶、申購、買賣或交割有價證券。
18. 受理非本人開戶。但本會另有規定者，不在此限。
19. 受理非本人或未具客戶委任書之代理人申購、買賣或交割有價證券。
20. 知悉客戶有利用公開發行公司尚未公開而對其價格有重大影響之消息或操縱行爲之意圖，仍接受委託買賣。
21. 辦理有價證券承銷業務之人員與發行公司或其相關人員間有獲取不當利

益之約定。

22.招攬、媒介、促銷未經核准之有價證券，或其他衍生性商品。

23.其他違反證管法令或金管會規定不得為之行為。

　　日本證交法對其內部人員亦有嚴格規範，諸如其所頒布之部令，亦規定不得為投資之斷定、損失保證之勸誘、特別利益提供、對顧客為信用交易、利用其地位為投機買賣等，均為確保其專業性，免生損害顧客利益之情況。

三、對內部人員之處罰

　　依證交法第56條之規定，主管機關發現證券商之董事、監察人及受僱人有違本法及有關法令之行為，足以影響證券業務之正常執行者，除得隨時命令證券商解除其職務或命令該證券商停止其一年以下業務之執行外，並得視情節之輕重，對證券商依第66條予以處分。前項人員解除職務後，由證券商向主管機關申報。該等規定旨在授權主管機關對證券商營業人員解職之權利，以督促證券商健全組織，對所屬人員善盡監督之責。現行法與77年條文之不同，在於將所謂經理人或有價證券業務行為之人改為受僱人，以擴大其規範之對象。美國證券交易法第15條第2項，亦規範對證券商之處罰。

　　再者，為賦予金管會依情節之輕重為處分，乃將「解除其職務」，改為加入得「停止其一年以下業務之執行或解除其職務」（2000年修正條文）。

陸、證券商營業之了結

一、撤銷許可之事由

　　撤銷證券商許可分別規定於第57、59、66條。第57條乃是因證券商申請許可之事項，有違反法令或虛偽之情形，故予撤銷許可。第59條乃是因為其受領執照後三個月內，未開始營業或雖開始營業而自行停止營業連續三個月以上，該三個月之停止期限，主管機關得加以延長。第66條乃是因為證券商違反法令，主管機關得加以撤銷許可。

二、了結業務之處理方式

　　第67條乃規定證券商有了結其未完結業務之義務。就於了結前之買賣或受託，於了結範圍內仍視為證券商，仍續有營業能力，以了結其買賣或受託之義務。第69條乃規定證券商於解散或部分歇業時，應由董事會向主管

機關申報。於歇業期間，第67、68條關於未了結業務處理之規定，均亦以準用。

問題研究

一、證券商對發行市場及流通市場之形成及發展有何助益？

二、何謂證券商？何謂綜合證券商？

三、「許可」與「特許」有何不同？

四、證券商得否兼營經紀、自營、承銷三種業務？得否兼營上述以外之業務？上述三種業務得否由他業兼營？

五、自營商、經紀商相互兼營有何弊端？現行法令如何防範？

六、說明「保證金」、「交割結算基金」、「買賣損失準備」、「違約損失準備」之提存及應用之方式？

七、說明證券商資金運用之限制。

八、某證券商於受託買賣證券時，經營丙種業務，即向客戶墊款，經金管會發現後，金管會對該證券商負責人及營業人員應為如何之處分？依據何在？

第十一章　證券買賣之委託及經紀商

壹、我國經紀商之發展

　　政府為實行土地改革而收購地主之土地，發放予台泥、工礦等四家公司股票，為我國店頭市場及證券商之發展之契機。於1988年，證券商之許可執照開放前，我國之專業及兼營證券商均僅二十餘家。而後證交法修正及證券商設置標準公布以來，專營經紀商已迅速增加，致我國經紀商，包括兼營及專營者，已達數百餘家。此等經紀商之開放設立，可免除開放前經紀商獨占之弊，提供投資人更佳之經紀業務及投資諮詢。然開放以後，業務競爭日益激烈，證券商多有所謂退佣或為顧客墊款、墊券等情事，而業務執行不當，致證券商遭受損失，亦有所聞，則經紀商之債務不能清償之破產之案例，必不可避免，則如何加強證券商之規範及保障投資人之權益，應為配合證券商許可設置之開放，我國立法規範之行政管理所應重視之問題。

貳、經紀商之意義

一、經紀商之意義及對交易之重要性

　　按早期各國主要證券交易所皆採會員制，則投資人買賣證券時，均須委託具有會員身分之證券商代為於交易所交易，而我國現行法採公司制，為維持交易之秩序亦有設立經紀商之必要。所謂經紀商依證交法第15條、第16條之規定，乃是指經營有價證券買賣之行紀或居間之證券業務者。所謂行紀，依民法第567條之規定，乃是以自己名義為他人計算，為動產之買賣或其他商業上之交易，而受報酬之營業，而所謂居間依第565條，指當事人約定一方為他方報告訂約之機會，或為訂約之媒介他方給付報酬之契約，我國證交法之法理及實務究採何者？就保障投資人之權益觀點而言，應以行紀為是，蓋於行紀關係下，其買賣關係之當事人為證券商，如發生證券權利之瑕疵時，應由證券商負擔其交易之風險，而如為居間時，證券買賣之當事人為投資人，而經紀商僅為投資人之行紀相對人，則發生權利之瑕疵時，投資人須負擔風險，故就保障投資人之觀點而言，應以行紀為是。而就民事責任之

損害賠償請求權而言，則以居間爲是，蓋民事損害賠償請求權均以買賣關係之當事人始得請求，如爲行紀，則買賣關係之當事人爲經紀商，實質受損害之投資人無請求損害賠償之餘地，唯若爲居間，則買賣關係之當事人爲投資人，投資人即得以當事人之身分，向爲詐欺或隱匿、虛僞行爲之人，請求損害賠償，故以民事責任損害賠償請求而言，應以居間爲是。證交法於77年修正第20條第4項、第155條第4項及第157條之1第5項，均規定投資人視爲實際買入賣出之人，使其得爲請求損害賠償。

證交法之修正增加經紀商之代理業務，以使其得辦理證券分銷，而有助於其業務之多樣化。

二、與其他類似概念之區別

（一）證券經紀商與票券經紀商

按所謂票券經紀商，乃是就短期票券而爲行紀或居間而言，而所謂證券經紀商，乃是就證券之買賣爲行紀或居間，其交易之標的有所不同，就現行法而言，證券經紀商應不得經營票券經紀之業務，蓋短期票券非屬證交法第6條所規定之有價證券，則非經核准，不得經營該種經紀業務，而票券經紀商，依現行短期票券商管理規則，得爲證交法第6條規定有價證券之買賣，反得爲證券經紀商之業務，故就現行法而言，證券經紀商不得爲票券經紀商之業務，而票券經紀商得爲證券經紀商之債券經紀業務，此等立法與美、日將銀行及證券兩者業務相區別之立法有所不同。

（二）包銷之承銷商與經紀商之區別

按包銷之承銷商，對其包銷之有價證券，亦可以其自己之名義，而先以購入再出售於投資人，就此等行爲而言，亦有經紀之性質，惟包銷之承銷商乃是向發行人取得證券，與經紀商於流通市場向其他投資人或證券商取得證券有所不同，故兩者之主要區別，在於其取得有價證券之對象。

（三）受益憑證銷售機構與經紀商之區別

證券投資信託事業委託銀行或承銷商來銷售受益憑證時，該等銀行或承銷商是否具有經紀商之身分？

按該等銀行或承銷商，乃是爲證券投資信託事業銷售受益憑證予投資大眾，應具有承銷商之身分，且其銷售受益憑證應向金管會報備，始得銷售

之；惟證券投資信託事業爲特殊性質之事業，其受益憑證可爲隨時之銷售，或投資人買回時，該事業亦得再銷售之，若依前述，此等銷售行爲均須向金管會報備始得爲之，必造成實務交易之不便，故該等行爲應爲承銷商承銷行爲範圍之外，並仿日本法由經紀商銷售之。

（四）投資顧問事業與經紀商之區別

按經紀商雖主要提供有價證券買賣之行紀或居間之業務，然就美國實務而言，其亦提供投資人投資諮詢或服務，故經紀商與證券投資顧問事業，於形式上而言，頗有相同之處，惟證券投資顧問事業，並不對投資人提供有價證券買賣之行紀居間業務，僅單純提供投資諮詢之服務，故應與證券經紀商有所區別。惟於85年元月起，證券商依「證券商管理規則」第36條得辦理推介業務，二者之業務即有重疊之處，券商辦理該業務應依交易所及櫃檯買賣中心之管理辦法辦理之。

參、經紀商與委託人之法律關係

一、受託契約

（一）有價證券買賣受託契約之法律性質

1.定型化契約

經紀商與投資人間之有價證券買賣行爲爲行紀或居間，其法律關係甚爲單純且具有一致化之性質，故得爲定型化之內容。所謂「定型化之契約」，乃是指依定型化之條款爲基礎之契約，其條款稱爲一般契約條款或普通契約條款，此種一般契約條款乃是爲了交易之迅速而設，依西德一般契約條款法之定義，所謂一般契約條款乃是指爲供多數契約之用，而預先擬定由當事人之一方，於訂立契約時，提交相對人之契約條款，不論其條款係獨立於契約之外、爲契約之部分，或印載於書面契約之上，亦不論其範圍、字體或契約之方式如何均屬之，則目前證交法所規定之受託契約，應爲所謂定型化契約（參考消費者保護法第2條第9款），應有消保法第11條以下之適用。

2.法律性質之說明

按所謂受託契約是屬於一種行紀契約，惟嚴格言之，並不限於單純之行紀，蓋證券商又提供投資人必要之諮詢服務，而證交法對於證券商尚有許多特殊限制，此比諸單純之行紀關係更爲複雜，嚴格言之，其應爲一種具有行

紀性質之特種委任契約。

(二) 受託契約之法律規範

1.證交法之規定

受託契約依證交法第158條之規定，該等契約如為集中交易市場上市之有價證券而訂者，應依照證券交易所所定之受託契約準則訂之，金管會並得制定其主要內容。第159條之規定為全權委託之限制，即經紀商不得接受對有價證券買賣代為決定種類、數量、價格或買入、賣出之全權委託，蓋經紀商僅得為行紀或居間之性質，並無代為決定投資之權利，就此等規定而言，經紀商縱可提供投資諮詢之服務，然其投資之決定亦須由投資人自行為之。第160條為訂立受託契約之場所限制，即經紀商不得於其本公司或分支機構以外之場所，接受有價證券買賣受託。

2.金管會對受託契約所頒布之命令

其主要之命令諸如：證券經紀商接受客戶委託買賣作業規則，其主要規定受託買賣得為市價委託、限價委託及同受二人以上委託時，其記錄方式或變更委託時，應註銷原委託書重新辦理委託。金管會尚頒布「證券經紀商受託契約準則主要內容」，其主要規定：買賣委託契約之有效期間、買賣方式、手續費之計算方式、交割方式等。另就國外有價證券買賣之受託，金管會頒有「證券商受託買賣外國有價證券管理規則」，該規則除對證券商從事該業務之資格為規範外，該規則第5條，亦對受託契約之內容為規定。再者，證券經紀商得依「證券商受託買賣外國有價證券管理規則」辦理該等證券之受託買賣。

3.證券交易所對有價證券買賣受託契約之規範

按台灣證券交易所訂有證券經紀商受託契約準則，其重要之規定略述如下：

第2條規定委託人委託經紀商開戶之消極資格，第3條規定經紀商與委託人訂立受託契約之必備文件時，委託人即得填妥委託書請經紀商代為買賣，委託人以電話或電報通知委託買賣，如有錯誤，其錯誤之原因，非可歸責於受託證券經紀商之負責人及業務人員或其分公司經理人之事由者，證券經紀商不負責任（第4條）。此等立法乃較保障經紀商，而對委託人較為不利，即縱為不可抗力之事由，亦應由委託人負責，似頗為不當。第7條規定在買賣受託時，委託人須填具委託書，然此時經紀商將該委託書之內容，轉知交易所之代表人或其代理人，委託買賣時，不聲明委託有效期限者，視

為當日有效之委託，故經紀商不得以委託人前日之委託而為其翌日之買賣。第8條規定經紀商應就何種委託買賣加以拒絕，諸如：全權委託選擇證券種類、買賣數量、買賣價格、買入或賣出之禁止；未經核准上市或暫停交易之證券、已停止上市之證券、分期付款方式之證券、對委託人作營利保證或分享利益之證券買賣之禁止。自營商之委託買賣未經主管機關之許可者，此等經紀商應均加以拒絕受理委託。第15條第2項規定經紀商不得任意增減手續費或以手續費一部或全部為賦予委託人買賣之有關介紹人員作為報酬，但依契約付給國外經當地國主管機關註冊允許經營證券業務之金融機構者，或依共同行銷業務簽訂契約給付金融控股公司之子公司者，不在此限。第17條規定買賣交割之義務：於成交買賣後，經紀商應將受託買賣之證券或賣出證券所得之價金交予委託人，沒有成交時，即應該將未成交之證券或價金返還委託人。第19條規定委託人如果不按期履行交割者，即為違約，受託契約當然終止，證券經紀商得以相當成交金額7%，違約金。第20條規定經紀商之留置權，經紀商因委託買賣關係，所收委託人之財物及交易計算上應付予委託人之款項，得視為委託人對於證券經紀商因交易所生之財物而留置，非至委託人清償其債務，不得返還之。第22條為關於有價證券如有一定之瑕疵時，則應由委託人負責。

二、委託人之義務

委託人之主要義務為有價證券之買進或賣出時，有給付證券或給付價金之義務，除此之外，依證交法第85條之規定，證券經紀商受託於集中交易市場買賣有價證券，可向委託人收取手續費，若係於店頭市場亦可收取手續費，然其手續費之費率，係由證券商同業公會申報金管會核定。

三、經紀商之義務

（一）繳付經手費、交割結算基金及違約準備之義務

經紀商依證券商管理規則等之規定須繳付經手費、交割結算基金及違約準備等。此等基金均為準備證券商發生債務不履行時，供證券商發生債務不履行時，賠償證券商之債權人之用。

（二）信賴義務

按經紀商接受投資人之委託而代為有價證券之買賣，兩者之間具有信賴

關係，而經紀商應負信賴義務，依美國證券法第17條第1項及證券交易法第15條第3項而發展出來之招牌說，即認為證券商就其名義之行為，公平盡責地服務客戶，其有關證券之陳述及建議須有充分之依據，此為證券商對投資人之信賴義務。按所謂信賴之義務，又可分為忠實義務及盡善良管理人之注意義務。

1.忠實義務

就忠實義務而言，即在避免經紀商之利害衝突行為，依現行證券商管理規則而言，就利害衝突之行為有下列之規範：

(1)禁止行為：第37條規定其禁止之行為有下列幾種：

①提供某種有價證券將上漲或下跌的判斷，以勸誘客戶買賣。

②約定或提供特定利益或負擔損失，以勸誘客戶買賣。

③提供帳戶供客戶買賣有價證券。

④對客戶提供有價證券資訊，有虛偽、詐騙或其他足致他人誤信之行為。

⑤接受客戶對買賣有價證券之種類、數量、價格及買進或賣出之全權委託。

⑥接受客戶以同一帳戶為同一種有價證券買進與賣出或賣出與買進相抵之交割。

⑦於其本公司或分支機構之營業場所外，直接或間接設置固定場所為接受有價證券買賣之委託。

⑧於其本公司或分支機構之營業場所外，直接或間接設置固定場所，從事與客戶簽訂受託契約或辦理有價證券買賣之交割。但本會另有規定者，不在此限。

⑨受理未經辦妥受託契約之客戶，買賣有價證券。

⑩受理非本人或未具客戶委任書之代理人申購、買賣或交割有價證券。

⑪受理本公司之董事、監察人、受僱人代理他人開戶、申購、買賣或交割有價證券。

⑫受理非本人開戶。但本會另有規定者，不在此限。

⑬知悉客戶有利用公開發行公司尚未公開而對其股票價格有重大影響之消息或有操縱市場行情之意圖，仍接受委託買賣。

⑭利用客戶名義或帳戶，買賣有價證券。

⑮非應依法令所為之查詢，洩漏客戶委託事項及其他業務上所獲悉

之秘密。

⑯挪用客戶之有價證券或款項。

⑰代客戶保管有價證券、款項、印鑑或存摺。

⑱未經本會核准辦理有價證券買賣之融資或融券，直接或間接提供款項或有價證券供客戶辦理交割。

⑲違反對證券交易市場之交割義務。

⑳利用非證券商人員招攬業務或給付不合理之佣金。

㉑其他違反證券管理法令或經本會規定應為或不得為之行為。

就此證券商管理規則第37條規定之禁止行為中，第①～④等規定均為防範證券商違反忠實義務之規定。

(2)流用之禁止：證券商管理規則第38條規定證券商受託買賣有價證券，應於銀行設立專用帳戶辦理對客戶交割款項之受付，該帳戶款項不得流用，即證券商對投資人之資金必須加以獨立，不得任意加以使用而有侵占其資金之行為。

(3)保管股票之禁止：第38、39條規定證券商受託買賣有價證券，應將客戶之款項撥入客戶指定之銀行帳戶，如未指定帳戶或委託書表明不撥入者，除金額未達1萬元得偶現金支付外，應以抬頭劃線支票支付，劃線不得取消，如是為其買進賣出有價證券，對此有價證券若當日未領回或是委託賣出未成交而未領回時，證券商即應將證券送至集中保管機構，此等亦避免證券商利用委託人交付之證券。

(4)變更之禁止：依證券商管理規則第43條之規定，證券商在集中交易市場自行及受託買賣有價證券，應分別設立帳戶辦理申報及交割，申報後不得相互變更，此等即在避免證券商利用其不同之帳戶，而為不利於投資人之行為。

(5)自己代理之禁止：證券商管理規則第44條規定，證券商於受託買賣時，不得利用受託買賣之資訊，對於同一買賣為相反之自行買賣，但因經營在營業處所買賣有價證券業務，依其報價應賣，並同時申報買進者不在此限，按證券商如兼有自營及經紀之身分，可得知客戶之買進賣出之情形，如利用此等情形而以自己身分買進賣出對其職務之忠實性尚有影響，美國法所謂「中國牆」（Chinese wall）之禁止慣例，即禁止資訊之不當流通。

(6)洩露消息之禁止：經紀商如於辦理證券業務，而知悉重大影響上市或證券商營業處所買賣股票價格消息時，於消息尚未公告前，不得

買賣股票或提供消息給客戶或他人，此亦近似於所謂利用內部消息買賣之行為（同規則第45條）。

2. 善良管理人之義務

(1)調查義務：證券商善良管理之調查義務，即英國法有所謂「適當原則」，即對顧客之投資目的及財務狀況均須加以了解，如認為不適當時，應不得為投資證券之建議，依現行證券商管理規則第34、35條即規定證券商應對其委託人建立一定之資料，基於此資料，評估其客戶之投資能力，如發現其信用超過其投資能力時，除須請求其提供擔保外，得拒絕其受託買賣，此即證券商對投資人之徵信工作，亦可避免其一旦不交割時，對證券商產生嚴重之損害。

(2)說明之義務：依第33條之規定客戶與證券商訂立受託買賣契約時，應指派專人為契約內容之說明及有關買賣程序之講解，此使證券商盡其善良管理人之說明義務，而避免投資人不了解投資之狀況而任意為危險之投資或委託。

四、交割及瑕疵擔保責任

關於證券商對於其代理或行紀買賣之有價證券，應具有權利瑕疵擔保之義務，按實務常有所謂偽造證券之買賣責任，則證券商基於為買受人或出賣人之立場，應負擔其權利擔保之瑕疵責任，故委託人委託經證券商取得偽造之有價證券，證券商依民法第347、350條之規定，應確保其權利之存在，且不得有經公示催告宣示無效證券之情形，否則證券商應就偽造之證券負完全之責任。

五、證券經紀商違法之責任

經紀商違反義務時，如符合第20條之詐欺規定，應負詐欺責任，如符第157條之1之洩露內部消息者，應負內部人之民事責任，縱不符合前述規定，經紀商對委託人均有善良管理人及忠實之義務，如因其違反此等義務之行為受有損害，委託人亦得依居間或行紀之規定，請求損害賠償。就刑事責任而言，如其違反第20條、第157條等規定均可使其負一定刑事責任。行政責任方面，依證交法第66條之規定，如證券商有違反法令之行為時，主管機關得對證券商為第66條各款不同之處罰。

問題與研究

一、說明證券經紀商與委託人間之法律關係。

二、證券買賣受託契約得否為全權委託之記載？

三、證券經紀商受託買賣證券應履行忠實義務，避免利害衝突，現行法令對
　　該等義務有何具體之規定？

四、證券經紀商受託買賣證券如有違法之情事，經紀商及負責人應負何種責
　　任？

五、國外之著名經紀商得否來台設立分公司或辦事處，以代國內投資人買賣
　　國外證券？國內之證券商得否經營該業務？

第十二章　自營商之規範

壹、自營商之意義

依證券交易法第15、16條之規定，所謂自營商乃經營有價證券自行買賣之業務者，而自行買賣應即指爲自己計算而爲買賣，以有別於爲他人計算之經紀商（受託買賣）。自營商之自行買賣是否以集中交易市場者爲限？按自營商固可與證券交易所訂立集中交易市場使用契約，而於集中交易市場買賣，然亦可於其自己或他人營業處所（店頭市場）買賣，則自營商之自行買賣，應不限於集中交易市場，其交易之對象亦應不限於證券商。

貳、自營商之功能

證券自營商之有無存立之必要，素爲美國立法及實務爭論之問題。傳統看法以爲自營商能創造交易市場之流動性（liquidity）、連續性（continuity）及穩定性（stability）。所謂之流動性乃指自營商買賣可增加市場買賣之次數及數量，而使股票交易變現。所謂之交易連續性乃指於交易時間內，有價證券之交易無因買進及賣出之價格或數量差異，而使交易中斷，自營商之營運具有拉近買賣差價之功能；而所謂之穩定性，乃指股價因投機氣氛過濃或公眾情緒不定，而造成不合理之過分波動現象。自營商可視市場供求變化而爲買賣，可穩定市場。自營商爲專業投資人，對證券投資最爲熟稔，故許其於證券市場免繳付手續費而爲證券投資，以發揮穩定市場及連續性交易之功能。

認自營商無存續必要者以爲：其買賣往往集中於少數股票，反易致證券價格不合理波動，實務證明其交易亦與市價波動同方向，而影響市場穩定；再者自營商較一般投資大眾有較優勢之投資地位，並無繳付經紀商手續，對其他一般投資人顯不公平；其置身交易市場，熟知交易變動之情形，似可能引起操縱市場之流弊；經紀商兼營自營商者，可以客戶交易之資料而圖利，甚或犧牲客戶之利益。以上皆爲自營商存立之弊端。自營商有無存在之必要，應以其是否確定履行其於市場上之功能而斷，就我國實務而言，由於自營商於集中交易市場之交易量甚小，自無法發揮其功能。現行證券商管理規

則對其義務及交易之限制，既有明文規定，應確行其法定義務，否則我國自營商確無存在之必要。

參、自營商業務之規範

一、證券交易法之規範

依證券交易法第83條規定，證券自營商得為公司股份之認股人或公司債之應募人，此指自營商非僅得於流通市場交易，亦可於發行市場為認股人或應募人，惟其認購之標的，應不限股份及公司債。唯其兼營承銷商者，除同法第71條之規定外，於承銷期間，該自營商亦不可為自己取得包銷或代銷之有價證券，即於此情形，亦不可為認股人或應募人。

二、證券商管理規則之規範

金管會對自營商之規範，主要規定於證券商管理規則，自營商於辦理公司登記後，須繳存新台幣1,000萬元為保證金（第9條）。此保證金乃備供抵償債務之用。

現行管理規則對自營商之維持流動性、連續性及穩定性，有較明確之規範，說明如下：

（一）自營商自行買賣或出售承銷所取得之有價證券業務，應視市場情況有效調節市場之供求關係，並注意勿損及公證價格之形成及其營運之健全性（第30條），此有助於市場之穩定性及流動性。

（二）自營商於集中交易市場自行買賣有價證券，不得申報賣出其未持有之有價證券。此規定限制自營商交易賣空之禁止，均有助於市場交易之穩定。惟自營商辦理指數股票型證券投資信託基金之受益憑證或其表彰股票組合之套利、避險行為，以及認購權證之履約行為等策略性交易需求而借券賣出，不受「證券商管理規則」第32條第1項「不得申報賣出未持有之有價證券」之限制（金管會97年金管(二)字第0970032830號令）。金融機構兼營之證券商，以自有資金與信託資金，同一日內對同一證券為相反自行買賣者，應依銀行法第108條辦理，並報金管會備查。

（三）非上市櫃證券及資產證券商品之交易等商品：自營商得購買未上市櫃有價證券及依金融資產證券化條例規定私募且符合一定信用評等等級以上之受益證券及資產基礎證券、次順位債券、創業投資和貨經理事

業及資產管理服務事業（92年台財證(二)字第0920100479號、91年台財證(二)字第0910005790號）。

除此之外，自營商如因獲悉重大上市或店頭市場交易之股票價格消息時，在該消息未公開前，不得買賣該股票或提供該消息給客戶或他人（第45條），此規定乃禁止自營商利用內部消息為內部人交易。

三、台灣證券交易所營業細則之規範

依該營業細則第96、97條之規定，自營商僅得為自己計算於集中交易市場買賣，不得直接或間接接受他人委託買賣，或委託他經紀商代為買賣。

問題與研究

一、說明自營商之意義及功能。我國自營商與美國之專業會員（Specialist）有何不同？

二、現行證券商管理規則對自營商之證券交易有何規範？

三、自營商於集中交易市場與店頭市場之效能有何不同？

第十三章　銀行證券業務之規範

壹、序　言

　　證券交易法第45條第2、3項規定：「證券商不得由他業兼營。但金融機構得經主管機關之許可，兼營證券業務（第2項）。證券商非經主管機關核准，不得投資於其他證券商（第3項）。」此規定旨在促證券商之專業經營，以提升證券商之經營效能，唯金融機構經許可得為兼營，按證券與銀行業務之分離，素為美、日兩國銀行、證券法規之重要原則，則我國立法之當否，應有比較討論之必要。再者，該條文之文義並非明確，本文並列述問題，期得確定其文義：

一、不得由「他業」經營意義為何？若指有兼營其他業務者，即為其他事業，則證券商一旦兼營非證券商業務為「他業」，而不得續營證券事業，該法理矛盾如何解決？又該「經營」是否含投資關係？

二、該條文之「金融機構」意義為何？有無包括保險公司？

三、同條文第2項但書規定：「但金融機構得經主管機關之許可，兼營證券業務。」其規範之意義，是否僅指「如經主管機關之許可，即可為證券之業務」？抑指「如經主管機關之許可，即可為證券交易法中規範之所有證券業務」？

四、金融機構兼營之證券商，有無同法第60條及第126條之限制？應否限制？

貳、現行法對銀行證券業務之規範及實務之狀況

　　證券交易法及銀行法均分別對銀行證券業務有所規範，以下分述之：

一、證券交易法第45條規定

　　證券商不得由他業兼營，但金融機構得經主管機關（按依同法第3條指金管會）之許可，兼營證券業務。

二、銀行法之規定

　　按銀行法第3、71、73、89、90、101、102、115條等條文均分別規定銀行之證券業務，以下列述之：

（一）發行金融債券。

（二）投資有價證券，生產事業。

（三）承銷及自營買賣或代客買賣有價證券。

（四）辦理債券發行之經理及顧問事業。

（五）擔任股票及債券發行簽證人。

（六）辦理證券投資信託有關業務。

（七）就證券之發行與買賣，對有關證券或證券金融公司予以資金融通。

（八）保證發行公司債券。

（九）募集共同信託基金投資有價證券。

（十）擔任債券發行受託人。

（十一）代理證券登記、過戶、股息紅利之發放事項及其他代理服務業務。

（十二）經政府核准之其他有關證券業務。

　　由以上列述可知，我國銀行得經營之證券業務，比諸日、美法，更爲廣泛，惟我國銀行多屬公營，對須較具證券專業知識、能力及旺盛進取企圖之證券業務，較不積極。就現實實務而言，仍以證券投資、承銷及經紀業務及服務代理業務爲主：

（一）關於全體金融機構（包括本國一般銀行、信用合作社、外國銀行及信託投資公司）之證券投資：該項目占全部淨資產比重已爲漸重要。

（二）就證券自營業務而言，該業務均由證券投資信託公司兼營，惟該自營交易額占全年市場成交額乃屬偏低，自營商之功能尚仍未發揮。

（三）就證券經紀業務而言，兼營證券商之營業額顯不如後者。

（四）就證券承銷業務而言，銀行之證券承銷業務原較不熱絡，近年來由於金管會的大力推動承銷，已漸爲改善。

參、銀行應否經營證券業務

　　銀行雖尚未積極介入證券業務，唯近年來，國內證券市場日漸發展，銀行爲配合將來綜合證券商開設後國內證券市場之情勢，亦漸次培訓人才，以期於變化在即的金融（資本）市場中，占取有利之競爭地位。然而，鑑諸

美、日法制，我國應否開放銀行之證券業務，仍值討論。以下分述否定及肯定見解：

一、否定說

（一）銀行健全性

銀行之證券投資、承銷業務較具風險性，過分地引導銀行介入該種證券業務，有礙銀行經營目的之達成。

（二）分散、降低銀行固有業務功能

銀行如過於熱衷於證券業務，必降低其固有業務之功能，使傳統業務萎縮，致一般較中低層之國民或中小企業，失卻更多金融交易之機會。

（三）銀行之不公平競爭

銀行挾其龐大資力、人力，投入證券業務，比證券商更具競爭力，然證券商不得經營銀行業務，銀行卻得經營證券業務，二者地位顯失公平。

（四）銀行壟斷金融市場

銀行於金融市場本具最重要地位，如使其得經營證券業務，必致壟斷金融市場，就銀行的特性而言，該情況是否絕對有利於金融及相關產業，非無疑問。

（五）利害衝突

銀行於其融資客戶過程中，極易知悉客戶之財務、業務資料，極可能利用該資料，為有利其證券業務之行為；或要求融資客戶購買其承銷之證券，此等利害衝突行為應咎於其兼營證券之業務。

（六）公眾對銀行之信賴感

公眾對銀行之信賴，對銀行之穩定經營極為重視，銀行之證券業務如生虧損（尤其證券投資部門，在股價暴跌而大受損失時），勢必影響民眾對銀行之信賴而擠兌，甚或形成金融危機。

（七）美、日法制均採分離制

前述美國法制鑑於1933年金融危機而採分離制，日本隨美採分離制亦必有其原因，故應師法先進國家採銀行、證券分離制，較為穩定。

二、肯定說

（一）降低銀行業務之風險性

依現代投資組合理論，個別之貸款或證券投資均有其風險性，然透過適切的投資組合，可減低或控制其業務之風險性。故謂銀行經營證券業務，將提高銀行倒閉之可能性，顯不符投資組合理論；相反地，銀行若得兼營證券業務，適可降低專營銀行業務之風險。

（二）證券商之不公平競爭

證券商產業之效能較高，經營態度較為活潑、積極，於國外，證券商推出各種金融商品，嚴重威脅銀行之資金來源，如不能使銀行經營證券業務，於今二者業際漸次模糊，勢必影響銀行之經營、發展，形成銀行不利之競爭地位。

（三）各種規制銀行措施已足以防止金融危機

1933年美國金融危機以後，存款保險制度確已保障存款之存款安全，及整體金融秩序，我國自1985年亦採存款保險制度，配合其他規制措施如：公開體系、金融檢查、內部人融資限制等，已足以保障金融安定，防止金融危機。縱若銀行倒閉，該存款可移轉至其他銀行，存款人可受領保險金，銀行倒閉似不足為懼。

（四）可促進競爭效率

合理、合法地競爭，將可提高服務效率，銀行業憑其金融服務之人力、財力，透過適當訓練，必可輕易地提供客戶有效率的各種證券服務。若捨該有效提高證券服務方式，顯然極不符合經濟學理。

（五）美、日法制不足採

美國採銀行、證券分離之法制，與當時政治、經濟環境有關，日本蕭

規曹隨，非基於日本之實際狀況而立法，尙且，美國銀行法學者對Glass-Steagall法大肆抨擊，該法已經美國國會修正（G-L-B Act，美國金融服務業現代化法）。再者，其他國家，如德國亦不採該分離制度，其與我國企業金融對資本市場之依存度均低，相較之下，德國金融市場，不採分離制，較符我國國情。

三、小　結

　　銀行經營證券業務，確有諸弊端，惟若此弊端可防制，應不宜全面禁絕，以免妨礙證券業務之競爭環境及經營效率。就銀行業務之健全性而言，各種證券業務資本之充實，承銷證券種類、數額之限制，應予規制。各種利害衝突之行爲（尤其不法貸款予關係證券商），宜透過公開原則、金融檢查、民事求償規定等，予以規範。

　　由於本問題宜由整體金融、證券服務效率之提高爲著眼點，以保障投資人、銀行客戶權益爲基礎，則我國金融自由化後，銀行經營證券業務可擴增證券業品質、效率，實爲投資人之最大實益，然而防止弊端之限制，仍應予採行各種中國牆之措施。長期而言，似仍應仿美國法建立控股公司制度，使金融集團發揮實效，但仍有防火牆及中國牆來避免各種風險。於民國90年所通過之金融控股公司法，允許金控公司投資證券、銀行及保險業，跨業經營已成爲我國法制之取向，然由保護投資人觀點，機關利害衝突行爲及風險管控之中國牆及險火牆仍爲重要議題。

肆、相關問題之研究

一、何謂「不得由他業經營」？

　　證券交易法第45條第2項規定：「證券商不得由他業經營」，其所謂之「他業」爲何？應指現非經營證券之業者而言，因此若現營其他業務者均不可申請經營證券商，現證券商亦不得經營其他業務。惟證券之承銷、經紀及自營雖屬證券商之主要業務，然於修正後，其業務將含證券金融、店頭市場交易，外國證券商尙含投資顧問、股務代理、證券投資信託等。本條如此規定，似過於限制證券商之發展，而不能適應證券市場層出不窮的金融商品。本條或可改爲「證券商須以第15條規定之業務爲主要業務」，何謂主要業務或其比重，自得另以命令定之，或可仿日本證券交易法第43條規定：「證券公司不得經營證券業以外之業務，但與證券業有關之其他相關證券業

務，證券公司經營該證券業認對投資保護及公益不生障礙者，經財政部長承認者不在此限。」

二、何謂「金融機構」？

證券交易法第45條規定金融機構不受不得兼營證券業務之限制，然何謂「金融機構」？證券交易法並無明文規定，銀行法規定之銀行（銀行法第2、3條），固爲所謂之金融機構，惟其他如保險公司、信用合作社或外國各種存款機構是否爲金融機構，似非無討論餘地，參照日本法，該金融機構之定義宜以行政命令定之，免生爭議。

三、何謂「兼營證券業務」？

同法第45條第2項但書規定：金融機構經主管機關許可，即可爲證券業務，唯何謂證券業務，依同法第15條所謂之證券業務乃證券之承銷、經紀及自營等業務。至於金融機構之准否經營其他證券業務，應非在該條項規範之內，蓋條文中但書乃排除本文之限制，應就其本章限制範圍爲解釋，該條項前段既僅包括第15條各款之業務，則但書排除（即許可經營）之範圍，亦僅限於第15條各款之業務，亦即金融機構經營非第15條之業務，非該條前段所限制，亦非但書所欲排除。

目前依證券商設置標準，金融機構兼營證券業務，以兼營下列各款之一爲限：有價證券之承銷。
（一）有價證券之自行買賣。
（二）有價證券買賣之行紀或居間。
（三）有價證券之承銷及自行買賣。
（四）有價證券之自行買賣及在其營業處所受託買賣。

四、兼營證券商於證券交易法上之限制

依證券交易法第60條和第126條，證券商不得未經核准而爲有價證券金融或其代理、居間之行爲，亦不得受客戶委託保管及運用其款項，及擔任公司制證券交易所之董事、監察人或經理人，此限制是否僅適用於專營證券商，或亦可適用於兼營證券商，依現行法及金管會之命令，應均有適用。77年修正法准金融機構投資於其他證券商，及得爲公司制證券交易所之董、監及經理人。此規定似忽略兼營及專營證券商業者之業務公平性。我國雖未有美國銀行、證券業間之激烈訴訟尋求彼此公平待遇，然鑑於金融自

由化的政策下，實不宜作差別待遇。

五、辦理之機構

　　銀行法規定銀行得辦理信託業務，而信託業務含證券業務。惟信託業務項下業務過於龐雜，難免生利害衝突，且無法專業經營，故宜由銀行法中明訂，銀行法之證券部門，宜獨立設定。

問題與研究

一、現行銀行法及證券交易法是否准許金融機構兼營證券業務？
二、金融機構兼營證券業務有何弊端？應如何防治？
三、應否准許證券業兼營銀行業務，以免證券業喪失競爭力？

第十四章 證券投資信託事業之規範

壹、證券投資信託之意義及特性

一、學理上之定義及特性

「證券投資信託」依其文義，是以信託或「類似信託」為基礎的法律制度。依學說及各國法律之規定，證券投資信託制度表現下列幾項經濟上之特性：

（一）證券投資信託乃將不特定之多數投資人之資金，匯集成一基金。

（二）證券投資信託乃運用該基金投資於有價證券。

（三）證券投資信託乃以獲取資本利得（capital gain）或股利收入為目的，而非以取得發行公司經營權為目的。

（四）證券投資信託乃應用危險分散原則，而對多種證券投資。

（五）證券投資信託乃由對證券投資有專門知識及經驗之人為管理運用。

綜合上述特性以為定義，則證券投資信託乃「基於危險分散之原則，由專門知識、經驗之人，將不特定多數之投資人之資金，運用於證券投資，以獲取資本利得或股利收入之信託」。

二、法令上之定義

按我國於1983年修正第18條之1及第18條之2，以配合證券投資信託事業之設立，為使我國資產管理事業得以長期穩定發展，立法院於2004年6月11日三讀通過證券投資信託及顧問法，該法之架構於本書內容另為詳述，以下就該法有關證券投資信託業務及事業之定義分別說明如下：

（一）證券投資信託

該法所稱證券投資信託與前述學理上之定義相同，指向不特定人募集證券投資信託基金發行受益憑證，或向特定人私募證券投資信託基金交付受益憑證，從事於有價證券、證券相關商品或其他經主管機關核准項目之投資或交易（第3條第1項）。依此定義，證券投資信託係指募集不特定人或特定人資金投資於有價證券或相關商品之業務。

（二）證券投資信託事業

該法所稱證券投資信託事業，指經主管機關許可，以經營證券投資信託為業務之機構（第3條第2項）。依此定義，該證券投資信託事業乃經營第3條第1項所規定之事業者而言，其業務種類尚且包括定義所規範之證券投資信託業務及全權委託投資業務、其他主管機關核准之有關業務（第3條第3項）。

（三）證券投資信託契約

該契約指以證券投資信託事業為委託人，基金保管機構為受託人所簽訂，用於規範證券投資信託事業、基金保管機構及受益人間權利義務之信託契約（第5條第1款）。依此定義，該證券投資信託契約為信託契約，此可解決學理及實務上歷來對該等契約究為委任契約、信託契約或無名契約之爭議。再者，該契約之關係當事人為管理證券投資信託基金之「證券投資信託事業」、保管證券投資信託基金之「基金保管機構」及享有受益權之「受益人」。

（四）基金保管機構

該基金保管機構指本於信託關係，擔任證券投資信託契約受託人，依證券投資信託事業之運用指示從事保管、處分、收付證券投資信託基金，並依該法及證券投資信託契約辦理相關基金保管業務之信託公司或經營信託業務之銀行（第5條第2款）。依此定義，基金保管機構乃依證券投資信託契約或法律關係而生，再者，其業務非僅限於保管，尚且包括處分或收付基金等業務，又該保管機構包括專營信託業務之信託公司或間營信託業務之銀行。

（五）受益人

受益人係指依證券投資信託契約規定，享有證券投資信託基金受益權之人（第5條第3款）。依此定義，受益人之權益係證券投信託契約而生，其係指享有受益權之人。

（六）證券投資信託基金

該基金係指證券投資信託契約之信託財產，包括因受益憑證募集或私募所取得之申購價款、所生孳息及已之購入之各項資產（第5條第4款）。依

此定義，該基金係信託契約下之信託財產，其項目包括申購價款、孳息及其衍生之各項資產。

(七) 受益憑證

該受益憑證係指募集或私募證券投資信託基金得發行或交付，用於表彰受益人對該基金所享權利之有價證券（第5條第5款）。依此定義，受益人享有受益權，而表彰受益權者為受益憑證。

(八) 境外基金

該境外基金係指於中華民國境外設立，具證券投資信託基金性質者（第5條第6款）。依此定義，其係指非向我國主管機關申請設立之基金，然其是否於我國募集、私募或銷售，仍必須向我國主管機關申請許可，該等許可係指銷售行為而言，並非指該基金之設立，再者，該基金係具有證券投資信託基金性質，即向不特定人或特定人召募以用為投資有價證券或相關商品者。為進一步規範境外基金，金管會亦定有「境外基金管理辦法」，茲就其重點說明如下：

1.適用範圍

境外基金之募集及銷售應由境外基金機構委任符合規定之總代理人及銷售機構為之，信託業依特定金錢信託契約及證券經紀商依受託買賣外國有價證券契約受託投資境外基金，亦應適用本辦法相關規定（第3條）。

2.投資顧問服務

境外基金之投資顧問業務為證券投資顧問事業之專屬業務，其投資顧問之境外基金以經行政院金融監督管理委員會核准或申報生效者為限；及證券投資顧問事業除擔任銷售機構者外，辦理境外基金之投資顧問業務，應與總代理人簽訂提供資訊合作契約（第4條）。

3.總代理人

擔任境外基金總代理人之主體、資格條件及營業保證金之提存（第8～10條）。總代理人應於每一營業日申報境外基金交易資料，並定期申報月報及公告基金年度財務報告（第13條）。總代理人對銷售機構之督促義務、總代理人或銷售機構及其人員對投資人之損害賠償責任（第15條）。總代理人應配置適足、適任之業務人員與內部稽核人員（第16條）。

4.銷售機構

擔任境外基金銷售機構之主體、資格條件、應辦理事項及其終止之處

理程序（第18～21條）。信託業依特定金錢信託契約或證券經紀商依受託買賣外國有價證券契約辦理受託投資境外基金業務之人員，與本辦法規定業務人員資格條件不符者，訂定一年之緩衝期（第19條）。總代理人及銷售機構之委任，應以書面簽訂總代理契約或銷售契約（第22條）。代理人或銷售機構違反相關規定，得暫停、撤銷或廢止境外基金之核准或申報生效，並得停止銷售機構六個月以內辦理募集及銷售業務、限期更換總代理人（第41條）。總代理人或銷售機構從事境外基金之廣告、公開說明會及促銷活動之禁止事項（第50～51條）。

5. 境外基金範圍

得在中華民國境內募集及銷售之境外基金投資或交易範圍與限制、境外基金管理機構及保管機構之資格條件（第23～25條）。

6. 外匯管理

總代理人辦理境外基金之募集及銷售與證券集中保管事業辦理境外基金款項之收付，涉及資金之匯出、匯入，應向中央銀行申請許可（第29條）。總代理人申請（報）境外基金之募集及銷售，得退回或不核准其案件之情形（第30條）。境外基金之募集及銷售經核准或申報生效後，得暫停、撤銷或廢止之情形（第31條）。申請（報）境外基金之募集及銷售期間，如發生重大情事致對投資人權益有重大影響之處理原則（第32條）。

7. 投資人須知及保護

投資人須知應載明事項、公開說明書及投資人須知之更新或修正應辦理公告（第37條及第39條）。境外基金召開受益人會議或有關投資人權利行使之重大事項，總代理人應即時公告並通知銷售機構；總代理人、銷售機構以自己名義為投資人向境外基金機構申購境外基金，對重大影響投資人權益之事項，應即時通知其所屬之投資人，並應彙整所屬投資人之意見通知境外基金機構（第45條）。

8. 私募

境外基金之私募及境外基金機構得委任銀行、信託業、證券經紀商、證券投資信託事業或證券投資顧問事業辦理，並應委任訴訟代理人及稅務代理人；另受委任機構辦理境外基金私募，涉及資金之匯出、匯入，應向中央銀行申請許可（第52～54條）。本辦法發布前經證券投資顧問事業提供投資顧問之境外基金者，應於一年內依本辦法規定辦理（第55條）。

貳、證券投資信託之型態

　　證券投資信託的各種型態，嚴格而言，是學理及商業實務之分類，而非法規上之分類。各種型態之產生或衰退皆有其歷史或商業背景，其沿革及興衰之理由分析，非本書討論範圍，以下僅就各種型態作大略之介紹，並討論法令對證券投資信託之型態之規範態度：

一、以組織型態分為公司型及契約型

（一）公司型（statutory type, direct type）：即以公司之型態集合投資人之資金成一基金，由公司運用基金為證券投資。此種公司型態之結構，包括了二當事人：即公司與股東，而規範當事人法律關係者為章程。

（二）契約型（contractual type, indirect type）：即以信託契約之型態集合投資人之資金成一基金，以證券投資信託事業為委託人（trustor）指示保管銀行（即受託人）運用基金為證券投資。此約型態之結構包括了三當事人——受益人、證券投資信託事業（委託人）及保管銀行（受託人），而規範三方當事人法律關係者為信託契約。

二、以投資人得否買回股票或受益憑證分為開放型及封閉型

（一）開放型（open-end type）：即投資人得隨時請求證券發行人買回其持有之證券，而證券投資信託事業亦得追加賣出或發行證券。

（二）封閉型（close-end type）：即投資人不得請求證券發行人買回其持有之證券，且證券發行人亦不得加追發行或賣出證券。

三、以得否變更已編定之證券資產之內容分為固定型、半固定型及融通型

（一）固定型（fixed type）：指證券投資信託之證券資產經編定後，不論其價格如何變化，在信託契約期間內，除非編入之證券之公司有合併、解散等事由，證券投資信託事業不得將之變更或出賣。

（二）半固定型（semi-fixed type）：指證券投資信託之證券資產經編定後，證券投資信託事業仍得於一定條件下—如事先賦予於指定證券中有選擇權，得變更該基金資產之內容。

（三）融通型（flexible type）：指證券投資信託事業對證券資產的內容，

得自由裁量其投資對象之出售及更換。

四、以投資政策分

（一）普通股基金（common stock funds）及債券、優先股基金（bond, preferred stock funds）：前者乃將基金資產全部或大部投資於普通股，而後者乃求穩健，故全部或大部投資於獲利率穩定之債券或優先股。

（二）平衡型基金（balanced funds）：即將基金資產分散地投資於普通股、優先股及各種債券。

（三）貨幣市場基金（money market funds）：即將基金資產主要運用於高收益之貨幣市場短期票券，如國庫券、商業本票、銀行定期存單。
除上述基本型外，基於新金融商品之推展，主管機關亦修正證券投資信託基金管理辦法，准許指數型基金及組合型基金之發行。

（四）雙重基金（dual-purpose funds）：乃由閉鎖型之投資公司發行兩種證券─所得股（income shares）及資本股（capital shares），前者之投資人分享股利及利息所得之分配，而後者享有資本利得之分配。

（五）成長基金（growth funds）及收益基金（income funds）：前者乃以追求買賣證券之漲價利益所得為目標，而後者乃以獲取股利收入為目標；介於二者之間的中間型態為成長收益型，兼顧證券交易所得與股利收入。績效基金（performance funds）為成長基金之一種，乃追求最大資本升值或市場平均以上的運用實績。

（六）分散型（diversified type）及非分散（non-diversified type）：前者將基金分散投資於多種證券，而後者將基金投資於少數之幾種證券，均衡型基金多為分散型基金，而特定產業基金（又稱專門基金（specialty funds）即將基金投資於特定產業或地區）多屬於非分散基金。

五、以投資資金來源分國際及國內證券投資信託基金

前者投資資金來自國外，而後者資金來自國內。
除前述分類外，主管機關亦仿國際實務准許募集資產配置理念之傘型基金。

參、證券投資信託法制之目的及構造

　　按爲促使證券投資信託事業之設立及經營證券投資信託業務，於1983年乃修正證券交易法第18條之1及第18條之2，經二十餘年之運作，證券投資信託業務大有進展，商品亦趨於多元化，爲使我國資產管理業務得以進一步提升其績效及數量，財政部金管會乃於2004年年初向財政部及行政院提出證券投資信託及顧問法草案，而於同年6月11日經立法院第五屆第五會期通過該草案，因該法案之通過，有關證券投資信託法制乃由該等特別法——即證券投資信託及顧問法爲規範，就該特別法未規範者，即應適用普通法——即證券交易法。除上述法律外，爲利證券投資信託及顧問法順利施行，行政院金融監督管理委員會配合於2004年10月30日發布「證券投資信託事業設置標準」、「證券投資顧問事業設置標準」、「證券投資信託事業管理規則」、「證券投資顧問事業管理規則」、「證券投資信託事業募集證券投資信託基金處理準則」、「證券投資信託基金管理辦法」、「證券投資信託事業募集證券投資信託基金公開說明書應行記載事項準則」、「證券投資信託事業私募證券投資信託基金投資說明書應行記載事項準則」、「證券投資信託基金受益人會議準則」、「證券投資信託事業證券投資顧問事業經營全權委託投資業務管理辦法」、「證券投資信託事業負責人與業務人員管理規則」、「證券投資顧問事業負責人與業務人員管理規則」、「證券投資信託暨顧問商業同業公會非會員理事及監事遴選辦法」、「證券投資信託暨顧問商業同業公會管理規則」、「證券投資信託事業及經營接受客戶全權委託投資業務之證券投資顧問事業建立內部控制制度處理準則」及修正「有價證券集中保管帳簿劃撥作業辦法」等共計十六項相關子法，並於11月1日同步生效。

　　證券投資信託及顧問法暨其相關子法施行後，對市場之開放健全發展將產生重大影響，茲舉其較重要者說明如下：

一、開放信託業兼營證券投資信託事業募集證券投資信託基金；同時亦開放信託業兼營證券投資顧問業務。

二、開放私募型證券投資信託基金，放寬私募基金之型態及從事衍生性商品之限制。

三、強化同業公會之自律功能，並要求公會至少要有四分之一以上公益理事及監事之指派與遴選。

四、放寬證券投資信託事業募集證券投資信託基金得採申報生效之制度，以

簡化募集之程序。

五、明定公開說明書應記載之事項及得以網站交付之要件，方便受益人之取
得公開之資訊。

六、明定證券投資顧問事業之總經理應為專任，且必須具備證券投資顧問事
業負責人與業務人員管理規則第3條所定之資格條件，已擔任證券投資
顧問事業總經理者，得於原職務或任期內續任之。

一、證券投資信託業務之規範目的

按證券投資信託及顧問法之立法目的乃為促進健全證券投資信託及顧問
業務之經營與發展，證券資產管理服務市場之整合管理，並保障投資；該法
未規定者，適用證券交易法之規定（第1條）。依此觀之，該法之目的在於
促進業務發展、整合資產管理服務及保障投資，本書以為保障投資為業務發
展及市場整合之前提，故相關法制之解釋，當以保障投資人為主要之目的，
惟有保障投資人，證券投資信託業務及資產管理服務市場方有發展之可能及
空間。

二、證券投資信託基金之募集

證券投資信託基金得由對不特定人之募集或對特定人之私募方式為之，
就對不特人之募集非經主管機關核准或申報生效後，不得為之（第10條第1
項）。就對特定人之私募，則係於私募受益憑證價款繳納完成日起五日內，
向主管機關申報之。然於國外私募資金投資國內或於國內私募資金投資國外
者，因涉及外匯業務，應於向主管機關申報時，檢具中央銀行同意函影印本
（第11條第3項）。

有關證券投資信託資金之私募，該法係仿照證券交易法第43條之6第1
項及第2項之規定，即私募之對象係銀行業、票券業、信託業、保險業、證
券業、其他經主管機關核准之法人或機構、符合主管機關所定條件之自然
人、法人或基金等（第11條第1項）。該私募之意募總人數，不得超過35人
（第11條第1項）。

為避免私募受益憑證後持有人另為轉讓，而使私募行為以公開召募無
異，第11條第5項乃規定證券交易法第43條之7及第43條之8第1項規定，於
私募之受益憑證準用之。依此，私募之受益憑證不得為一般性廣告或公開勸
誘，再者，義務人及購買人除有特定情形者外，不得再行賣出。

於中華民國境外設立之境外資金，其與國內基金同，非經主管機關核

准或向主管機關申報生效後，不得在中華民國境內從事或代理募集、銷售、投資顧問；境外資金之私募亦與前述國內基金之私募同，必須符合有關招募對象、資訊提供及申報之義務，且不得為一般性廣告或公開勸誘（第16條）。

　　除上述法律外，行政院金融監督管理委員會於2004年10月30日訂定「證券投資信託事業募集證券投資信託基金處理準則」。其訂定重點臚列如下：

1. 兼採申報及核准制：行政院金融監督管理委員會（以下簡稱金管會）審核證券投資信託基金之募集與發行兼採申請核准及申報生效制（第3條）。證券投資信託事業申請（報）募集或追加募集證券投資信託基金，金管會得退回或不核准其案件之情事（第4條及第5條）。申請（報）募集或追加募集證券投資信託基金期間，如有發生重大情事致對發行計畫有重大影響之處理原則（第6條）。證券投資信託事業申請（報）募集或追加募集證券投資信託基金經申請核准或申報生效後，其應開始募集及募集成立之期間（第7條）。證券投資信託事業申請（報）募集或追加募集證券投資信託基金，得撤銷或廢止其核准或申報生效之情事（第10條）。

2. 受益憑證：證券投資信託事業應製作並交付受益憑證之期間及方式（第9條）。

3. 保證之禁止：證券投資信託事業不得以證券投資信託基金之申請核准或申報生效作為保證證券投資信託基金價值之宣傳（第11條）。

4. 公開說明書：證券投資信託事業於國內募集證券投資信託基金，應交付公開說明書，並載明相關事項（第16條）。金管會依此訂定基金公開說明書應行記載事項準則。

　　除上述之募集規範外，金管會亦修正「證券投資信託事業募集證券投資信託基金處理準則」，增訂第四章基金之銷售機構（95年10月23日金管證四字第0950004751號令）。

三、證券投資信託契約之規範

　　按證券投資信託契約為規範證券投資信託事業（委託人）、基金保管機構（受託人）及受益人間權利義務之信託契約，依此定義，證券投資信託契約乃回歸於信託法而為信託契約之一種，然信託法之若干規定，對證券投資信託業務適用有其困難，故於證券投資信託及顧問法中，乃規定信託法第6條第3項（信託行為有害委託人債權人規定）、第16條（信託財產管理之變

更）、第32條（有關委託人或受益人抄錄信託文件）、第36條（受託人之辭任）、第39條（信託財產支付稅捐及費用）、第40條（受託人向受益人請求補償）、第41條（受託人拒絕信託財產之交付）、第42條（受託人因管理事務所受損害之請求補償）、第43條（受託人自信託財產取得報酬之適用）、第52條至第59條（信託監察人）等，上述事項或不利於受益人、有害受益憑證之轉讓，或證券投資信託及顧問法另有特別規定，故不適用之。（證券投資信託及顧問法第44條）除第44條所定之條文外，其他證券投資信託及顧問法之規定原則均得適用信託法，惟信託法之相關規範仍待實務形成解釋，未來兩者是否完全合致，法院、該法之主管機關及學術界，仍有就各種可能之爭議爲進一步研議之必要。

實務上有關證券投資信託契約乃由公會制定制式條款，故該等自式條款亦有實質拘束業者申請基金程序或影響當事人權益之情形。然其實際適用，仍以前述之相關法規及證券投資信託契約爲準。

四、基金之管理

證券投資信託基金之管理乃依證券投資信託及顧問法、證券投資信託契約與「投信基金管理辦法」之規定而爲管理，於此規範之下，證券投資信託事業須依基金投資目的、政策及限制而爲管理，該法且特別就下列事項明文規定金融監理之方法：

（一）基金之登記

證券投資信託事業運用證券投資信託基金所持有之資產，應以基金保管機構之基金專戶名義登記，但持有外國之有價證券及證券相關商品，得依基金保管機構與國外受託保管機構所定契約辦理之（第18條第2項）。

（二）禁止行為

證券投資信託契約運用基金，除必須符合主管機關之規定外，且不得爲基金資產之放款、提供擔保、從事證券信用交易、與投信事業管理之其他基金爲證券交易、投資於與投信事業有利害關係所發行之證券、買入該基金之受益憑證、將基金所持有之有價證券借予他人（第19條）。

基金不得與本證券投資信託事業經理之其他各基金、共同信託基金、全權委託帳戶或自有資金買賣有價證券帳戶間爲證券或證券相關商品交易行爲。但經由集中交易市場或證券商營業處所委託買賣成交，且非故意發生相

對交易之結果者，不在此限。

（三）投資之分析報告

　　為確保投信事業運用基金之合理性，乃於該法要求投信事業應依據其分析報告作成決定，交付執行實應作成紀錄，並按月提出檢討報告，其分析報告以決定應有合理基礎及根據（第17條）。

（四）投資之商品範圍

　　證券投資信託基金所投資之標的應依法令及證券投資信託契約之規定，主管機關且得就證券投資信託基金之種類、投資或交易範圍及其限制為規定（第14條第1項）。如投資之基金涉及證券相關商品以外之項目者，應會商相關目的事業主管機關之同意；涉及貨幣市場者，應另會商中央銀行同意（第14條）。

　　除上述法律規範外，行政院金融監督管理委員會於2004年10月30日訂定「證券投資信託基金管理辦法」（2008年11月10日修正）亦進一步規範：

1.紀錄

　　證券投資信託事業運用證券投資信託基金投資或交易之分析、決定、執行及檢討等四步驟之書面紀錄應記載事項及保存年限（第4條）。

2.種類及範圍

　　證券投資信託事業運用證券投資信託基金投資有價證券及從事證券相關商品交易之種類及範圍（第8條、第9條、第13條）。

3.借券

　　證券投資信託基金符合一定條件，得出借所持有之有價證券（第14條）。

4.名稱及種類

　　證券投資信託基金其名稱、發行幣別、種類及不得重複收取經理費及銷售行為準則等一般性規範（第19條至第24條）。股票型、債券型、平衡型、指數型、指數股票型、組合型、保本型、貨幣市場證券投資信託基金等基金種類之定義及分別依基金型態不同訂定其特別規範（第25條至第49條）。以結構式利率商品、轉換公司債、附認股權公司債或其他具有股權性質之有價證券為主要投資標的之證券投資信託基金，其名稱及給付買回價金時間之特殊規範（第50條）。

5.私募

證券投資信託事業得向特定人私募證券投資信託基金,及私募受益憑證應受之轉讓限制(第51～53條)。

6.投資範圍

以負面表列方式規範私募證券投資信託基金之投資範圍及限制(第54～56條)。

7.保管機構

基金保管機構及信託監察人之擔任條件、義務與損害賠償責任、不能繼續從事基金保管業務之處理程序(第57～63條)。

8.受益憑證

受益憑證之交付、轉讓、格式、應記載事項及其他相關規範(第64～69條)。

9.買回及淨資產價值

證券投資信託事業應於買回日後五個營業日內給付買回價金及其得延緩給付之例外情形(第70條、第71條)。證券投資信託事業應每一營業日計算及公告證券投資信託基金淨資產價值、定期編製及公告證券投資信託基金財務報告(第72條、第73條、第76條、第77條)。

10.變更及終止

證券投資信託契約之變更程序、終止事由及清算程序(第78～82條)。

11.合併

證券投資信託基金合併之條件、申請合併應檢附之書件、應公告或通知受益人事項等(第83～89條)。

五、基金之保管

證券投資信託基金之保管應以基金保管機構之基金專戶名義登記之,且該等基金應以投信事業及基金保管之持有財產分別獨立。證券投資信託事業及基金保管機構就其自有財產所負之債務,其債權人不得對於基金資產為任何請求或行使其他權利(證券投資信託及顧問法第21條第1項)。上述規定以信託法第9條以下有關信託財產具獨立性與同性之規範意旨相同。基金保管機構應符一定條件(第22條第1項),且金融控股公司下所設之證券投資信託事業所發行之基金,不得由該控股公司下之其他保管機構為保管(第22條第1項第6款及第3項)。

　　保管機構應監督證券投資信託事業，如發現該事業有違反法令及契約者，應要求該事業依法令及契約辦理，如有損害受益人權益之虞時，應即向主管機關申報。該事業因故意或過失損害基金之資產時，基金保管機構為基金受益人之權益保障，應向該事業為追償（第23條）。

　　如基金保管機構因故意或過失違反法令或契約致生損害於基金之資產者，應負損害賠償責任。投信事業應為基金受益人之權益向基金保管機構為追償（第24條第1項）。按基金保管機構常有因海內外投資或委託經紀商為交易，而於此情形下，基金保管機構之代理人、代表人或受僱人，履行證券投資信託契約規定之義務有故意或過失時，基金保管機構應與自己之故意或過失負同一責任（第24條第2項）。

六、基金之會計及買回

　　證券投資信託基金之受益人得依其基金之型態與契約之約定，向證券投資信託事業請求買回受益憑證，對買回價金之給付不得遲延（第25條第1項）。證券投資信託事業就買回基金之計算，應依證券投資信託基金於每營業日計算之淨資產價值為標準（第28條）。為應付證券投資信託基金之買回，證券投資信託事業應依主管機關所定之比例，以部分資產為現金、存放於銀行、買入短期票券或其他主管機關規定之方式為保存（第30條第1項）。證券投資信託基金得依其契約之約定而定是否為受益之分配，除經主管機關核准者外，應於會計年度終了後六個月內分配之（第31條）。

七、受益憑證

　　證券投資信託基金之受益人享有受益權，該受益權由受益憑證表彰之，此受益憑證得為實體或非實體而以帳簿劃撥方式交付之。該受益憑證應為記名式（第32條第1項），其得以背書轉讓之（第34條第2項）。受益人享有受益權，該受益權享有之內容依證券投資信託契約之約定，並按受益權單位總數，平均分割，每一受益憑證之受益權單位數，依受益憑證之記載（第35條第1項）。

　　受益人所享有之受益分配請求權，自受益發放日起五年間不行使而消滅，因時效消滅之受益權併入該證券投資信託基金（第37條第1項）。然有關買回受益憑證之價金給付請求權，自價金給付期限屆滿日起，十五年間不行使而消滅，基金清算時，受益人之限於財產分配請求權，自分配日起，亦因十五年不行使而消滅之（第37條第2、3項）。

八、受益人會議

證券投資信託契約當事人之權利義務關係依證券投資信託契約之記載及法令定之，然就有關特殊事項，如更換基金保管機構、更換證券投資信託事業、終止證券投資信託契約、調整管理及保管費用、重大變更管理方針、範圍及商品及對投資人權益有重大影響之契約修正，得應經受益人會議決議（第38、39條）。

受益人會議之召開，係由證券投資信託事業為之，然該事業不能或不為召開時，由基金保管機構召開之（第40條）。繼續持有受益憑證一年以上且占已發行在外受益權單位總數3%以上之受益人，亦得以書面細明提議事項及理由，申請主管機關核准後，自行召開之（第40條第2項）。

受益人會議召開之期限、程序、決議方法、會議規範及其他應遵循事項之準則，由主管機關定之（第42條第1項）。有關如何計算受益人會議出席權數、表決權數及決議方法，應依證券投資信託契約之約定，然主管機關為保護公益或受益人之權益，於有必要時，得以命令變更之。

證券投資信託契約之修正或變更，如為對不特定人召募之基金者，應報經主管機關核准，經核准後，投信事業應於二日內公告其內容。私募之證券投資信託基金，則於變更後五日內向主管機關申報（第43條）。

九、基金之終止、清算及合併

基金於募集成立後，如因特殊事由而必須予以終止者（如投信事業或基金機構之解散、破產、撤銷或廢止核准）等，於此等情事發生時，應經主管機關核准後終止該契約（第45條），並辦理基金之清算（第47條）。基金之清算人由投信事業擔任之，然因投信事業之相關事由者，則由基金保管機構擔任之，基金保管機構亦有解散等事由時，由受益人會議以決議選任符合主管機關規定之投信事業或保管機構為清算人（第48條）。為避免基金經長期營運而於規模過小時，不符合經濟規模，投信事業得依主管機關之規定辦理基金之合併（第46條）。

肆、證券投資信託事業之管理

我國首家投信公司於1983年設立以來，證券投資信託事業係依證券交易法第18條、第18條之1等法令規定為設立。於證券投資信託及顧問法制定以後，未來新設之證券投資信託事業應依該法為申請，且未來投信事業之經

營管理亦必須符合該新法之規定。

一、投信事業設立之核准

投信事業之經營涉及公益及投資人權益，故其設立應經主管機關許可，並核發營業執照後，始得營業（第63條第1項）。信託業如依信託業法得辦理相關證券投資信託業務者，亦必須依信託業法及主管機關規定之兼營標準而兼營之。

投信事業以股份有限公司為限，其發起人、負責人及業務人員如有刑事前科或未符合主管規定之情事者，不得擔任之（第68條）。投信事業之負責人、業務人員及其他應備置人員之資格條件、行為規範、訓練、登記期限、程序及其他應遵循事項之規則，由主管機關定之（第69條）。主管機關亦得依同法第72條之規定，就投信事業及其分支機構之設立條件、應設置部門、申請程序、應檢附書件之設置標準等事項訂定管理規則（第72條）。

投信事業之董事及監察人或持有已發行股份總數5%以上之股東，不得兼為其他證券投資信託事業之發起人或持有已發行股份總數5%以上之股東（第73條第1項）。此等規定係避免投信事業相互連結，而致利益衝突情事之發生。

投信事業之發起人必須符合主管機關之資格條件，發起人中應有基金管理機構、銀行、保險公司、金融控股公司、證券商或其他經主管機關認可之機構，該等專業機構所認股份，合計不得少於第一次發行股份總數之20%；其轉讓持股時，應於轉讓前申報主管機關備查（第71條第1項）。

除上述法律規範外，行政院金融監督管理委員會於2004年10月30日訂定「證券投資信託事業設置標準」（金管證四字第0930005162號），重點說明如下：

1. 業務種類：證券投資信託事業得經營之業務種類，由行政院金融監督管理委員會（以下簡稱金管會）分別核准，並載明於營業執照；明定證券投資信託事業申請經營全權委託投資業務，應依證券投資信託事業證券投資顧問事業經營全權委託投資業務管理辦法規定辦理；另信託業申請兼營證券投資信託業務，除信託業法另有規定外，應依第三章規定辦理（第2條）。

2. 發起人限制：證券投資信託事業之董事、監察人或持有股份5%以上之大股東或與其具公司法所定關係企業之關係者，不得再擔任其他證券投資信

託事業之發起人，以避免發生利益衝突問題（第4條）。證券投資信託事業之發起人於規定期間內不得兼爲其他證券投資信託事業之發起人之限制規定（第5條）。經營證券投資信託事業專業發起人之資格條件及發起人轉讓持股應申報金管會備查（第8條）。

3.資本額：證券投資信託事業之最低實收資本額爲新台幣3億元（第7條）。

4.部內及人員：證券投資信託事業應設置投資研究、財務會計、內部稽核等部門（第10條）。證券投資信託事業應配置適足適任之業務人員（第11條）。

5.信託業兼營：信託業應申請兼營證券投資信託業務之一定條件及應具備之資格條件（第15條、第16條）。信託業兼營證券投資信託業務應指撥營運資金，並規定應專款經營，不得流用於非證券投資信託業務（第18條）。信託業兼營證券投資信託業務應設置投資研究部門及其業務人員兼任之禁止規定（第19條）。信託業兼營證券投資信託業務，其部門主管及業務人員應具備一定之資格條件（第20條）。信託業申請兼營證券投資信託業務許可與登記應檢具之申請書件（第21條、第22條）。同時，符合一定條件之證券投資顧問事業、期貨經理事業、期貨信託事業，亦得兼營投信業務（第23～29條、第40條）。

二、證券投資信託事業之營運管理

證券投資信託事業之營運必須符合證券投資信託及顧問法之規定，下列事項由爲該法所明訂：

（一）廣告行爲之規範

證券投資信託事業從事廣告、公開說明會及其他營業活動，必須符合主管機關所頒布之準則（第70條）。

（二）利益衝突之防免

爲避免投信事業之營運有利於其內部人員，故該法乃規定證券投資信託事業之負責人、部門主管、分支機構經理人與基金經理人，其本人、配偶、未成年子女及被本人利用名義交易者，於證券投資信託事業決定運用證券投資信託基金從事某種公司股票及具股權性質之衍生性商品交易時起，致證券投資信託基金不再持有該公司股票及具股權性質之衍生性商品時止，不得從事該股票及具股權性質之衍生性商品交易。但主管機關另有規定者，不在此

限（第77條第1項）。

　　證券投資信託事業之負責人、部門主管、分支機構經理人或基金經理人本人或其配偶，有擔任證券發行公司之董事、監察人、經理人或持有已發行股份總數5%以上股東者，於證券投資信託事業運用證券投資信託基金買賣該發行公司所發行之證券時，不得參與買賣之決定（第78條第1項）。再者，證券投資信託事業及其負責人、部門主管、分支機構經理人、基金經理人或證券投資信託事業於其購入股票發行公司之股東代表人，均不得擔任證券投資信託事業基金所購入股票發行公司之董事、監察人或經理人。但主管機關另有規定者，不在此限（第78條第2項）。此等規定均避免證券投資信託事業及其內部人因其服務或其他身分關係，得致利益衝突或有發生該等情事之虞。

（三）重大事項之公告

　　證券投資信託事業於發生重大影響受益人權益之事項，於事實發生之日起二日內，應公告並申報主管機關。該重大影響受益人權益之事項，由主管機關訂之（第81條）。

（四）公會

　　證券投資信託事業應與證券投資顧問事業合組公會，該等事業非加入同業公會，不得開業（第84條）。

　　除上述規範外，行政院金融監督管理委員會於2004年10月30日訂定「證券投資信託事業管理規則」（金管證四字第0930005202號），重點說明如下：

1.內控

　　為健全證券投資信託事業之業務經營，規定其應訂定內部控制制度（第2條）。

2.股東限制

　　限制證券投資信託事業之董事、監察人或持有已發行股份總數5%以上之股東，不得再擔任其他證券投資信託事業之持有已發行股份總數5%以上之股東（第6條）。

3.專業發起人持股轉讓

　　證券投資信託事業於設立後應維持具專業發起人資格條件之股東及其最低持股比率（第8條）。

4. 競業限制

證券投資信託事業不得擔任證券投資信託基金所購入股票發行公司之董事、監察人（第10條）。

5. 財報

證券投資信託事業公告及申報年度財務報告之義務（第13條）。

6. 基金獨立

證券投資信託事業募集或私募之證券投資信託基金，與證券投資信託事業及基金保管機構之自有財產，應分別獨立（第14條）。證券投資信託基金應交由基金保管機構保管，不得由證券投資信託事業自行保管（第15條）。

7. 投信事業之業務

證券投資信託事業善良管理人之注意義務、保密義務及禁止行為規範（第19條）。

8. 廣告限制

為廣告、公開說明會及其他營業促銷活動時之禁止事項（第22條）。

9. 表決權

證券投資信託基金持有股票及受益憑證之投票表決權之行使及應遵行事項（第23條）。

10. 投顧兼營

證券投資顧問事業兼營證券投資信託業務，應於換發營業執照後二年內申請並募集成立首支證券投資信託基金；證券投資信託事業及他業兼營證券投資信託業務，未募集成立首支證券投資信託基金不得私募證券投資信託基金（修正條文第20條）。

11. 大陸及海外限制

投信公司於大陸地區為業務行為及投資海外事業並依第24條之1及25條規定辦理。

12. 合併

配合證券投資信託事業合併或與證券投資顧問事業合併，並參酌金融機構合併法相關規定，整併修正合併訊息公告、申報、股東會召集事由等相關條文（修正條文第30條；刪除原條文第31條、第33條及第34條）。

三、證券投資信託事業兼營之營業限制

證券投資信託事業有可能兼營證券投資顧問事業或其他事業，為避免

該等兼營之利益衝突，其負責人與業務人員之兼任及行為規範、資訊交互運用、營業設備或營業場所之共用，或為廣告、公開說明會及其他營業促銷活動，不得與受益人或客戶利益衝突或有損害其權益之行為（第94條）。

四、證券投資信託事業之合併與解散

證券投資信託事業得為相互合併或與其他金融機構或事業為併購，該等事業之合併應遵循金融機構合併法、企業併購法或其他主管機關所定之規定（第95條）。

證券投資信託事業因解散、停業、歇業、撤銷或廢止許可者，應洽由其他證券投資信託事業承受其業務，並經主管機關之核准（第96條第2項）。證券投資信託事業因該等撤銷、廢止許可、命令停業或自行歇業者，應自行了結其於被撤銷、廢止、停業或歇業前所為之業務。

五、對證券投資信託事業之監督

按金融監督管理委員會為該法之主管機關，其得依金融監督管理委員會組織法及證券投資信託及顧問法為監理，依該法之規定，主管機關為保障公共利益及維護市場秩序，得隨時要求證券投資信託事業於期限內提出財務、業務報告或其他相關資料，並得直接或委託適當機構，檢查其財務、業務狀況及其他相關事項（第101條）。

主管機關對證券投資信託事業所提出之財務、業務報告及其他相關資料或於檢查時發現不符合法令之事項，得以糾正或依第103條為警告、解除董監事經理人之職務、停止基金之募集、廢止許可等處分（第102、103條）。證券投資信託事業之董監金或受僱人有違反法令而足以影響業務之正常執行者，而對該等人員為停止一年以下執行職務或解除其職務外，並得就該事業為前述警告等處分。

六、負責人、業務人員之管理

行政院金融監督管理委員會於2004年10月30日訂定「證券投資信託事業負責人與業務人員管理規則」（金管證四字第0930005147號），重點說明如下：

1.人員組成

負責人與業務人員之範圍（第2條）。

2.資格條件

　　為確保證券投資信託事業之經營品質，明定總經理、業務部門之副總經理、協理、經理，及分支機構經理人、部門主管、基金經理人與業務人員等應具備之積極資格條件（第3～6條）。

　　配合開放證券投資信託事業得兼營期貨信託事業、期貨經理事業，為防杜利益衝突，增訂證券投資信託事業總經理不得兼任之職務，包括期貨信託基金之基金經理人及全權委託期貨交易業務之交易決定人員。（第3條）

3.異動申報

　　總經理、業務部門之副總經理、協理、經理，及分支機構經理人、部門主管與業務人員，除法令另有規定外，應為專任，並應向同業公會登錄職務異動情形（第7～9條）。

　　為發揮法令遵循單位公正獨立執行職務之功能，爰規範法令遵循主管及業務人員不得由容易發生相互衝突或牽制之人員兼任；另為防杜資訊不當流用，訂明兼營業務之人員兼任禁止規範。（第8條）

　　證券投資信託事業運用證券投資信託基金從事證券相關商品交易非以避險為目的之未沖銷部位超過行政院金融監督管理委員會所定一定比率，為確保從業人員具備從事證券相關商品交易之專業知能，爰規範證券投資信託事業除應申請核准外，其投資研究部門主管、基金經理人及內部稽核人員應同時具備期貨商負責人及業務員管理規則第五條所定資格條件。（第6條之3）

4.訓練

　　為監督管理證券投資信託事業從業人員應具備專業之知能，訂定業務人員應參加職前及在職訓練（第10～12條）。

5.人員義務

　　為落實投資人保護意旨，明定證券投資信託事業負責人、部門主管、分支機構經理人、業務人員及受僱人之禁止行為暨應依忠實誠信原則執行業務及負有保密義務（第13條）。為防範從業人員及關係人利用證券投資信託基金操作之訊息謀取不當利益，規範其從事股票或具股權性質之衍生性商品交易，有一定之限制及應依規定申報交易情形（第14條）。為避免利益衝突並落實專業經營原則，明定證券投資信託事業之內部人員不得參與其本身有相當關聯性發行公司證券買賣之決定或擔任證券投資信託基金所購入股票發行公司之董監事及經理人（第15條）。

6.代表人準用

法人股東或以法人股東代表人身分擔任董監事者，代表人或法人股東準用本規則有關董監事之規定（第16條）。規範證券投資信託事業依法令或契約不得從事之行為，亦為從業人員之禁止行為（第18條）。規範證券投資信託事業負責人及業務人員配合行政院金融監督管理委員會查詢時之說明義務（第19條）。制定證券投資信託事業員工購買自家基金贖回之限制，使證券投資信託事業之員工及其關係人投資其所服務公司發行之證券投資信託基金時，不致產生短線投機而有侵害基金受益人權益之情事（第20條）。

七、民事及刑事責任之追訴

證券投資信託事業違反法令或證券投資信託事業者，證券投資信託事業或其應負責之人應對受益人或契約之相對人負損害賠償責任（證券投資信託及顧問法第7條第3項）。再者，投信事業不得就其業務行為有虛偽、詐欺或其他足致他人誤信之行為，如有該等情事者，對受益人或契約之相對人負損害賠償責任（第8條）。如行為人因故意為前述應負責之行為者，法院得因被害人之請求，依情節輕重，酌定損害而三倍以下之懲罰性賠償；因重大過失所致之損害，得酌訂損害額以兩倍以下之懲罰性賠償（第9條第1項）。前述之損害賠償請求權，自有請求權人之有得受賠償之原因時起兩年間不行使而消滅；自賠償原因發生之日起於五年者亦消滅之（第9條第2項）。證券投資信託事業及其相關人員之不法或違反契約之行為，除前述之行政與民事責任外，依同法第105條以下，亦可能另受刑事或行政之處罰。

伍、全權委託業務

該業務於國外原由投顧事業辦理，為提高該業務辦理機構之素質，證交法第18條之3增訂之，證券投資信託及投資顧問法亦明文規定，而投信事業亦得辦理該業務，其辦理之原則與方法與投顧事業同（詳第15章）。

問題與研究

一、說明證券投資信託事業之意義及種類。

二、證券投資信託事業對證券市場發展有何功能？

三、證券投資信託事業運用基金投資證券有何限制？

四、某證券投資信託事業基金經理人，其經理基金違反基金管理規則之規定，金管會應適用何法規，以對該事業及經理人為處分？

五、某證券投資信託事業受國內外退休基金及年金之委託，以代其經理而為證券投資，依法是否可行？

六、證券投資信託及顧問法之架構為何？對投信事業經營有何影響？對受益人權益保障有何改進之處？

第十五章　證券投資顧問及全權委託業務之規範

壹、序　言

　　爲使投資人有投資之諮詢對象，並提高業者投資分析之水準，行政院遂於1983年公布「證券投資顧問事業管理規則」（以下簡稱「投顧規則」），以開辦證券投資顧問事業。另爲培養證券投資顧問事業之人力基礎——證券投資分析人員，遂另頒布「證券投資顧問事業證券投資分析人員資格審查要點」。又金管會依「投顧規則」第11條訂有「證券投資顧問委任契約應行記載事項」，規範該種契約之應載事項。1987年間隨著外匯管制之開放，促進並疏通國人投資國外有價證券之管道，金管會即又頒布「證券投資顧問事業辦理外國有價證券投資顧問業務應行注意事項」，並修訂「證券投資顧問委任契約應行記載事項」、「證券投資顧問事業證券投資分析人員資格審查要點」。上述即爲2004年前證券投資顧問業務之主要規範。

　　爲使資產管理服務爲整合發展，立法院於2004年6月11日通過證券投資信託及顧問法，前述依證券交易法第18條、第18條之1及第18條之3所規範之證券投資信託事業及全權委託投資業務，乃由該證券投資信託及顧問法爲規範，此等法制變更得以提升資產管理事業之位階及法律規範之內容與品質。

貳、證券投資顧問及全權委託投資業務之相關定義

　　按證券投資信託及顧問法乃將證券投資顧問及全權委託投資業務之相關定義規定如下：

一、證券投資顧問

　　按證券投資顧問係指直接或間接之委任人或第三人取得報酬，對有價證券、證券相關商品或其他經主管機關核准項目之投資或交易有關事項，提供分析意見或推薦建議（第4條第1項）。依此定義，證券投資顧問乃提供有

關證券或相關商品之建議，以獲取報酬之行為。經營該等事業者，即為證券投資顧問事業（第4條第2項）。證券投資顧問事業除經營證券投資顧問業務外，亦得經營全權委託投資業務及其他經主管機關核准之有關業務（第4條第3項）。

二、證券投資顧問契約

為經營證券投資顧問業務，證券投資顧問事業應與客戶訂定證券投資顧問契約，該契約「指證券投資顧問事業接受客戶委任，對有價證券、證券相關商品或其他經主管機關核准項目之投資或交易有關事項提供分析意見或推介建議所簽訂投資顧問之委任契約。」（第5條第7款）

三、全權委託投資業務

證券投資信託事業或證券投資顧問事業對特定客戶提供代客操作服務而獲取報酬者，即為全權委託投資業務，依該法此業務為：對客戶委任交付或信託移轉之委託投資資產，就有價證券、證券相關商品或其他經主管機關核准項目之投資或交易為價值分析、投資判斷，並基於該投資判斷，為客戶執行投資或交易之業務（第5條第10款）。

該業務由客戶所交付之資產，應由全權委託保管機構為保管，該保管機構依法令定義係指：依證券投資信託及顧問法及全權委託投資相關契約，保管委託投資資產及辦理相關全權委託保管業務之信託公司或經營信託業務之銀行（第5條第10款）。由於該全權委託投資契約得為依委任或信託移轉財產權之關係，該保管機構，得依委任或信託契約與客戶發生保管之法律關係。

前述之全權委託投資資產，指客戶應全權委託投資，委任交付或信託移轉之資產、所生孳息及已知購入之各項資產（第5條第12款）。

參、證券投資顧問事業之管理

證券投資顧問事業之經營涉及公益及投資人之權益，基於其法律關係之複雜性，此雖為特定人之間之法律關係，仍必須受主管機關之許可並核發營業執照後，始得營業（第63條第1項）。信託業如經營全權委託投資業務者，亦須向主管機關申請許可（第65條）。以下就證券投資顧問事業之主要規範說明如下：

一、證券投資顧問事業之組織及設置

證券投資顧問事業之組織以股份有限公司為限（第67條）。就設置事項，行政院金融監督管理委員會於2004年10月30日訂定「證券投資顧問事業設置標準」（金管證四字第0930005177號），重點說明如下：

1.業務種類

證券投資顧問事業經營之業務種類，應由金管會核准，並載明於營業執照；證券投資顧問事業辦理全權委託投資業務，應依證券投資信託事業證券投資顧問事業經營全權委託投資業務管理辦法規定辦理（第2條）。

2.資本

證券投資顧問事業之組織應為股份有限公司，法定最低實收資本額為新台幣2,000萬元（第5條）。

3.部門及人數

證券投資顧問事業應設置之部門，及符合資格條件之業務人員最低人數（第6條）。

4.兼營

證券經紀商、期貨經紀商、期貨監理及信託事業、信託業、保險業申請兼營證券投資顧問業務或全權委託投資業務應設置之部門、應具備之要件、申請許可與核發營業執照應檢具之書件，及總公司得指派專責顧問部門符合資格條件之業務人員至其分支機構從事證券投資顧問服務等相關規定（第10～13條）。外國證券經紀商或外國期貨經紀商在中華民國境內設立之分支機構申請兼營證券投資顧問業務應具備之要件、申請許可與核發營業執照應檢具之書件等相關準用條次之規定（第14條）。信託業申請兼營全權委託投資業務或證券投資顧問業務應具備之要件、申請許可應檢具之書件、辦理登記之期限，及信託業得指派專責部門符合資格條件之業務人員至其分支機構從事證券投資顧問服務等相關規定（第1～2條）。證券經紀商或期貨經紀商申請兼營證券投資顧問業務，及信託業申請兼營全權委託投資業務或證券投資顧問業務不予許可之事由（第23條）。證券經紀商（本國及外國）得以信託方式兼營全權委託業務（第15條以下）。

為配合開放期貨經紀商、期貨經理事業、期貨信託事業及保險業兼營全權委託投資業務，修正設置標準相關規定。（修正條文第10條、第15～21條、第31～39條、第44～45條）

5.分支機構

證券投資顧問事業申請分支機構之設置應具備之要件、申請許可與核發營業執照應檢具之書件等相關規定（第24～26條）。

6.財富管理業務

增訂他業兼營證券投資顧問業務所設置之專責顧問部門得與財富管理業務部門合併（修正條文第28條）。

二、證券投資顧事業之相關人員資格限制

證券投資顧問事業之發起人、負責人及業務人員不得有證券投資信託顧問法第68條第1項各款（消極資格）所訂之情形，如有該等情形者，應爲解任（證券投資信託及顧問法第68條第1項）。

證券投資顧問事業除前述之消極資格外，其他應具備之資格條件、行爲規範、訓練、登記期限、程序及其他應遵循事項之規則，由主管機關定之（第69條）。

除上述法律規範外，行政院金融監督管理委員會於2004年10月30日訂定「證券投資顧問事業負責人與業務人員管理規則」（金管證四字第0930005157號），重點如下：

1.業務人員定義

規則所稱業務人員，指爲證券投資顧問事業從事下列業務之人員：(1)對有價證券、證券相關商品或其他經金管會核准項目之投資或交易有關事項，提供分析意見或推介建議；(2)從事證券投資分析活動、講授或出版；(3)辦理全權委託投資有關業務之研究分析、投資決策或買賣執行；(4)對全權委託投資業務或證券投資顧問業務，爲推廣或招攬；(5)辦理境外基金之募集、銷售及私募；(6)內部稽核；(7)法令遵循；(8)主辦會計；(9)辦理其他經核准之業務。

2.人員條件

證券投資顧問事業之總經理、部門主管或分支機構經理人及兼營證券投資顧問業務或全權委託投資業務之其他事業專責部門主管應具備之積極資格條件（第3條）。

3.專任

證券投資顧問事業之總經理、業務部門之副總經理、協理、經理、部門主管與業務人員及兼營證券投資顧問業務或全權委託投資業務之其他事業專責部門主管及業務人員，除法令另有規定外，應爲專任，並應向同業公

會登錄職務異動情形（第6條、第9條及第10條）。人員兼任之禁止，及他業兼營證券投資顧問業務或全權委託投資業務之人員兼職之相關規定（第7條）。

4.代理人員

為避免投顧事業以代理人方式規避從業人員之資格條件，代理人員亦應符合相當之資格條件，並仍應遵守內部各項人員禁止兼任之規定（第11條）。

5.訓練

為監督管理投顧事業從業人員應具備專業之知能，訂定業務人員應參加職前及在職訓練（第12～14條）。

6.說明義務

投顧事業負責人及業務人員配合行政院金融監督管理委員會查詢時之說明義務（第17條）。

三、證券投資顧問事業營運之規範

按證券投資顧問事業主要之業務為證券投資顧問服務及全權委託投資業務，該法對此等業務有明確之規範。證券投資顧問事業總公司與分支機構之設立等事項，主管機關得訂定管理規則（證券投資信託及顧問法第72條第1項）。證券投資顧問事業之行銷行為包括從事廣告、公開說明會及其他營業活動，其限制、其地、禁止或其他應遵循事項之規則，由主管機關定之（第70條）。

證券投資顧問事業就其證券投資顧問服務，其提供分析意見或推薦建議者，應與客戶訂定書面之證券投資顧問契約，載明雙方權利義務（第83條第1項）。客戶於銷售書面契約之日起之日內，得以書面終止契約（第2項）。於終止後，證券投資顧問事業仍得對客戶請求終止前所提供服務之報酬。但不得請求契約終止之損害賠償或違約金（第4項）。此等規定係為保障證券投資顧問事業之客戶權益而設。

除上述法律規範外，行政院金融監督管理委員會於2004年10月30日訂定「證券投資顧問事業管理規則」（金管證四字第0930005207號），重點說明如下：

1.內控

為使業務經營制度化，證券投資顧問事業經營全權委託投資業務應依規定訂定內部控制制度（第2條）。

2. 申報義務

證券投資顧問事業應定期申報財務報告之義務，財務結構不良者，本會得限制其業務活動（第8條）。

3. 分析報告

證券投資顧問契約應載明之事項及投資分析報告等應保存之年限及申報期限（第10～12條）。證券投資顧問事業接受客戶委任，應充分知悉並評估客戶之投資知識、投資經驗、財務狀況及其承受投資風險程度。

4. 業務之義務

證券投資顧問事業應盡善良管理人之注意義務、保密義務及禁止行為（第13條及第14條）。

5. 外國證券推介

經營外國有價證券投資推介顧問業務之資格條件、申請書件及提供推介顧問業務之種類及範圍由金管會公告（第19～21條）。經營外國有價證券投資推介顧問業務，不予許可之事由，及應將推介之有價證券相關資料，交付客戶；另除經金管會核准或申報生效外，不得涉及在國內募集、發行或買賣（第22～24條）。得撤銷或廢止已核准推介顧問之外國有價證券，或停止接受新外國有價證券推介顧問業務之事由（第25條）。

6. 合併

配合證券投資信託事業兼營證券投資顧問事業及開放證券投資顧問事業合併證券投資信託事業，整併其合併應檢具之書件、增訂合併訊息公開後無法完成合併者，應辦理公告與申報事項；並增訂證券投資顧問事業得同時申請兼營證券投資信託業務、合併證券投資信託事業及合併發行新股（第16～18條）。

四、自律機構

證券投資信託及證券投資顧問事業均為資產管理事業，故其必須有高度之自律規範，其非加入同業公會，不得開業（證券投資信託及顧問法第84條第1項），目前該公會係兩種事業所合設，其組織受證券投資信託及顧問法第五章「自律機構」之規範（第84條以下）。

五、基金推介業務

境外基金管理辦法係主管機關依據證券投資信託及顧問法第16條第3項及第4項之授權而訂定，該推介之商品之來源地區，以金管會所指定者為限

（101年金管證投字第1010012333號），詳下述之說明：

經營外國有價證券投資顧問業務者提供顧問之外國有價證券，其範圍以下列各款爲限：

（一）經金管會核准或申報生效得募集及銷售之境外基金。

（二）金管會指定外國證券交易所交易之股票、指數股票型基金（ETF，Exchange Traded Fund）或存託憑證（Depositary Receipts）。但專業機構投資人經其目的事業主管機關核准投資外國有價證券者，經營外國有價證券投資顧問業務者接受其委任顧問外國有價證券之外國證券交易所，不受限制。委任人爲非專業投資人者，ETF之範圍以投資股票、債券爲主且不具槓桿或放空效果之ETF爲限。

（三）外國中央政府債券。委任人爲非專業投資人者，發行國家主權評等應符合附表一所列信用評等機構評定達一定等級以上；委任人爲專業投資人者，發行國家主權評等應符合附表二所列信用評等機構評定達一定等級以上。

（四）前款以外之外國債券（含可轉換公司債及附認股權公司債）。委任人爲非專業投資人者，該外國債券發行人或保證人之長期債務信用評等及外國債券之債務發行評等應符合附表三所列信用評等機構評定達一定等級以上；委任人爲專業投資人者，該外國債券發行人或保證人之長期債務信用評等或外國債券之債務發行評等須符合附表四所列信用評等機構評定達一定等級以上。

（五）外國證券化商品。委任人爲非專業投資人者，外國證券化商品之債務發行評等應符合附表三所列信用評等機構評定達一定等級以上，且不得爲再次證券化商品及合成型證券化商品；委任人爲專業投資人者，外國證券化商品之債務發行評等須符合附表四所列信用評等機構評定達一定等級以上。

（六）境外結構型商品應依境外結構型商品管理規則之相關規定辦理。

肆、全權委託投資業務之規範

按得經營全權委託投資業務者，包括證券投資信託事業、證券投資顧問事業及得經營該等業務之信託業。證券投資信託及顧問法對該等業務之主要規範架構如下：

一、業務之許可

經營該等業務者應符合主管機關所訂之條件，並經主管機關核准，始得為之（第50條第1項）。主管機關就該等條件、資格、申請程序、人員管理、契約簽訂、帳務處理及其他應遵循事項之辦法，由主管機關訂之（第2項）。主管機關依此訂有「投信投顧經營全權委託投資業務管理辦法」詳如後述。

二、營業保證金之繳付

證券投資信託事業或證券投資顧問事業經營該等業務者，應向金融機構提存營業保證金（第52條第1項）。信託業兼營全權委託投資業務已提存賠償準備金者，免提存營業保證金（第2項）。該等營業保證金或賠償準備金均供賠償客戶損失之準備。

三、全權委託之法律關係

依前述之定義，該等契約得為委任或信託契約，然為保障客戶之權益，該等全權委託投資資產應與證券投資顧問事業或證券投資顧問事業及全權委託保管機構之自有資產，分別為獨立（第51條第1項）。證券投資信託事業或證券投資顧問事業及全權委託保管機構對自有財產所負債務，其債權人不得對委託投資資產，為任何之請求或行使其他權利（第52條第2項）。

基於全權委託投資契約之簽訂，該等全權委託投資資產應交由全權委託保管機構保管或信託移轉於保管機構（第53條第1項）。然全權委託投資業務之客戶為信託業或其他經主管機關核准之事業，得由客戶自行保管委託投資資產（第53條第4項）。再者，如全權委託保管機構與證券投資信託事業或證券投資顧問事業間具有控制關係者，證券投資信託事業或顧問事業對客戶應為告知（第54條第1項）。

四、全權委託投資業務之限制

為避免全權委託投資業務經營者以公募方式吸收資金，證券投資信託及顧問法乃規定接受單一客戶委託投資資產之金額不得低於一定數額（第55條）。再者，為避免證券投資顧問事業經營之業務過於擴張，該法乃規定接受委託投資之總金額，不得超過淨值之一定倍數。但其實收資本額達一定數額者，不在此限。該倍數及數額由主管機關定之（第55條第2項及第3項）。全權委託投資業務之投資或交易之範圍及限制，由主管機關定之，

如涉及外國有價證券者，其資金之匯出、匯入應經中央銀行同意（第56條）。就全權委託投資業務之細部規範，乃由公會擬訂業務操作辦法（第57條），而投資分散之比例，則由主管機關定之（第58條）。

經營全權委託投資業務者，不得有第59條損害投資人之行為，並應交付投資說明書而為必要之投資告知（第60條），且應依第61條之規定與客戶訂定全權委託投資契約，於法律關係成立後，應定期告知客戶淨資產價值之增減情形（第62條）。

除上述法律規範外，行政院金融監督管理委員會於2004年10月30日訂定「證券投資信託事業證券投資顧問事業經營全權委託投資業務管理辦法」（金管證四字第0930005187號），重點說明如下：

1.定義

定義全權委託投資業務及全權委託保管機構，並規定信託業依信託業法第18條第1項後段申請兼營全權委託投資業務之一定條件（第2條）。

2.申請及條件

規定有價證券全權委託投資業務為特許業務，以及投信投顧事業經營全權委託投資業務應檢具之申請文件、投信投顧事業及信託業本身與所設置相關人員應具備之資格條件（第3～8條、第33條）。

3.資產獨立

投信投顧事業接受客戶委託投資之資產，應具獨立性（第9條）。

4.營業保證金

投信投顧事業經營全權委託投資業務應提存營業保證金，以及其提存方式、金額及得為提存金融機構之資格條件、於營業保證金上設定權利之禁止、更換提存機構及提取營業保證金之核准等事項；至信託業以信託方式兼營全權委託投資業務則免提營業保證金（第10條、第35條）。

5.個別委託

委託投資資產之保管方式及委託保管機構辦理事項、保管機構應與客戶個別簽訂，不得接受共同委任或信託、投信投顧事業與保管機構間具有控制關係時，對客戶負有告知義務等事項（第11條、第26條）。

6.最低門檻

投信投顧事業接受單一客戶委託投資資產之最低門檻，以及投顧事業、信託業得承作全權委託投資業務之倍數（第12條、第13條及第34條）。

7.投資範圍

投信投顧事業經營全權委託投資業務，其投資或交易之範圍、限制及其

投資標的之分散比率（第14～17條）。

8.央行核准

投信投顧事業辦理全權委託投資外國有價證券業務，應經中央銀行同意，其資金之匯出、匯入，依中央銀行相關規定辦理（第18條）。

9.行為倫理

明確列示投信投顧事業及信託業辦理全權委託投資業務，其事業本身及其董事、監察人、經理人、業務人員及受僱人之禁止行為事項，加強操守規範（第19條、第36條）。除此之外，為避免上述人員謀取不當利益，相關專門人員從事股票及具股權性質衍生性商品交易應受限制（第19條之1及41條）。

10.契約

投信投顧事業與客戶簽約前之審閱期間，及應交付客戶全權委託投資說明書之應記載事項（第21條）。投信投顧事業應與客戶個別簽訂全權委託投資契約，不得接受共同委任或信託，全權委託投資契約並應依規定事項記載（第22條）。

11.內控及契約修正

投信投顧事業經營全權委託投資業務，因法令變更致增加得投資或交易範圍，應先修正內部控制制度；與客戶簽訂全權委託投資契約後，因法令變更致增加得投資或交易範圍者，應於完成全權委託投資契約之修訂後始得為之（第24條）。

12.經紀契約

全權委託投資契約或信託契約及證券經紀商之受託買賣契約，應載明投信投顧事業或信託業逾越法令或契約所定限制範圍時，由業者負履行責任，以保護客戶權益，並加重業者應盡善良管理人之責任（第25條、第40條）。

13.作業辦法

為提升自律機構之規範功能，由投信投顧公會協助辦理投信投顧事業申請經營全權委託投資業務案件之初步審查、營業保證金處理及擬訂全權委託投資業務之相關作業辦法及契約範本等事宜（第7條、第8條、第10條第4項、第22條第7項、第26條第5項、第27條、第31條、第38條第6項及第39條）。

14.交易紀錄

全權委託投資業務之投資或交易決策流程、投信投顧事業應按日登載客

戶資產交易情形、所收取之證券商手續費折讓應作為客戶買賣成本之減少等
事項（第28條）。

15.減損告知

委託投資資產減損達一定比率，投信投顧事業對客戶應負告知義務（第
29條）。

16.組織變動

投信投顧事業有解散、撤銷、廢止許可、停業、歇業或經營不善等情事
時，其全權委託投資契約之處理方式（第30條）。

17.信託方式

投信投顧事業以信託方式經營全權委託投資業務，除符合應申請兼營
信託業務之一定條件者外，亦應符合投信投顧法、信託法、信託業法等規
定（第32條）。信託業兼營全權委託投資業務，原則上應自行處理信託事
務，但經客戶及受益人同意，得使第三人代為處理（第37條）。信託業兼
營全權委託投資業務與客戶所簽訂信託契約之應行記載事項（第38條）。
信託業兼營全權委託投資業務時，應準用本辦法相關條文之規定（第41
條）。

18.經紀商兼營

配合放寬證券經紀商兼營全權委託投資業務，明定應適用證券投資顧問
事業經營全權委託投資業務之相關規定（修正條文第2條）。配合開放證券
經紀商兼營全權委託投資業務，為減少可能產生之利益衝突，增訂投資運用
及交易對象之相關限制（修正條文第14條、第17條、第22條）。

19.人員專任

明確規範全權委託專責部門之人員不得辦理該部門以外之業務，亦不得
由非專責部門之人員兼辦，惟考量私募基金於資產管理業務之性質類似全權
委託投資業務，爰為全權委託投資經理人得兼任私募基金經理人之除外規定
（修正條文第8條、第33條）。

20.負面表列投資

鑑於全權委託投資業務係為客戶個別量身訂作進行之投資操作管理，改
以負面表列方式規定不得投資或交易之項目及限制，以及增訂有關投資標的
分散比率得以契約另為約定之除外規定，並放寬於經客戶書面同意或契約特
別約定後得為證券信用交易；相關條文並配合修正（修正條文第14條、第
16條、第17條、第23條、第41條、第43條）。

21.勞退基金

　　保險業將投資型保險專設帳簿資產或勞工退休金條例年金保險專設帳簿資產委託投信投顧業者操作管理者，考量其委託資產係採分批存入保管機構之特性，爰為最低委託投資金額及一次全額存入保管機構之除外規定。另委託資產因客戶投資或買回而隨時變動，爰針對其特性訂定重大虧損報告義務之規範（修正條文第12條、第22條、第29條）。

22.外國交易

　　考量國際實務及節省交易成本，訂定全權委託投資外國有價證券之下單交易方式（修正條文第17條之1）。

23.委任及信託兼營

　　對於信託業以委任及信託二種方式兼營全權委託投資業務者，明確規範其委任方式之承作額度須視其提存之營業保證金金額而定（修正條文第34條）。

伍、證券投資顧問事業之監督及法律責任

　　證券投資顧問事業之經營包括設立之許可、業務範圍及人員管理等，證券投資信託及顧問法應有明確之規定，除此之外，該法對事業檢查及處分等，亦有明確之規定，說明如下：

一、內部控制制度之建立

　　經營接受客戶全權委託業務之證券投資顧問事業，應建立內部控制制度；其準則，由主管機關定之（第93條第1項）。主管機關依此訂有「投信投顧接受產權委託之內部控制處理準則」（金管證四字第0930005197號）。

二、兼營業務之規範

　　證券投資顧問事業與證券投資信託事業或其他事業相互經營者，如信託業兼營證券投資顧問事業且經營信託本業者，其負責人與業務人員之兼任及行為規範、資訊交付運用、營業設備或營業場所之共用，或為廣告、公開說明會及其他營業促銷活動，不得與受益人或客戶利益衝突或有損害及權益之行為（第94條）。

　　行政院金融監督管理委員會於民國95年1月20日訂定「證券投資信託及

顧問事業互相兼營與兼營他事業或由他事業兼營之利益衝突防範辦法」（金管證四字第0950000361號）。

三、合併、歇業等處理

證券投資顧問事業間之合併，或與其他事業間之併購，其資格條件、合併程序及其他應遵循之事項，由主管機關定之（第95條）。依此，證券投資顧問事業之併購相關事宜，除企業併購法或其他有關法律規定外，應遵循主管機關所定之行政命令。

證券投資顧問事業因解散、撤銷或廢止許可者，其全權委託投資業務應以終止，主管機關亦得命將其全權委託契約移轉於經主管機關決定之其他證券投資顧問事業或信託事業辦理，如客戶不為同意或不為意思表示者，其全權委託投資契約視為終止（第97條）。

證券投資顧問事業因前述之撤銷、廢止許可、命令停業或自行歇業者，證券投資顧問事業應了結其被撤銷、廢止、停業或歇業前所為之業務（第98條）。

四、業務之報告

證券投資顧問事業應於每會計年度終了三個月內，公告並向主管機關申報經會計師查核簽證、董事會通過及監察人承認之年度財務報告（第99條）。

五、對業者之檢查

主管機關為維護公益或維護市場秩序，得隨時要求證券投資顧問事業及全權委託保管機構於期限內提出業務或財務報告，且得直接或委託適當機構為檢查，該等檢查費用由被檢查人負擔（第101條）。

依主管機關檢查之資料如發現業者有違反法令者，主管機關得予以糾正，並得為警告、解除人員職務、停止一定期限之業務、停業、廢止許可等處分（第102及103條）。

六、法律責任

證券投資顧問事業或全權委託保管機構及其董事、監察人、經理人或受僱人，應依法令及契約與善良管理人之注意及忠實義務履行其業務行為，並就客戶資料予以保密（第7條第1項及第2項）。如違反該等義務者，應對相

對人負損害賠償責任（第7條第3項）。

　　證券投資顧問事業或全權委託保管機構如對其業務行為有虛偽、詐欺或其他足致他人誤信之行為者，應對相對人負損害賠償責任。就前述之損害賠償如因故意所致者，法院得因被害人之請求，依侵害情節，酌定損害賠償額三倍以下之懲罰性損害賠償；因重大過失所致之損害，得酌定損害額兩倍以下之懲罰性賠償（第9條第1項）。該等損害賠償請求權自有請求權人之有得受賠償之原因時起二年間不行使而消滅；自賠償原因發生之日起於五年者亦為消滅（第9條第2項）。

　　違反證券投資信託及顧問法者，除民事責任之外，亦分別應依該法第105條以下受刑事及行政責任之處分。

問題與研究

一、說明證券投資顧問事業之意義及對市場之功能。

二、證券投資顧問事業之營業有何限制？

三、說明證券投資信託事業及證券投資顧問事業之關係。

四、某證券投資顧問事業營業處所已無營業，主管機關得否撤銷其營業許可？（財政部金管會80年台財證(四)第00538號函）。

第十六章　信用交易之規範

壹、證券金融事業及信用交易之意義

　　按所謂之證券金融事業，指依證券金融事業管理規則予證券投資人「融通資金或證券」之事業。（證券金融事業管理規則第2條）而所謂之融通資金或證券，即通稱之融資、融券，投資人以融資、融券方式買賣證券者，即一般所稱之信用交易。

　　信用交易如為廣義者，則包括買賣雙方互為授信者，或證券商、銀行予證券投資人授信者，狹義說則僅指證券商或證券金融機構對投資人為融通資金（融資）或融通證券（融券）者而言，本書之信用交易，即指狹義者而言。融資指投資人預期股價上漲，為增加證券之購買量，故向融資機構辦理融資，由投資人繳納規定之自備款而取得一定比率之貸款，委託證券經紀商買進證券，而由融資機構取得所購進股票之質權，作為借款之擔保。融券指投資人預期股價下跌，為增加其證券之出售量，乃由融券機構辦理融券，由投資人繳納規定之保證金而取得一定數量之證券，然後委託證券經紀商賣出證券。而由融券機構取得售出股票價金之質權，以為融券之擔保。

貳、信用交易之功能及法規範之必要性

　　信用交易就投資人而言，乃藉信用交易之槓桿作用，使有機會多獲利潤，並激發其交易之意願。就整體證券市場而言，藉由信用交易，可活潑並穩定證券市場之交易。

　　就活潑交易而言，於有信用交易之證券市場，其不僅有實需求、供給以維持市場流通，尚有經由融資、融券所造成假需求、供給，擴大市場深度，以維持市場交易之圓滑；就穩定市場而言，僅由實需求、供給所形成之市場，將造成過劇之買壓或賣壓，而經由融資、融券所形成假需求、供給，可調整實需求、供給之不均衡。故具信用交易之市場，可藉由假需求、供給，而維持交易之流通性、市場安定性，並期以證券公平價格之形成。

　　惟反而言之，信用交易將可造成投資人過鉅之損失；且投資人預期股價下跌時，必向融券機構融券，股價更加下跌，預期股價上漲時，必向融資

機構融資，股價更加上漲，信用交易適造成助漲助跌之現象；再者，投資人過分熱衷信用交易，必造成證券投資資金之集中，而影響其他實質產業投資資金之供應。信用交易雖有前述弊端，惟不可否定其對證券市場有正面之功能，且全面禁止信用交易亦為事實上之不可能，故信用交易需以謀投資人權益之保障及市場之穩定，以為有效之規範。

依證券交易法第18、60、61條之規定，信用交易之主管機關，包括中央銀行及金管會，證券金融事業、證券商辦理證券金融業務之核准，及融資融券標準等由金管會職管，融資融券額度、期限及融資比率、融券保證金成數則由金管會商經中央銀行同意後核定之。

參、證券交易法有關信用交易之修正

我國證券金融於1974年起由台灣銀行、土地銀行及交通銀行，依「授信機關辦理融資融券業務暫行辦法」辦理融資業務，但不辦理融券。1979年7月18日行政院依證券交易法第18條及銀行法第139條第3項公布「證券金融事業管理規則」，復華證券金融股份有限公司於1980年2月設立，4月21日開業，替代三家銀行辦理融資業務，並於同年7月21日開始辦理融券業務。該公司對辦理證券金融確有專責集中辦理之效，但制度上有下列幾項缺陷：

一、該證券金融乃透過證券經紀商辦理手續後，由該公司對投資人授信，該公司並不了解投資人之信用狀況，而須負責授信之風險，阻礙信用交易之功能。

二、證券經紀商受託辦理信用交易授信手續，純屬服務性，無手續費收入及承擔任何責任，對證券金融機構委託處理事項，難以積極配合，遲滯信用交易制度之運作。

三、證券金融機構自有資金有限，證券融資資金來源，大部分仰賴各行庫融通，集中辦理授信資金如過鉅，所承擔風險過大，由證券金融機構專責辦理，勢必難以因應市場之成長與需求。

四、證券經紀商如不能辦理證券融資融券業務，業務無法擴大，僅靠代客買賣佣金收入，無法提高服務品質，且自有資金無適當出路，易致用於操作股票與私下墊款墊股勾結，有損市場形象，影響市場之管理。

基於以上現行制度之瑕疵，故1988年證券交易法修正時，准金管會擬訂證券商辦理有價證券買賣融資融券管理辦法，報請行政院核定之，使金管

會據以核准證券商辦理融資融券或其代理（第60條）。

另第61條亦修正劃清金管會及中央銀行之權責，凡融資融券之額度、期限及融資比率、融券保證金成數，由金管會會商經中央銀行同意後定之；融資融券之標準，則因金管會對發行公司之財務及業務較為了解，故由金管會制定命令管理之。

肆、證券商辦理融資融券之規範

依證交法第60條第2項之規定，金管會為規範證券商之融資、融券業務，訂有「證券商辦理有價證券買賣融資融券管理辦法」（以下簡稱管理辦法，95年10月23日金管證四字第0950004751號令）。該管理辦法對證券商辦理該業務之資格、業務方式，均為詳細之規範，簡述如下：

一、資格及條件

（一）財力之條件

證券商辦理融資融券者，須具有較穩定之財務條件，故除其須具一年之經紀業務經驗外，淨值達新台幣2億元（管理辦法第3條），此條件使實務上可辦理信用交易業務者，僅限於綜合證券商。且其最近二年度決算有營業利益及稅前利益，每股淨值不得低於票面金額。另其所提列之營業保證金，應增至5,000萬元（同辦法第6條）。

（二）物力之條件

證券商應設置專責單位辦理融資、融券，總公司應指派專門業務人員辦理之（同辦法第4條）。

二、業務之方式

證券商辦理融資融券業務，應即終止其融資融券代理業務，以為專營。但原代理之客戶融資融券餘額尚未清結者，得繼續代理至清結為止（同辦法第8條）。證券商應與客戶簽定融資融券契約，並開立信用帳戶，以確立與客戶之法律關係。另其辦理該業務，須與其財力相當，故其對客戶融資總金額，不得超過其淨值250%；對客戶融券之總金額，不得超過其淨值250%（同辦法第14條）。為分散信用交易之風險，對每種證券融資之總金額，

不得超過其淨值10%；對每種證券融券之總金額，不得超過其淨值5%（同辦法第15條第1項）。

證券商對客戶辦理融資，應依金管會規定之比率收取自備款，以融資買進之證券為擔保品，對客戶辦理融券時，應依金管會規定之成數，收取融券保證金，並以融券賣出所得之價款為擔保品（同辦法第16條）。因融資所得之證券擔保品，只得作為辦理融券之券源，及向證券金融事業轉融通資金之擔保；除上述用途外，不得移作他用，且應送存集中保管。因融券所得之價款擔保及保證金，只得作為融資之資金來源，向證券金融事業轉融通資金之擔保，或以銀行存款存放之（同辦法第21、22條）。

另有關證券商有價證券借貸業務，金管會訂有「證券商辦理有價證券借貸管理辦法」。

三、證券商證券業務借貸款項之管理

除融資融券業務外，為擴大證券商業務範圍，滿足各類投資人多樣化之交易需求，並提升證券商競爭力，爰依證券交易法第60條第2項規定之授權，訂定「證券商辦理證券業務借貸款項管理辦法」（金管證二字第0950002731號），重點說明如下：

(一) 業務規範之範圍

管理辦法包括從事該業務之資格條件、證券商辦理證券業務借貸款項之定義、融通範圍、期限、擔保品、交易限額及其他應遵行事項。

(二) 內控

證券商辦理證券業務借貸款項應訂定有效之內部控制制度及內部控制制度應訂定事項（第4條）。

(三) 金額限制

證券商辦理證券業務借貸款項金額以每一客戶成交日買進、賣出證券價金相抵後之應付價金為限，但不包括信用交易融資買進及融券賣出款項（第6條）。

(四) 擔保

證券商辦理證券業務借貸款項，客戶以其持有之有價證券為擔保者為，

其融通期限及配套措施（第8條）。設質之股票或因買回本公司股份、受贈、合併、營業受讓或其他原因取得之本公司股份或其他具有股權性質之有價證券，不得作為證券業務借貸款項之擔保品（第9條）。證券商依第8條規定辦理證券業務借貸款項，對每種得為融通擔保品之證券或受益證券，得為融通限額之規定（第10條）。

（五）求償

客戶至融通期限屆滿未能償還貸款項，或未能依第8條規定期限補繳差額，證券商之處理方式（第11條）。

（六）擔保品之使用

證券商辦理證券業務借貸款項所取得之擔保品，除經客戶出具轉擔保同意書者，得作為向證券交易所借券系統借券之擔保或向證券金融事業借券及轉融通之擔保外，不得移作他用（第12條）。

（七）利息及手續費

證券商辦理證券業務借貸款項，得向客戶收取借貸款項之利息及手續費，其利率應以年率為準，並應於營業場所揭示（第13條）。

（八）契約

證券商辦理客戶借貸款項業務，應與客戶簽訂借貸款項契約書，並依契約書約定事項執行，以明雙方權利及義務（第14條）。

（九）關係人交易限制

證券商對同一人或同一關係人依第8條規定辦理證券業務借貸款項之交易規範（第16條）。

（十）業務操作辦法

證券商辦理證券業務借貸款項，應依證券交易所會同證券櫃檯買賣中心擬訂，報經主管機關核定之業務操作辦法之規定為之（第18條）。

四、證券商與證券金融事業之關係

信用交易業務原為復華證券金融事業所獨占，自該業務開放由證券商承作後，證券商與證券金融事業之關係，應有所定位，依同辦法第24條之規定，證券金融事業與證券商間屬轉融通之關係，即證券商得向證券金融事業轉融通所需之資金或證券，此架構與日本證券金融事業之制度類似，惟對證券商之資金成本負擔較重。

現行制度有問題者，乃證券金融事業是否仍應對投資人辦理信用交易，而信用交易制度是否應維持雙軌制，或改為單軌制。理論上，證金事業不與客戶直接接觸，亦不為徵信，不宜使其直接對客戶辦理信用交易，然若將此業務結束，恐為影響證金公司及代辦券商之營運。

伍、證券金融事業之規範

證券金融事業指予證券投資人或證券商融通資金或證券之事業，對其規範，行政院頒有證券金融事業管理規則。

一、設立之許可

依證交法第18條及該規則第2條之規定，經營證券金融事業，應經財政部之許可及主管機關之核准。

二、業務範圍

依該規則第5條規定，證券金融事業主要之業務範圍包括七種：
（一）有價證券買賣之融資、融券。
（二）對證券商或其他證券金融事業之轉融通。
（三）現金增資及承銷認股之融資。
（四）對證券商辦理承銷之融資。
（五）有價證券交割款項之融資。
（六）有價證券之借貸。
（七）其他經金管會核准之有關業務。
信用交易之證券，以公開發行且為上市（櫃）之股票並經金管會核准公告得為融資、融券者為限。證券金融事業經營證券金融業務，應將其資本額5%之現金或政府債券繳存中央銀行作為保證金，以備債務不履行之清償之用（同規則第55條）。

三、融資、融券之對象及交易方式

融資、融券之對象限於在經紀商開戶買賣證券之委託人，但對證券商得爲轉融通，對委託人融資融券者，須與其訂立融資融券契約，辦理轉融通者，則與證券商訂立轉融通契約。

四、自備款及保證金

融資、融券須由委託人繳納自備款或保證金。即申請融資時，繳納一定成數之自備價款，申請融券時，繳納保證金予證券金融事業。其限額由金管會提請中央銀行核定之。申請融資取得之證券，必須作爲擔保品（即權利質權）。融券係向證券金融事業借上市股票以爲販賣，其所得價款亦須作爲擔保品，以上所述初次之自備款或保證金，如股票價格有上漲或下跌情形時，委託人須繳納追加或補繳之自備款或保證金。關於追加或補繳之自備價款或保證金，由證券金融事業訂立期限及標準報金管會核備，且須訂明於融資、融券契約中。如融資、融券之委託人或自營商未補繳自備價款或保證金時，證券金融事業即得處分其擔保品。

五、證券金融事業對一定資產之運用範圍

依規則第15條規定，證券金融事業對融資買進之證券、融券賣出之價款或融券人所繳存之保證金得加以運用。惟如係對融資人融資買進之證券加以運用時，必須於融資到期時以相同之證券加以交付，且此等規定必須訂明於融資、融券契約中。第56條規定證券金融事業於必要時，爲周轉調度之用，得向各行庫融資發行商業本票、以公開方式向證券所有人借入證券或經由證券交易所標購證券，來取得資金或借入證券。有關證券金融事業之轉投資，主管機關依證券金融事業管理規則第36條發布如下行政命令，如證金事業得投資期貨經理事業，但不得超過淨值之10%，且以一家爲限（92年10月24日台財證四字第0920146937號函）。

六、融資利率及融券之手續費

該利率及手續費由證券金融事業洽商證券交易所及證券商同業公會訂定，報請備查。所約定之手續費或利率必須訂明於融資、融券契約中。

七、其他規範

第17條規定其他之事項，授權證券金融事業訂定融資融券業務操作辦

法報經金管會核定發行之。又證券金融事業亦須依「證券暨期貨市場各服務事業建立內部控制制度處理準則」建立內部控制制度。

陸、融資融券之標準

上市股票須依證交法第61條規定符合融資融券之標準,始得由證券金融事業加以融資融券。依現行「有價證券得為融資融券標準」,僅限於符合下列條件者,始得融資融券:

一、普通股上市滿六個月,每股淨值在票面以上,始得融資融券:

二、非屬櫃檯買賣管理股票、第二類股票及興櫃股票之普通股股票上櫃滿六個月,每股淨值在票面以上,且該發行公司符合下列規定,始得融資融券:

(一)設立登記屆滿三年以上。

(二)實收資本額達新台幣3億元以上。

(三)最近一個會計年度決算無累積虧損,營業利益及稅前純益占年度決算實收資本額比率,達3%以上者。

(四)第一上櫃公司無面額或每股面額非屬新台幣10元者,其合併財報之營業利益及稅前純益占年度決算股東權益比達3%以上。

前述第一、二種之證券,如股價波動過度劇烈、股權過度集中或成交量過度異常者,得不核准其融資及融券。

柒、信用交易之當事人法律關係

按融資融券得由證券金融事業或證券商直接授信予投資人;亦可由證券金融事業透過證券經紀商授信予投資人,就前者而言,證券金融事業、證券商固與投資人成立融資融券關係。惟後者,證券經紀商當非融資融券之當事人,其僅立於代理人之地位,以下分依證券金融事業或證券商是否直接授信,分析其法律關係:

一、證券商、證券金融事業直接授信者

按證券商或證券金融事業直接授信予投資人者,當事人間須制定融資融券契約書,惟授信予自營商者,僅訂定融資契約書。該契約之法律性質,一般以為乃消費借貸(民法第574條以下),又如僅簽訂該契約而尚未獲融資

融券時，消費借貸之要物性尚未具備，則消費借貸契約是否完全有效成立？學者以爲，該融資融券契約乃諾成的消費借貸契約，即經當事人意思合致時，契約即生效力。

投資人爲擔保其債務之履行，其所交付之自備款、保證金或融資買進之證券、融券賣出之價款之法律性質如何？通說以爲乃一設定權利質權之物權契約，證券金融事業或證券商得以該價金爲擔保。依民法第889、890、901條之規定，質權人占有期間，所有權仍屬投資人所有，唯質權人有收取質物所生孳息之權。投資人有違約時，證券金融事業等可處分其擔保品，此爲民法第893、903條流質契約禁止之例外。

惟日本有學者以爲一般融資融券契約中，均約定授信之金融事業等對投資人提供擔保之自備款、保證金，或融資買進之證券、融券賣出之價款，均可予運用，投資人於此情形，僅對授信人有返還請求權而已，由此觀之，當事人間亦具有消費寄託之性質。則就投資人提供擔保之行爲觀之，應屬具權利質權及消費寄託等法律性質之混合契約。

二、證券金融事業透過證券經紀商授信者

該等授信行爲之法律性質，學者以爲經紀商與投資人間應爲居間（民法第565條）；而證券金融事業與經紀商間，則兼具居間、委任法律性質之混合契約。

問題與研究

一、說明信用交易（融資、融券）之意義及對市場影響，應如何以自備款及保證金之比率調節證券市場？
二、現行法准否證券商經營信用交易？
三、說明信用交易之當事人法律關係，及於投資人不履行債務時，證券金融機構得行使之權利。

第十七章 證券集中保管及帳簿劃撥制度

壹、集保制度之意義及結構

　　證券集中保管及帳簿劃撥制度（即保管劃撥制度），乃是為促進有價證券發行、流通、設質及過戶等手續合理化、現代化而設計之制度。美日之保管帳簿劃撥，乃由投資人（委託人）將證券存託於證券商，證券公司登入帳戶後，再將之轉寄於保管劃撥機構，該機構以證券商名義登錄於帳戶，並將所有轉寄之證券混合保管，當委託人將證券賣出時，該機構於帳上記載減少證券商轉寄之證券，而證券商亦於帳上記載委託人存託之證券。至於設定或消滅質權，亦為同樣之處理。

　　現階段我國集中保管制度架構之內容如下：

一、設立證券集中保管事業，組織型態採取股份有限公司組織，最低實收資本額訂為新台幣5億元，由參加本制度之證券交易所、證券金融公司、證券商共同出資設立。

二、證券交割及劃撥作業統籌由集中保管事業辦理。證券商採餘額交割方式，並將全部應付之證券先存入集中保管事業，以劃撥方式辦理交割。

三、劃撥作業範圍以集中市場上市股票及受益憑證為優先辦理對象。參加者包括證券交易所、證券金融公司及證券商。

四、集中保管劃撥制度採兩階段法律關係，由客戶與證券商、證券商與保管機構分別訂立寄託契約。證券商設置客戶帳簿，辦理客戶送存證券之登帳與劃撥；集中保管事業設置參加人帳簿，辦理參加人送存證券之登帳與參加人間之劃撥。

五、證券商代客戶保管之證券一律轉存集中保管事業，有關客戶帳簿及保管證券之帳務處理，委由集中保管事業電腦處理。

六、客戶與證券商訂立寄託契約開設帳戶後，由證券商發給存摺，並提供線上查詢，客戶可自由決定是否將證券交付保管。在兩家以上證券商開戶時，得透過原證券商提出申請，辦理轉撥。

七、證券劃撥作業流程以現行作業為基礎設計，現股領回及劃撥須核對印鑑。

八、集中保管股票送由股務處理單位銷除前手，除權除息時由集中保管事業
　　造具所有人名冊送發行公司直接客戶。
九、實施集中保管劃撥制度之作業費用，原則上由各參加單位負擔，證券商
　　客戶無須增加付費。
　　　該制度施行之法令規範為證交法第18條、第43條、證券集中保管事業
管理規則、有價證券集中保管帳簿劃撥作業辦法及證券集中保管事業所訂立
之各種操作辦法。

貳、保管劃撥制度之必要性

　　　該制度主要鑑於證券市場之流通日趨增加，為避免所謂證券洪流危機及
流通市場之麻痺而設。其對證券市場之參與者，即發行公司、證券商、辦理
質押之銀行及投資人而言，均極具益處，說明如下：
一、就證券商而言，可減少處理證券搬運、保管之事務及風險，於轉換公司
　　債轉換為股份或其他股務之處理，均可減低其程序及費用。
二、就辦理質押之銀行而言，亦可減少設定或取消質權須交付證券之事務，
　　其若亦替客戶辦理保管業務，亦可與證券商同樣達成合理效果。
三、就投資人而言，利用保管劃撥制度，可簡化交割、設質及過戶之手續。
四、就發行公司而言，股東名簿變更之情形將大為減少，股東於發放股利之
　　眾多過戶事務亦可簡化，進而減少印製股票，使零股更易流通，有助於
　　企業籌措資金。

參、證券交易法修正之保管劃撥制度

　　　依現行證券交易法第18條及第43條之規定，說明現行保管劃撥制度如
下：

一、設立保管劃撥專責機構

　　　按新修正之證券交易法第18條規定，設立證券集中保管事業，應經主
管機關之核准，行政院並得制定管理規則以管理、監督該事業。依證券交易
法第18條及證券集中保管事業管理規則，設立證券集中保管事業應經主管
機關之核准，行政院並得制定管理規則以管理、監督該事業。按設立該專責
機構以取代當初復華公司負責保管之業務，其立法理由如下：

（一）有價證券集中保管涉及交易所、證券商、發行公司及證券金融公司，由證券金融公司單獨負責，影響其功效。

（二）證券金融公司目前之設施及資本，無法應付各種證券之保管。

（三）保管機構宜重其服務性而非營利性，與目前證券金融公司之性質不合。

　　為發揮保管劃撥制度之功效，2006年1月24日金管會修正前述規則擴大集保業務，有鑒於目前台灣證券集中保管股份有限公司及台灣票券集中保管結算股份有限公司於提供固定收益金融商品市場相關服務，各具相當優勢，為免重複投資及浪費社會資源，並兼顧參與者之方便及符合國際潮流，兩家公司爰有必要進行整併，以提升我國金融市場競爭力。行政院金融監督管理委員會（以下簡稱金管會）爰依2006年1月11日修正施行之證券交易法第18條第2項規定，配合修正本規則相關條文，開放證券集中保管事業得兼營短期票券集中保管結算業務，並明訂該事業經金管會核准者，得從事合併或讓與營業等行為。本修正案除明訂證券集中保管事業經金管會核准與短期票券集中保管結算機構合併並存續者，得兼營短期票券集中保管結算業務，及該存續公司之名稱應稱為集中保管結算所外，並明訂該事業各事後申報項目應申報之期限，及開放該事業於經金管會核准情況下，得從事合併或讓與營業等行為，以利整併業務之推動。

二、以劃撥制度辦理交割、設質

　　依證交法第43條第2、3項，由證券集中保管事業保管之有價證券，其買賣之交割，不必以傳統方式之現貨、現款為之，得以帳簿劃撥方式為之；且其設質，不必依民法第908條之規定，須交付、背書始生設定質權之效力，均可以帳簿劃撥方式為之（有價證券集中保管帳簿劃撥作業辦法（「作業辦法」）第27～34條之4）。

三、股票過戶程序之簡化

　　依公司法第165、176條之規定，記名股票之轉讓，非將受讓人之本名或名稱記載於股票，並將受讓人之本名或名稱及住所或居所，記載於公司股東名簿，不得以其轉讓對抗公司。無記名股票之股東，非於股東會開會五日前，將其股票交存公司，不得出席。按此等股務程序造成發行公司、股務代理公司及投資人辦理過戶之極大困擾，為簡化此等程序，證券交易法第43條第5項規定：證券集中保管事業保管之股票、公司債，經證券集中保管事

業將所保管股票號碼、股票所有人之本名或名稱、住所或居所及所持有股票通知該股票之發行公司時,視爲已記載於公司股東名簿、公司債、存根簿或已將股票、公司債交存公司(「作業辦法」第31、32條)。

四、政府債券及其他有價證券之運用

證交法修正條文第43條修訂爲,政府債券或其他等證券之過戶,亦得透過集中保管劃撥制度,視爲與親自辦理者同。

五、混藏寄託

民法上的混藏寄託乃指:多數寄託人以同種類品質之代替物交付受寄人保管,其受寄人得混合保管,並以同數量之寄託物返還受寄人之特殊寄託(民法第603條之1)。該等混藏寄託乃屬民法修正後所定之新寄託關係,證券集中保管即屬該等混藏寄託,茲有下列特質:其一、多數寄託人(即投資人)對寄託財產(即集保之證券)乃屬分別共有。其二、該寄託物既爲代替物,返還時以同種類數量之物返還即可。證交法第43條第4項規定:「證券集中保管事業以混合保管方式保管之有價證券,由所有人按其送存之種類、數量分別共有;領回時,並得以同種類、同數量之有價證券返還之。」該規定即採混合保管之方式爲之。

肆、保管劃撥制度之當事人法律關係

我國之保管劃撥制度乃採二階段式之混合寄託保管,由投資人委託證券商將其證券轉寄於保管事業,就證券商與投資人間成立寄託關係,後由證券商將股票送交保管事業保管,證券商保管事業間成立混合寄託契約之關係,該寄託關係均以參加人(證券商、證券交易所、證券金融事業)及保管事業所載之客戶帳簿及參加人帳簿爲準。

問題與研究

一、證券集中保管及帳簿劃撥制度對證券交易有何功能?
二、現行法對保管劃撥制度之法律架構如何?
三、保管劃撥制度之當事人法律關係如何?

第十八章　證券商同業公會之規範

壹、證券商同業公會之組織功能

　　為強化證券市場自律功能，證券商非加入同業公會不得開業（2000年修正條文），而加入該公會者，僅限於具證券商身分者，至於其他證券業如證券投資信託、證券投資顧問業、證券金融事業等，則非可加入證券商同業公會，該等事業是否可組織公會，則為其他團體組織法令之問題。又該同業公會須依分別地區、種類組織之，該等立法有學者主張實無必要，因證券商之業務雖可分為自營、經紀、承銷等，然現已可綜合經營，使同一公司按其業務部門分別參加公會，頗不合理，實務上亦無按業務分別組織公會之情形。至於按其地區分別組織，固可統合、協調地區性之利益，惟亦影響證券商經營之擴展，且全國性之同業公會，有助於全國性、國際性證券業務之推展及規範，故2000年修正條文刪除第89條第1項之分地區、種類組織公會，現行中華民國證券商業同業公會已依此辦理。

　　證券商同業公會之入會，美、日均採任意加入之制度，我法則採強制加入，即非加入同業公會，不得開業（第89條），此對公會自律規範之效力，較為周延，且免生不公平競爭之現象；日法雖採自由加入，然不加入者有諸多之業務不便，故實有間接強制加入之效果。美國證券交易法1964年修正時，雖亦圖採強制加入之制度，然因若干證券商反對而作罷，未加入公會者由金管會直接管理，一般稱SECO會員。

　　證券商同業公會屬自律組織，此自律組織比諸由主管機關規範，有下列之優點：

一、自律性之規範乃由熟悉實務之業務者制定，較能把握實務之狀況，而制定具體妥當性之規範。

二、自律組織自行研議自律性規範，必較能正確認識規範之目的及意義，無規範者乃受規範者對立之現象，易達規範之應有效果。

三、自律性規範可將法律不能規定之各種商業道德明文化，其可規範之領域較廣。

　　然自律性之規範，依學者之見解，亦可能導致下列之缺憾：

一、自律組織之成員往往僅注重組織之利益，而忽略公共之利益。

二、自律組織往往淪為成員支配之工具。

三、自律組織之成員為顧及成員之顏面，而於其他成員違反規定時，採取寬容之態度。

此等自律性規範之缺陷，宜由主管機關之規制權限加以補充。

貳、行政機關之行政指導及命令權

一、章程及業務之命令權

依證交法第90條之規定，證券商同業公會之主要內容，及其業務之指導與監督，由主管機關以命令定之。依該條文，主管機關亦頒布「證券商同業公會業務管理規則」，以為監督公會。

證券商同業公會之職權，應依章程所載而定。依該法第85條第2項，公會得申報主管機關非集中交易市場買賣有價證券之費率。其他櫃檯買賣之各種審查、業務準則，及承銷之抽籤辦法等均屬公會之職掌權責。

二、命令權

依第91條之規定，主管機關為保障有價證券買賣之公正，或保護投資人，必要時得命令證券商同業公會變更其章程、規則、決議或提供參考、報告之資料，或為其他一定之行為。

三、行政監督及行政罰

證券商同業公會之理事、監事或有違反法令怠於實施該會章程、規則、濫用職權，或違背誠實信用原則之行為者，主管機關得予糾正，或命令證券商同業公會予以解任。（第92條）

問題與研究

一、證交法規定證券業應分區、分業組織同業公會立法上有無必要？

二、金管會對證券商同業公會有何指導監督權限？

三、證券商同業公會應如何發揮自律功能？

四、證券商同業公會應如何規劃店頭市場，使其配合證券市場之自由化及國際化？

第肆篇

證券交易市場之規範

第十九章　證券市場之種類及功能

壹、證券市場之種類

　　證券市場可分為發行市場及流通市場。發行市場或稱為初級市場，即發行人得經由承銷商向大眾發行證券之市場。流通市場係指證券發行後，該證券得為買賣之場所。發行市場與流通市場之關係極為密切，如無發行市場，則流通市場即無證券得為交易。反之，若無流通市場，則發行市場之證券亦無交易之場所。申言之，流通市場在創造市場之流通性，使投資人能於合理之價格下進行買賣，因此，一個發行市場之成功，必須建立在流通市場之有效性。此外，流通市場尚能設定價格，決定投資人認購股權或購買債券之合理價格，並設定該證券價值以作為賦稅或其他目的之重要根據。

　　目前台灣證券交易市場只有兩種，一為集中交易市場，另一為店頭市場（即櫃檯買賣中心）。惟在美國，其證券市場已發展為下列數種：

一、集中交易市場

　　由證券交易所開設，以提供有價證券競價買賣之場所。

二、店頭市場

　　指非於交易所集中交易買賣，而於證券商之營業處所或其他場所進行交易之市場。

三、第三市場

　　即上市有價證券在店頭市場從事買賣，以美國而言，皆以證券商從事該等買賣，而且多以機構投資人為服務對象。

四、第四市場

　　即機構投資人間之相互買賣，惟有時亦經由證券商而為買賣。

五、樓上買賣

　　指交易所之會員，於交易所以外之場所進行有價證券之買賣。

依我國現行證券交易法，買賣有價證券僅限於集中交易市場及店頭市場。如第三市場、第四市場，或其他樓上交易，均因證券交易法第150條之規定，而無存在之可能。惟此種立法是否合理，是否符合各國證券交易法之立法潮流，頗值商榷。

貳、集中交易市場之功能

集中交易市場之功能，計有：

一、創造連續交易性之市場

指該有價證券能在現有價格繼續小幅度變動範圍內，迅速買賣之市場。
連續交易性市場具有四種特性：
（一）買賣頻繁。
（二）進出報價差距甚小。
（三）買賣極易完成。
（四）出售時之價格波動甚為微小。

二、形成公平之合理價格

指於集中交易市場之買賣，投資大眾雖無法參加，但經由多數買方及賣方之供需關係而決定市場合理價格。

三、協助企業募集資金

企業雖可藉由發行市場發行證券，然無交易市場使發行之證券有所流通，則發行市場之功能必將萎縮，故流通市場對於企業募集資金，有極重要之協助作用。

四、景氣預測之功能

大眾投資人預期經濟景氣、股價將上漲，或預期某公司會有營利，必先購進股票。反之，必賣出股票，故經由股價之變動，可預測整個經濟發展之情況。

五、傳播企業資訊之功能

上市公司依證券交易法或證券交易所之要求，須公布其公司評定之資

料，使投資人得據爲投資判斷，此即傳播企業之資訊之重要功能。

問題與研究

一、證券市場依學說可爲如何不同之分類？不同的市場應否予以統合成爲國
家證券市場？抑或分割市場，維持彼此競爭，以提高其效率？

二、集中交易市場之功能爲何？

三、就證券市場國際化之趨勢，我國證券交易所及同業公會應如何爲規劃？
得由證券交易所與他國交易所連線而爲交易，以加速交易市場國際化？

第二十章　證券交易所之規範

壹、序　言

一、證券交易所之意義

　　依證券交易法第11、12條之規定，所謂證券交易所乃指依證券交易法之規定設置場所、設備，以供給有價證券集中交易買賣市場為目的之法人。

二、規範之基礎理論

　　證券交易所有其重要經濟機能，對有價證券交易提供場所、設備為投資大眾所信賴，影響投資大眾之利益，須加以有效之規範。

　　對證券交易所規範之方式有兩種：

（一）行政機構之規範。

（二）自律性機構自律。

　　立法政策上究應採行行政規範或自律之規定？美國前金管會主任委員道格拉斯曾述明其看法；應讓交易所自律，而由政府扮演監督之角色，政府就像拿著上了膛的機槍的警察，躲在門後，但他卻希望永遠不使用這支槍。其認為應以自律性為主，以規範性為輔。美國1975年修正證券交易法，第6條B項第5款及第15A條之規定，亦採行由主管機關裁量為自律或行政之規範。由於我國證券交易所及證券商同業公會權威性不夠，故仍須以行政規範為主。

三、證券交易所公司制、會員制之比較

（一）公司制、會員制之意義

　　依現行法第94條之規定，證券交易所之組織分會員制及公司制，可依兩種分類加以區別：

1.依組織成員而分類

　　會員制之主要成員為證券經紀商或自營商；而公司制之證券交易所，其組織成員不以證券商、經紀商或自營商為限，甚或其成員均不為經紀商或自

營商。

2.依組織型態而分類

依第103、124條之規定，會員制交易所之組織為非以營利為目的之社團法人，公司交易所之組織為以營利為目的之社團法人，且為股份有限公司。

以上兩種分類，應以組織型態劃分，較符合我國現行法之規定，蓋依第126條規定，我國公司制交易所成員可包括經紀商及自營商，故不宜以組織成員而為定義。

（二）公司制、會員制證券交易所之採擇

台灣證券交易所自1964年設立以來，即採行公司制，證券交易法立法當時，美國學者符禮思認應以會員制較妥，然以立即變更交易所型態較為困難，故立法上均規定二種制度。就立法政策而言，究應採行公司制或會員制，討論如下：

1.主張公司制之理由

(1)公司制之交易所統治性較強，證券商由證券交易所規範，金管會僅立須於輔導監督者之地位，公司制且可避免會員制之證券交易所與證券商因利益一致而密切配合，致生弊端。尤其現行證券商業務及其管理均未上軌道，亟待規範。

(2)目前我國公司制交易所有公司法為基礎規範，而會員制交易所須適用較不詳密之民法，就加強規範之觀點而言，應以公司制較為妥當。

(3)公司制交易所於過去常被批評為營利之社團法人，而不能實現其公益性之角色。然依現行法第126條之規定，公司制證券交易所之董事、監察人亦應有三分之一由主管機關指派非股東之有關專家擔任之，並不適用公司法第192條第1項及第216條第1項之規定，此等修正規定已可加強公司制證券交易所公益性色彩。

2.主張會員制者有下列之理由

(1)全世界最大之東京交易所及第二大紐約交易所，均採行會員制，且紐約交易所近兩百年來，其扮演維持交易秩序並兼顧證券商會員之利益，不相妨礙，固採會員制，有此實務可證明其優點。

(2)會員制證券交易所公益性較強，如證券交易法第113條規定，會員制證券交易所至少應置董事三人、監事一人，依章程之規定，由會員

選任之，但董事中至少有三分之一就非會員之專家選任之。

依此可知，會員制公益性色彩較強，第103條亦規定其為非營利性之為目的之社團法人，其較重公眾之利益，不以營利為重。

(3)採會員制符立法原意，證券交易法第125條第1項之規定，公司制交易所之章程，除依公司法規定者外，並應記載存續期間，且不得超過十年，但得視當地證券交易之發展情形，於期滿三個月前，呈請主管機關核准延長之。台灣證券交易所自1962年設立以來，即採行公司制，1972年並加以延長續採公司制，1982年再予延長，唯延長之年限並無規定。依此規定可知第125條之立法原意，即以改採會員制為宗旨。

(4)會員制交易所注重市場建設，有利於保障證券商權益。

我國究應採公司制或會員制，應就規範之有效性及證券市場之發展情形而斷。我國證券市場現初期發展，應以加強主管機關及證券交易所權威為要務，以強制規範，如採會員制，經紀商、自營商之利益相合為一，必削減規範之效能，反之，如採公司制，可加強對證券商之規範，可提高主管機關之權威及規範效能。學者或有根據外國立法或外國制度，論美國紐約交易所及日本東京交易所採會員制，故我國亦應採會員制，然實應重外國制度之內涵而非形式。如美國紐約交易所之採行會員制，以為規避行政機關之規制，尚無任何制度上之特殊意義。我國既期加強對證券商之規範，即應採行公司制，並選任專家擔董監事，以發揮其公益性色彩。美國、英國、德國、法國均已朝向交易所合併及公司制且為公司股份上市之趨勢。

（三）美、日證券交易所之概述

美國之證券交易所，可分為全國性交易所及地區交易所，其全國性交易所只有紐約交易所及美國交易所，而地方性之交易所，如中西、太平洋、費城、波士頓等區域性交易所，經交易所撮合之交易占美國市場交易之比例極大，美國紐約交易所乃1792年設立，其有兩千餘家公司之證券該交易所上市。美國交易所亦位於紐約市華爾街，其會員及上市之證券數量雖不如紐約交易所，然美國大公司亦有於美國交易所或NASOAO上市，如通用汽車、愛克森石油公司等。

日本主要之交易所八個包括：東京、大阪、名古屋、京都、廣島、福岡、新潟、札幌等，東京及大阪交易所爲中央交易所，其餘六交易所稱爲地方交易所，近年來，大阪及其他地方之交易所，其交易量已大爲減少，經合併後僅餘五個交易所。日本之交易所爲非營利爲目的之自律性組織，採行會員制。

四、單一交易所制及多交易所制之比較

一證券交易所以開一個有價證券集中交易市場爲限，此等立法乃認爲一地區以一交易所爲限，是否妥當，頗有爭論，有依美國情形主張者，認爲美國有十個交易所、日本有八個交易所，香港於交易所合併爲聯合交易所之前，亦有四個交易所，故多交易所制實爲現行實務之常態。我國現行法採單一交易所之理由，乃以目前各國多交易所已改爲單一之交易所，而美國1975年證券交易法修正以來，所謂國家證券市場之概念，即認爲多交易所制對市場交易之公平及價格之穩定，並無助益，故有設國家證券市場之概念，使國家證券市場之單一交易所，擴大市場規範。如依此理念，台灣之證券市場規模已小，如能維持單一交易所，則交易必較爲集中，市場深度亦較大，所決定之市場交易價格較爲合理。基上所述，同一地區以設單一交易所較符實務及立法趨勢之所需。

五、對於證券交易所之監督

（一）設立及名稱

由於證券交易所對於投資公眾之利益影響甚巨大，故其設立除美國採登記主義外，我國及日本均採許可主義。我國證券交易法第93條規定：證券交易所之設立應於登記前經主管機關特許或許可，經申請程序及必要事項由主管機關以命令定之。第102條規定，證券交易所業務之指導、監督及其負責人與業務人員管理事項，由主管機關以命令訂之。第93條所謂之「特許及許可」應改爲「許可」，蓋所謂特許是指該法人之設立依特許之法律，如專業銀行之設立等。而證券交易所之設置乃依證券交易法，並無特許之證券交易法，准其設立，則證券交易所之設立應採許可主義，而非特許主義。依第93條及第102條之規定，金管會頒布證券交易所管理規則以規範其設置及業務等事項，該管理規則第13條以下即許可之方式，設立會員制交易所須履行下列程序：

1.申請金管會許可。
2.法人登記。
3.申請許可證。
4.組織董事會。
5.變更登記。

公司制交易所之設立，須履行下列程序：
1.須達最低資本額。
2.須向金管會申請必要之文件。
3.須申請設立公司登記。
4.申請許可證。
5.組織董事會。
6.變更登記。

由上述程序可知我國證券交易所之設置，係採嚴格許可主義，而美國證券交易所第6條第2項之規定，對於交易所之設置，亦有詳細之規定，日本證券交易法第81條，以證券交易所有其公共之性格，故須財政大臣之許可。

證券交易所名稱，應標明證券交易所字樣，非證券交易所不得使用類似證券交易所之名稱。唯一之證券交易所，其全名為台灣證券交易所股份有限公司。如違反該規定者，依第175條之規定得處以一定刑罰。

（二）經營資格及業務之限制

依證券交易法第96條之規定，非依法不得經營類似有價證券集中交易市場之業務，其以場所或設備供給經營者亦同。

所謂之「有價證券集中交易市場業務」，指有價證券競價、買賣之類似業務而言。該規定乃以提供有價證券競價買賣之場所，對公眾利益影響頗巨，不得任意為之。第98條規定，證券交易所以經營有價證券集中交易市場為其業務，非經主管機關許可，不得經營其他業務，或對其他事業投資。按公司法第13條對轉投資等事項本有限制，惟第98條為發揮集中交易市場之功能，其限制較公司法嚴格，理由如下述：

1.經營集中市場對投資大眾權益頗為重要，應專業經營以集中人力、物力。
2.為維持證券交易所公正、客觀之立場，應避免經營其他業務，以免生

利害衝突。

3.另證券交易所之轉投資業務，須經主管機關核准後始得為之，可強化主管機關監督權而為彈性之應用。

日本證券交易法亦有類似規定：

1.證券交易所不得為營利目的之業務。

2.所為之業務，僅限於為達成交易所目的，直接必要之業務。所謂目的達成之直接必要業務，依目前日本實務之見解，各種之附帶業務，為間接必要之業務，如融資融券、有價證券之承銷等，交易所不得為之。

違反第98條交易所專職之規定，如經營登記以外之業務，或轉投資超過交易所實收資本額40%，交易所負責人應負刑事責任，並賠償交易所所受之損害。

（三）保證金之規定

依第99條之規定，證券交易所應向國庫繳納營業保證金，金額由主管機關以命令定之。該規定旨在加強交易所之資力，以保障投資人之權益，依交易所管理規則第18條之規定，證券交易所經金管會許可依法登記後，向國庫繳存營業保證金。其金額依會員出資總額或公司實收資本額5%。該營業保證金與證券商依第55條之規定應繳存營業保證金之意旨相同，惟第55條第2項規定，因特許業務所生債務之債權人，對於營業保證金，有優先受償之權，唯交易所之保證金無相同之規定，似不可為相同之解釋。

（四）專職限制之撤銷

第101條關於證券商須專職之限制現已刪除，刪除前之條文為：證券自營商或紀經商為證券交易所之會員或與證券交易所為有價證券集中交易市場「使用契約」時，應以自營商或經紀商一種身分為限。現行證券交易法配合第45條第1項之修正，規定證券商與證券交易所訂立「使用契約」時，不限於一種身分。此等立法在使綜合證券商得以設立。

（五）交易所之撤銷

證券交易法第100條規定：主管機關對以特許或許可證券交易所設立

後，發現其申請書或加具之文件有虛偽之記載，或有其他違反法令之行為者，得撤銷其特許或許可。此規定與公司法第9條之規定相同，因此，申請人其申請登記事項如有前述情形者，一方面主管機關可撤銷特許或許可。

貳、會員制證券交易所

一、會員制證券交易所之意義

依證券交易法第103條之規定：會員制證券交易所乃是指以非營利為目的之社團法人，其乃以開設有價證券競價買賣之市場為設立之目的。

二、章程之應載事項

依該法第105條之規定，其應載事項如下：

（一）目的。
（二）名稱。
（三）主事務所所在地及其開設有價證券集中交易市場之場所。
（四）關於會員資格之事項。
（五）關於會員名額之事項。
（六）關於會員紀律之事項。
（七）關於會員出資之事項。
（八）關於會員請求退費之事項。
（九）關於董事、監事之事項。
（十）關於會議之事項。
（十一）關於會員存置交割結算基金之事項。
（十二）關於會員經費之分擔事項。
（十三）關於業務執行之事項。
（十四）關於結算時剩餘財產之處分事項。
（十五）關於會計事項。
（十六）公告之方法。
（十七）關於主管機關規定之其他事項。

以上規定為應載之事項，證券交易所尚可依其需要於章程記載其他任意事項。

三、證券交易所會員之管理

（一）人數

依第104條規定，會員制交易所之會員，不得少於七人，該會員非指自然人而是會員之公司或非公司之金融機構而言。

（二）會員之權利

會員依民法第51條第2項及第52條第2項之規定，其有緊急召集會員大會及表決之權益。除此之外，其最重要之權利，乃可於集中交易市場，以自營商或經紀商之身分，爲交易之行紀、居間或自行買賣。

（三）會員之義務

該法第109條規定，會員應依章程之規定出資，其對交易所之責任，除依章程分擔經費外，以其出資額爲限，此即表明會員對於證券交易所負出資額之有限責任。所謂除依章程規定分擔經費，指其他必要之費用，如第108條所規定之交割結算基金及交易經手費。按交易經手費爲交易所之主要收入，而交割結算基金，旨在維護市場之信用，並保障投資人之權益。關於交割結算基金依現行法第119條之規定，僅得爲下列之應用：

1.政府債券之買進。
2.銀行存款或郵政儲蓄。

交割結算基金之優先清償順序爲：
1.證券交易所。
2.委託人。
3.證券經紀商或自營商。
所謂之優先權，乃指債權之優先權，而非指擔保物權之優先權。

（四）退會

交易所之會員退會有下列二種情況：
1.自動退會。（第105條第8款）
2.法定退會。

所謂法定退會應有下列三種情形：

1.解散。

2.會員喪失自營商或經紀商之資格。

3.除名。

　　「除名」依第110條之規定，指下列事由，證券交易所得對證券商解除會員之資格：

　　(1)違反法令或本於法令之行政處分者。

　　(2)違反證券交易所章程及業務規則、受託契約準則或其他章則者。

　　(3)交易行為違反誠實信用足致他人受損害者。

（五）對會員之處罰

　　第110條至第112條規定，對會員證券商之處罰及停止買賣之法定處理方式。

　　第111條之規定，除名時應報請主管機關核准，其經核准之經紀商應撤銷其業務之特許。

　　第112條指會員退會或被停止買賣時，證券交易所應依章程之規定，責令本人或指定其他會員了結其有價證券集中交易市場所為之買賣，其本人於了結目的範圍內，視為尚未退會或未被停止買賣。依此規定經指定之其他會員於了結買賣之範圍內，視為與本人間已有委任之關係，此等立法主要在保障委託人，於證券商之會員被停止買賣或除名等事由發生時，其已生之交易，仍對原交易之會員或其他會員繼續存在。

四、證券交易所內部人員的管理

（一）證券交易所董、監事及業務人員資格

　　董、監事之資格主要規定於第113及114條，第114條規定，第53條關於證券董、監事、經理人資格之規定，適用於會員制證券交易所之董、監事。除此之外，第113條規定會員制證券交易所應重其公益性，即其內部董、監事會至少應設董事三人、監事一人，依章程規定，由會員選任之。但董事中至少應有三分之一就非會員之有關專家中選任之，董監事之任期均為三年，連選得連任。董事應組織董事會，由董事過半數之同意，就非會員董事中選任一人為董事長。

　　關於業務人員之資格，依第123條之規定，準用第54條之規定，即關於

證券商業務人員資格及處分之規定，準用於會員制交易所。

（二）內部人員的禁止行為及解任

會員制證券交易所內部人之禁止行為規定於第115條及第116條，第115條為關於競業禁止之規定，其規定會員制證券交易所之董事、監事、經理人，不得為他證券交易所之董事、監事、經理人，以免利害衝突，此與公司法第209條規定有所不同，按公司法第209條如經股東之核可，並說明其重要內容，仍可為相同之業務，而證券交易法之規定則採取全面禁止之方式。第二種禁止行為為第116條之規定，會員制證券交易所之會員董事或監事之代表人，非會員董事或其他職員，不得為自己以任何名義，自行或委託他人在證券交易所買賣有價證券。此等人員亦不得對該證券交易所之會員供給資金，分擔盈虧或發生營業之利害關係。但會員董事或監事之代表人，對所代表之會員為此項行為者不在此限。

會員制之董事、監察人或經理人如違反法令時，得依第117條之規定，解除其職務。

（三）準用規定

會員制交易所之董事、監事或經理人，除了證券交易法規定外，準用公司法關於董、監事及經理人之規定。

五、解　散

依第122條之規定，會員制交易所如有下列事由之一者解散之：
（一）章程所訂者解散事由之發生。
（二）會員大會之決議。
（三）會員不滿七人時。
（四）破產。
（五）證券交易所許可之撤銷。
此解散非經主管機關核准，不生效力。

參、公司制證券交易所之規範

一、公司制證券交易所之意義

依第124條之規定，公司制交易所，以股份有限公司為限，其乃依證券

交易法之規定，設置場所及設備，以供有價證券競價買賣並開設市場股份有限公司。

二、設立及章程

(一) 設立之程序

依據證券交易所管理規則第11條至第17條之規定，重要之程序如下：

1.須為發起設立。

2.最低實收資本額為5億元。

3.申請時必備一定之申請文件。

4.其章程須載應載事項。

5.由主管機關核准後為設立登記。

(二) 章程

依證券交易法第125條及證券交易所管理規則第14條之規定，其應載事項為：

1.在交易所集中交易之經紀商或自營商之名稱或資格。

2.存續期間，不得逾十年，但得視當地證券交易發展情形，於期滿三個月前，呈請主管機關延長此存續期間，此規定為贊成證券交易所應改為會員制之重要根據。而台灣證券交易所自1962年設立以來，1972年及1982年均加以延長，即根據第125條第2項之規定而來。

3.董事、監察人。

4.證券交易法第128條規定事項。

5.仲裁事項。

6.特別盈餘公積之提列。

7.會計之事項。

(三) 台灣證券交易所股份有限公司之章程有下列幾點重要之規定

1.營業範圍

(1)設置場所及設備以供約定經紀商及自營商為下列各種證券之集中買賣與結算交割：

①政府債券。

②公司股票。

③公司債券。

④新股東股權證書及價款繳納憑證。

⑤經主管機關核准買賣其他之有價證券，如受益憑證等。

(2)各種證券買賣及結算交割及有關之證券保管，證券過戶代理業務及經主管機關核准之其他業務。

2.其重要之組織

(1)股東會。

(2)董事、監察人、經理人。

(3)評議委員會。

3.台灣證券交易所章程對證券商之管理之重要事項

(1)依第33條之規定經紀商或自營商，經核可而與證券交易所訂約，後應繳存交割結算基金及經手費。

(2)證券交易所自交易經手費中提存一定之賠償準備金。

(3)證券交易所於必要時，得派人檢查經紀商或自營商之帳冊。

(4)證券交易所對證券商之違反法令或證券交易所之重要規則時得加以處分。

三、證券交易所及其人員之規範

（一）兼任禁止及公益董、監事

依第126條之規定，證券商之董事、監察人、股東或受僱人不得為公司制證券交易所之（董事、監察人或）經理人。2000年修正將原第126條第1項但書之「金融機構兼營證券業務者，除經理人職位外不在此限」刪除。旨在使證券商、金融機構持公平地位。

公司制證券交易所之董事、監察人至少應有三分之一，由主管機關指派非股東之有關專家任之；不適用公司法第192條及第216條第1項之規定。

2000年修正證券交易法第126條之規定，增訂「非股東之專家擔任證券交易所董、監事」之規定，其修正理由述明如下：

為集中交易市場之建立、運作及交易之秩序維護，具有公益的性質，為使社會公正人士或證券投資專家，參與證券交易所之董事會，表達其意見或以監察人監督公司業務之執行，以發揮交易所之實質功能，故規定證券交易所之董事、監察人須三分之一由主管機關指派之。此等立法旨在加強交易所之公益性。

　　2001年修正新增主管機關應訂立公益董、監事之選任標準及辦法之規定，以昭公信。

（二）股票發行及轉讓之限制

1.依第127條之規定，公司制證券交易所所發行的股票，不得於自己或他人開設之有價證券集中交易市場上市交易，此等立法之主要理由，在防止交易所影響交易秩序，使證券交易所失其客觀之地位。
2.第128條規定，公司制證券交易所不得發行無記名股票，且股份轉讓之對象，以證券交易法許可設立之證券商為限（2000年修正條文第1項），且持有之比例，由主管機關定之（第2項），該條文旨在使證券商加入交易所為股東，然是與世界潮流將交易所視為可於市場籌資之市場辦理、自律者相符，似有爭議。違反此等規定者，得依第177條第1款之規定處以刑罰，而該行為之民事效果，應屬無效。

（三）保證金、交割結算基金之繳納

　　依第99條及證券交易所管理規則第18條之規定，交易所依許可登記後，應繳存保證金，其額度以公司之出資總額或其實收資本總額之5%。

　　另依證券交易法第154條及證券交易所管理規則第19條之規定，證券交易所應繳存新台幣5,000萬元為賠償準備金，並於每季終了後十五日內，按證券交易經手費收入之20%繼續提存。但賠償準備金提存金額已達資本總額時，不在此限。

　　與證券交易所訂立契約之自營商或經紀商，須繳存交割結算基金，其金額依第132條，由主管機關定之。

（四）了結的義務

　　依證券交易法第135、136條之規定，與證券交易所訂立契約之證券商，於被停止買賣或終止契約時，對於其在集中交易市場所為之買賣有了結之義務，且證券商有了結他證券商未完成之買賣之義務。

（五）禁止行為

　　證券交易所之董、監事及經理人或其業務人員，對於交易之公平性，具有重要之地位，因此在交易所管理規則第46條規定，該等內部人員不得為一定之禁止行為。

四、供給使用有價證券集中交易市場契約

(一)法律性質

該契約具有租賃之法律性質，唯證券商之義務，不僅須繳納經手費，尚有其他之義務，即該契約似非單純之場所設備租賃契約，其為一混合契約。

(二)定義

依第129條之規定，在證券交易所交易之經紀商或自營商必須與交易所訂立該契約，並檢同相關資料，報請主管機關核准。

(三)內容

依照經金管會核定之台灣證券交易所股份有限公司供給使用有價證券集中交易市場之契約，其重要之條文乃規定有關證券商之義務，述之如下：

1.須繳納一定之交割結算基金。
2.證券商於交易所之工作人員或清算員須依法辦理登記，如生業務上之錯誤，證券商負完全責任。
3.證券商依契約有交割結算之義務。
4.證券商如果違反法令或證券交易所規則時，證券交易所得加以處分。
5.證券商有了結他證券商或其本身在交易所所為買賣之義務。
6.證券商有違交割義務時，交易所得運用交割結算基金來清償債務，交割結算基金不足時，得以清償準備金代付。
7.證券交易所對證券商之業務及財務報表得加以檢查或查詢。

(四)契約之終止

根據第130條之規定，證券交易所因契約當事人一方解散或證券自營商、經紀商業務特許撤銷或歇業時，終止供給使用有價證券集中交易市場契約。

肆、證券交易所營業細則之規範

台灣證券交易所股份有限公司營業細則為證券交易市場實務操作之最基礎規範，以下略述其規定：

一、總　則

總則第1條述明該營業細則乃是依照證券交易法第138條及證券交易所章程第44條而訂定，89修正條文加入營業細則得訂明「買賣有價證券之委託數量、價格、撮合成交情形等交易資訊之即時揭露」之規定（證券交易法第138條第1項第10款）。

二、市場集會

（一）集會時間

集會時間（為上午9時至下午1時30分），其休假日與銀行業相同，但必要時，得報主管機關變更之。

（二）進場人員

依第6條為進場人員之規範，第6條規定進場人員有三種：
1.金管會之監理人員。
2.證券商業務人員。
3.交易所之場務執行人及工作人員等。

（三）場內規則

第9條之1規定，台灣證券交易所應訂定實施股市監視制度辦法及其相關作業規定，以維護市場交易秩序。

第9條之3規定，為加強證券商徵信授信品質，台灣證券交易所應訂定證券商聯合徵信系統作業辦法。

第10條規定，證券商之場內人員必須保護交易所之設備，如因可歸責於使用人而使交易所受損害者，證券商應負賠償責任。但證交所不對資訊或設備故障負損害賠償責任。

（四）行情公告

交易所須將每日成交之資料記載於日報表並公告之。

（五）停止交易

市場集會如生偶發事故須停止時，由場務執行人宣布停止交易。在宣布

前已為之買賣，應在離場前辦妥場內或交單簽章手續。事故原因消滅後，得宣布恢復交易。

三、證券商使用集中交易市場之規定

(一)參加市場買賣之證券商

須具備一定之申請書文件，並繳納交割結算基金及與交易所訂立集中交易市場使用契約後，方得加入買賣（第14、15條）。

(二)變更登記

證券商之資本額或其內部人或營業處所變更時，須向交易所申報，並轉報金管會核准變更登記。

(三)證券商場內人員之管理

依第17條之規定，該場內人員應具備「證券商負責人與業務人員管理規則」之資格；依第18條，證券商之場內人員及其他業務人員，就其執行之職務及在交易所所為的一切行為，證券商應負完全之責任。此等規定，比諸民法關於僱用人對受僱人行為責任之規定，顯較嚴格。第19條登記，證券商之人員應由證券商依法辦理登記，惟異動登記前，證券商仍須負一切之責任。

(四)獨立場所及分支機構

依第20條規定，證券商須有獨立之場所，如欲設立分支機構，依第21條應具備之一定文件，向交易所申請；第22、23條之規定，分支機構應繳納交割結算基金後，始得營業，證券商並應將其許可證照懸掛於營業處所顯著之位置。

(五)帳簿、報表及財務能力之規定

依第24條之規定，證券商應有完整之帳簿記錄，其財務編製準則應依證券商財務報告編製準則處理。交易所對證券商之帳冊，得派人檢查之，證券商並不得加以拒絕，依第26條之規定，證券商須依主管機關規定編製財務報表，其分別需要董、監事之承認，會計師、董監事及股東會之承認。

關於財務能力之規定，第27條規定其對外負債總額不得超過其資本淨

值之倍數，流動負債不得超過流動資產總額之一定成數，其固定資產總額，不得超過資產總額之60%。且證券商須依證期局之規定，按年度課稅營利後盈餘項下，提取特別盈餘公積，乃違約損失準備。第28條規定，證券商不得將其資金存放於非經營銀行之機構，其自有資金，雖可買上市股票、債券，不過須受主管機關之有關規定限制，且其不得以自有資金或證券或借入資金、證券委託他人買賣證券，此等對證券商財務能力之規範，亦可參照證券商管理規則第13條以下及交易所另頒之「證券商可動用資金淨額之計算作業要點」辦理。

（六）檢　舉

依第38條之規定，證券商或其場內人員，對其他業務人員的違反法令行為必須加以檢舉。交易所並就其檢舉之結果，加以調查。

（七）關於政府債券經紀人之買賣

政府債券經紀人應比照證券商；證券金融公司其標借證券亦須遵守交易所之規定。

四、上　市

（一）上市證券

上市證券依第41條之規定，發行公司公開發行之有價證券、證券投資信託事業依法發行封閉式證券投資信託基金、指數股票型證券投資信託基金之受益憑證，受託機構依法發行之受益證券，特殊目的公司依法發行之資產基礎證券，不動產證券化之受託機構依法募集發行之不動產投資信託受益證券或不動產資產信託受益證券，外國發行人依法發行之股票、外國發行人暨受其委託之存託機構依法發行之台灣存託憑證及發行人依法發行之認購（售）權證。

（二）申請及生效

申請上市者應備上市契約及相關之申請文件，該等資料，依第43條送交易所審訂後，須報請主管機關核准，其上市始得生效，並列為上市公司。

(三) 股務之處理

　　上市公司須在交易所所在地區，設立股務處理機構，其處理之方式，須依照金管會所頒布之「公開發行股票公司股務處理準則」辦理。

(四) 上市內容之變更

　　依第45條之規定，上市內容如證券之名稱、種類、金額等變更時，應由上市公司填具上市股票內容變更申請書，向交易所申請變更。

(五) 停止過戶及除息之公告

　　依第46條之規定，上市公司如停止變更股東名簿及除息日等應通知交易所並為公告。

(六) 上市公司之申報事項

　　依第47條，上市公司對其重要之事項，如公告股東權益，召開股東會，及公開說明書、財務報表、營業額公告等資料必須將相關資料輸入交易所指定之網際網路資訊申報系統，並呈送交易所。如有重要事實發生時，應在事實發生，或法律效力發生時，通知交易所。依第53條，交易所可以通知上市公司提供一定之上市證券資料，交易所並得將其資料原件，或予摘要供公眾閱覽。

(七) 終止上市、變更或限制交易之方法

　　上市公司如發生一定之財務業務情況，交易所得報請主管機關限制或變更其交易之方法，此等規定與證券交易所第156條之規定類似。其情節重大者，如具第50條規定之事由時，得停止買賣或終止上市，如申請終止上市，須依第50條之1第2項規定辦理。

(八) 上市公司合併之處理

　　上市公司如合併時，須注意下列幾點：
　　1.如上市公司消滅時，應該公告其終止上市。
　　2.如上市公司與非上市公司合併，且符合一定條件者，則視為上市公司（第51條）。

五、場內交易

(一) 交易方式

第54條規定，交易應以現貨、現款交割。

(二) 電腦自動交易

依第55條規定，上市證券之買賣，採電腦自動交易。台灣交易所並頒布電腦輔助交易作業辦法，以處理有價證券之買賣。

交易之證券，僅限於交易所上市之證券，始得於交易所買賣，經上市後，該證券除具有證券交易法第150條但書之事由外，不得於市場外買賣。

(三) 交割之日期

如為普遍交割，應在成交日起第二營業日辦理交割。如為成交日交割，雙方須以書面表示於當日辦理交割。如為特約日交割，其辦法由交易所訂立辦法後實施（第57條）。

(四) 申報競價

第58條規定，電腦自動交易之買賣申報，限當市有效。經證券商申請撤銷買賣申報時，應由終端機撤銷之，申請變更買賣申報時，除減少申報數量外，應先撤銷原買賣申報，再重新申報之。

(五) 首日升降幅度

初次上市之證券應該依照證券之上市前公開銷售價格計算升降幅度。增資股或新股權利證書，及股款繳納憑證，按舊股前一天的收盤價格扣除權利差額為基準價格（第59條）。

(六) 升降單位

2004年10月20日新修正之第62條，將升降單位調整為：升降單位在股票是未滿10元者為1分，10元至未滿50元者為5分，50元至未滿100元者為1角，100元至未滿500元者為5角，500元至未滿1,000元者為1元，1,000元以上者為5元。公債及公司債申報價格升降單位均為5分。轉換公司債買賣之申報價格價格未滿150元者其升降單位為5分，150元至未滿1,000元者為1

元，1,000元以上者為5元。

（七）開盤價格

證券開市的首次申報價格，應以前一天的收盤價格或當市最近一次成交價格或當時揭示價格為計算基準，並且以連續兩個升降單位為限。如情況特殊，得由交易所視當時買賣價格及數量狀況決定之。

（八）申報價格

依第67條規定，股票於停止過戶日辦理交割者，應為除息或除權交易。

股票及受益憑證之升降幅度以前一天的收盤價格7%為限，債券是以前一天的收盤價格之5%。如前一天沒有收盤價，但有連續兩天漲至跌至限度之申報價格，得以之作為升降的基準（第63條）。

（九）關於洩密之禁止

證券商之場內人員不得洩漏其證券買賣紀錄之內容，但交易所可隨時查閱。

（十）委託之成交方式

證券商申報買賣不能一次全部成交時，其餘部分仍依原申報繼續競價。

（十一）除權或除息交易

依第67條規定，股票的買賣應決定除權或除息基準日，並且停止過戶，以便辦理交割。除息交易的升降幅度，以前一天的收盤價格，扣除股息及紅利，做開盤價格的標準。如為除權，以前一天的收盤價格，扣除權利價值後，決定開盤價格。其他信用交易之除權處理，以證券金融公司融資融券業務操作辦法加以辦理。

（十二）檢舉

如證券商有不法之行為，其他證券商知悉時，應加以檢舉。

（十三）零股、鉅額及各種買賣

所謂零股交易，乃是指不滿一成交單位的交易，應依交易所之上市股票零股交易辦法來辦理。鉅額交易是指一次買賣同一上市股票數量相當於每股面額10元五百交易單位以上，是所謂之鉅額買賣。其買賣之辦法，須在交易所依鉅額證券買賣辦法實施，其他附有特定數量爲條件的股票買賣，可以適用前述兩種辦法。

（十四）關於新股權利證書和股款繳納憑證交易方式，準用上市股票之交易

（十五）議價、拍賣交易方法

如具一定之情事，上市證券可以用議價、拍賣、標購或是其他方法行之（第74條）。諸如債券的發售以及股票上市前的躉批發售，或其他不適合以通常規定處理等。就標購事宜，交易所訂有「台灣證券交易所股份有限公司辦理上市證券標購辦法」。所謂盤後交易係以收盤價格撮合成交（第7條之1）。

六、關於證券經紀商的受託買賣

（一）受託買賣辦理之方法

依照第75條及第75條之1之規定，證券商受託買賣，應依照一定之程序，如未成年人應由法定代理人在受託契約上蓋章，如受託法人買賣，應有法人及其代表人在受託契約上簽章並出具授權書。

（二）拒絕開戶之事由

依第76條之規定，證券商發現委託人是未成年人，未經法定代理人代理、證券主管機關及交易所之職員委託開戶或具其他情形時，可以加以拒絕開戶。

（三）關於僑外委託買賣之有關規定

依照第77條，如經經濟部投審會核准者，可具核准文件及稅捐機關規定之所得申報納稅代理書，連同受託契約專函報交易所同意開戶，並即委託買賣，不過其僅准依投資計畫的種類和數量而爲買賣。如果未經投審會專案核准者，即不可接受客戶委託買賣，已經同意開戶者，只能賣出，不得受託

買入。在台外商保險公司在台分公司，得以其在台營運資金及責任準備金買賣證券。外國銀行保險公司、基金管理機構及其他投資機構等外國專業投資機構申請直接投資國內證券者，應遵照華僑及外國人投資證券及其結匯辦法之規定，具備一定之文件，函報交易所，以完成開戶手續。

（四）信用交易

應依由主管機關頒布之證券商辦理有價證券買賣融資融券管理辦法、證券金融事業管理規則，並具以擬定之融資融券業務操作辦法等規定辦理。

（五）市價、限價委託

接受委託買賣有市價委託和限價委託，不過金管會規定僅採限價委託，委託如無約定期限，以當天有效。證券商接受委託人限價委託買進時，如果場內賣出之申報價格與限價相同，或在限價以下者，應為委託人買進。如限價委託賣出時，場內買入的申報價格，和限價相同或限價以上，就應為委託人賣出。

關於受託買賣應均由證券商營業員或其分支機構的經理人加以買賣，如同時受兩個以上委託相同之證券，不同數量的買進或賣出時，而在場內作一次合併的買進或賣出交易者，須依其成交的價格、數量來劃分之，並分別通知委託人。

（六）撤銷

依第81條之規定，委託人得以電話、書面通知經紀商撤銷或變更委託事項，但以經查明委託事項，尚未成交者為限。

（七）交割時間、紀錄

普通交割，證券商在接受委託時，應在成交日後的第一營業天，上午十二時前，向委託人收取價金及證券。信用交易的買賣委託，證券商亦應於同一時期，向委託人收取融資的自備款或融券的保證金，如發現所交付之證券，其權利在法律上有爭議或瑕疵時，可以拒絕受託賣出，但委託人提出擔保者，不在此限（第12條、第82條）。

對於委託買賣之證券和價金，證券商必須有詳實之紀錄及收付憑證，此收受或應交付的價金，須依照金融機構之存款帳戶來辦理，收受之證券應送交保管。

（八）全權委託、洩密的禁止

依據營業細則第85條之規定，不得爲全權委託。證券交易法第159條亦有同樣之規定。第86條乃規定證券商對委託人的委託事項，應嚴守秘密。

（九）錯帳的處理

如發生買賣錯誤時，必須在場內買回，或轉賣以抵消之，應依證交易所訂之「證券經紀商受託買賣錯帳及更正帳號處理作業要點」。

（十）特種買賣

依照第88條之規定，如果買賣數量過鉅，且可能影響正常市況時，可依照第74條之特殊買賣方式，即以議價、拍賣、標購或其他方法加以處理。

（十一）關於場外對敲的禁止

依第89條規定，經紀商或其分支機構，對於其買入或賣出的證券，不得在場外互相抵算，或在場外對敲買賣，或買賣非在證交所上市之證券。

（十二）違約的處理

委託人如發現證券商違約時，須通知交易所，交易所並且暫停其交易，委託人且可以交割結算基金來行使優先債權。依第91條，如委託人不履約時，證券商仍應該通知委託人履約，但不可因委託人不履約，而不履行交割之義務，應由證券商代辦交割。

（十三）委託交付價款之處理

依照第92條，證券商如受託買賣有價證券，應將受託的買進或賣出證券的價金交付委託人，如沒有成交須把將收受的價金或證券償還之。證券商可將委託人交付經紀商之證券，視爲委託人對證券商交易所生的債務擔保品，於委託人未清償債務前，得不加以償還。

（十四）退佣之禁止

證券商向委託人收取手續費，不可以任意增減，或予介紹人報酬。

（十五）業資日報表和營業報告書的申報，須在一定期限內送達交易所

七、自營商的自行買賣

（一）受託禁止

即不可接受他人的委託在市場買賣。

（二）委託禁止

即不可委託經紀商代爲買賣。

（三）買賣的限制

如自營商之買賣影響市場正常市況時，交易所　可以報請主管機關限制其全部或一部之買賣。

八、清算及交割

（一）清算部門

交割應由結算部門辦理結算與集中交割。

（二）清算之執行

依第102條，應由證券商的清算人員配備一定的服裝及證件，由證券商的結算交割業務人員執行之。交割的時限，依第103條，普通交割是以同一營業日爲一結算期。成交之證券如屬集中保管帳簿劃撥交割部分，應依證券集中保管事業業務操作辦法辦理。普通交割如是信用交易融資融券者，應依交易所頒布之「證券商辦理有價證券買賣融資融券業務操作辦法」及「證券金融事業融資融券業務操作辦法」辦理。

（三）全額和餘額交割

除非金管會核准爲全額交割，一般之交割爲餘額交割。證券商及證券金融公司應核對計算證券之交割無誤後，相互抵消，完成交割手續。交易所特規定證券經紀商受託買賣全額交割股票應行注意事項，以供依循辦理（第104條）。

（四）瑕疵證券的處理

　　如果買方證券商發現賣方所提出之證券有瑕疵或其他疑義時，應辦理補券手續，並提出擔保，買方得收執由交易所出具之「證券支付憑單」，暫代交割，並憑以換取有價證券。

（五）停止交割

　　第116條規定，如發生一定之不可抗力情勢，結算部門或證券集中保管事業無法辦理結算交割，即暫行停止辦理。必須報金管會核備。

九、交割結算基金及經手費

　　交割結算基金是以現金為限，如證券商經終止使用契約時，須結束買賣，並結清帳目後，才可以申請發還交割結算基金。

　　關於經手費，是由交易所會同證券商同業公會來決定經手費之費率，交易所必須開具帳單分送主管機關、證券商，由證券商在次月之十日前繳清。

十、仲　裁

（一）經紀商之間或經紀商與交易所間，或是證券商與上市公司，或是交易所與上市公司交易之爭執，適用仲裁之規定。

（二）申請仲裁，須依第123條之規定。

（三）關於仲裁人之產生及其他程序進行事項等問題，依證券交易法及仲裁法之規定辦理。

問題與研究

一、證券交易所及集中交易市場之意義。

二、公司制及會員制證券交易所有何不同？現行法採何種制度？應否更易？

三、證券交易所之董監事之資格，有何特別限制？

四、供給使用有價證券集中交易市場契約之法律性質為何？

第二十一章　有價證券之上市及買賣

壹、有價證券之上市

一、上市之意義

上市，即發行人與證券交易所間，訂立上市契約，使發行人能將其發行之有價證券，在證券交易所之集中交易市場買賣，而證券交易所得向發行人收取上市費用之法律行爲。

二、上市之功能

一般以爲發行人以其發行之證券於證券交易所上市，有下列利益：

（一）提高公司聲譽。

（二）便於公司籌措長期資金。

（三）股東持有股份易於變現。

（四）股東得持上市股票作爲融資融券或貸款之擔保。

三、上市之公權力介入

有價證券透過證券交易所之集中交易市場進行買賣，一方面雖可達到「資本證券化、證券大眾化」之目的，然該交易市場須爲公正而值得大眾信賴的市場，而公正市場形成，須上市之證券品質良好。爲此，行政主管機關對於上市，乃訂有各種嚴格之規範，加以監督，形成公權力介入私法契約之現象，諸如下列之規範：

（一）證券交易法第138條第1款規定，有價證券之上市，須規定於證券交易所營業細則或業務規則中。

（二）證券交易所與發行人間所訂立之上市契約，其內容不得與金管會所核准之「台灣證券交易所股份有限公司有價證券上市契約準則」牴觸（證券交易法第141條）。

（三）發行人之有價證券申請上市時，其上市契約須報經主管機關核准，否則不得在證券交易所的有價證券集中交易市場買賣（證券交易法第142條）。

四、上市之法令規範

(一) 上市程序之概述

1. 決定增資與否
   (1) 發行公司可由股東會或董事會決議，申請補辦公開發行，並申請為上市股票〔證券交易法第42條、台灣證券交易所股份有限公司有價證券上市審查準則（以下稱「上市審查準則」）第2條〕。
   (2) 發行公司亦可增資至新台幣6億元以上，申請公開發行新股，則前未申請發行之股份，視為已公開發行；並申請第一類上市股票。

2. 股東會決議增資、變更公司章程、公開發行新股及上市（公司法第277條）。

3. 董事會決議發行新股。

4. 向證券管理委員會申請核准補辦公開發行或核准公開發行新股（公司法第266條、證券交易法第42條）。

5. 公告公開發行（公司法第273條）。

6. 與證券承銷商簽訂承銷契約。

7. 向台灣證券交易所申請核准上市（證券交易法第139條）。

8. 向台灣證券交易所洽定有價證券上市契約（證券交易法第140條）。

9. 台灣證券交易所函轉證券管理委員會核准上市及有價證券上市契約（證券交易法第141條）。

10. 與證券承銷商洽定銷售事宜。

11. 台灣證券交易所審查股權分散事實（上市審查準則第4、5條）
    (1) 實收資本額達新台幣6億元以上，記名股東人數在1,000人以上，公司內部人及該等內部人持股逾50%之法人以外之記名股東人數不少於500人，且其所持股份合計占發行股份總額20%以上或滿1,000萬股者。
    (2) 經中央目的事業主管機關出具其係屬科技事業之明確意見書，實收資本額達新台幣3億元以上，記名股東人數在1,000人以上，且公司內部人及該等內部人持股逾50%之法人以外之記名股東人數不少於500人者。

12. 與台灣證券交易所簽訂上市契約並洽定上市日期（證券交易法第141條）。

13.公告上市買賣（上市審查準則第7條）。

14.向證券管理委員會報備上市事宜。

（二）有價證券上市之申請

乃由發行人向證券交易所申請，如係已上市之公司，在發行新股時，其新股股票於向股東交付之日起上市買賣，並應於新股上市後十日內，將有關文件送達證券交易所（證券交易所第139條）。

（三）上市契約之訂立及核准

有價證券上市之基礎規範為上市審查準則及上市契約準則。依此準則，可規範其上市之核准標準，及發行人與證券交易所間之權利義務關係。

1.上市審查準則

台灣證券交易所依據證券交易法第140條規定，訂立「台灣證券交易所股份有限公司有價證券上市審查準則」。證券交易所亦訂有「有價證券上市作業程序」，據為審核上市與否之標準。另就金融控股公司，亦另訂有「台灣證券交易所股份有限公司金融控股公司申請股票上市審查準則」。

2.上市契約準則

上市契約準則主要係規範發行人應負擔之義務，凡不足以法令規範者，均得以上市契約約束發行人。

（四）上市之費用

上市費用應於上市契約中訂定，其費率由證券交易所報請主管機關核定之（證券交易法第143條）。

（五）上市之終止

終止上市之事由有下列四種：

1.依證券交易法第144條之規定，由證券交易所依法令或上市契約，並應報請主管機關備查，終止有價證券上市。

2.由發行人依上市契約申請終止上市，唯須經主管機關及證券交易所之核准（證券交易法第145條）。

3.證券交易所依法令或上市契約之規定，或為保護公眾之利益，就上市有價證券停止或回復其買賣時，應報請主管機關備查。（證券交易法

第147條）

4.於證券交易所上市有價證券之公司，有違反本法或依本法發布之命令時，主管機關爲保護公益或投資人利益，得命令該證券交易所停止該有價證券之買賣或終止上市。（證券交易法第148條）

五、得上市之有價證券

包括股票、債券，或其他經主管機關核准之有價證券，如受益憑證等。惟政府債券，其上市得由主管機關以命令行之，而不適用證券交易法有關上市之規定，此爲上市程序之例外。

貳、有價證券之買賣

一、買賣上市有價證券資格之限制

於有價證券集中交易市場爲買賣者，在會員制證券交易所限於會員；在公司制證券交易所限於訂有「使用有價證券集中交易市場契約」之證券自營商或證券經紀商（證券交易法第151條）。

台灣證券交易所股份有限公司，以其章程第31條，爲前述資格之限制，並限制其名額。第32條限制該證券經紀商、證券自營商，其資格條件須已符合證券交易法及證券商管理規則之規定。

因有價證券集中之交易市場買賣，具有極強之組織化、技術化之性質，因此參加者必須具有交易技術之知識及經驗，而且參加者彼此間，必須有相互之依賴與信賴，始能維持買賣。職是之故，其較一般公共市場、一般多數人投資之買賣，具有更強之密切性，實有在資格上限制之必要。惟此等限制，應只就秩序、手續合理化之限制，而不應成爲經濟獨占利益保護之手段。如於會員制之情況，無會員資格之證券商，須委託有會員資格之證券商，爲其買賣，造成有會員資格之證券商獨特之經濟利益。因此除爲保障市場之公平秩序及投資人外，不應再有其他限制，而形成會員制證券商或有與證券商或有與證券交易所訂定契約者之特定利益。在電腦處理證券交易之現代，所謂沒有牆壁之證券市場（No-Wall Market）已漸爲形成，證券市場之地域性及資格限制，已失其意義。

二、上市有價證券買賣場所之限制

證券交易法第150條沿襲舊證券商管理辦法第9條而制定。上市有價證

券之買賣，限於證券交易所開設之有價證券集中交易市場始得爲之。但有下列例外：

（一）政府所發行債券之買賣。

（二）基於法律規定所生之效力，不能經由有價證券集中交易市場之買而賣取得或喪失證券所有權者。如有價證券繼承人之繼承是。

（三）私人間之直接讓受，其數量不超過該證券一個成交單位，所稱一個成交單位，每股面額10元之1,000股，或受益憑證每受益權單位10元之1,000單位。前後兩次之讓受行爲，相隔不少於三個月者。依證券交易法施行細則第10條之規定，所謂讓受行爲不少於三個月，係指：

　1.私人間之直接出讓與讓受行爲，應各算一次。

　2.讓受行爲之起算以讓受行爲之日爲準，無法證明時，以受讓人向公司申請變更股東名簿記載之日爲準。

　所謂之「私人」，包括「自然人」與「法人」，即法人亦有該條之適用（79年台財證(二)字第17788號函）。

（四）其他主管機關所訂之事項：此爲本次證券交易法修正時所增訂，主要係爲配合其他特殊情況，諸如上市公司之股東，基於公司法第317條，請求公司收購其所持股份，或依外國人投資條例讓受其所持有之有價證券，即得適用本次修正之規定，經主管機關核定，不經集中交易市場而爲有價證券之買賣。再者，銀行從事「新台幣台股股權結構式商品」交易採實物交割者，不受第150條之限制（95年10月7日金管證三字第0950004674號函）。

　　證券交易法第150條，其立法係沿襲舊證券商管理規則及證券交所舊章程之規定，與現行立法潮流有所違背。以美國而論，美國之第三市場等，均得使會員或非會員於集中交易市場外買賣上市有價證券。就美國所謂國家證券市場之發展而言，證券市場之地域性及場所限制，已漸無必要，則我國現行法第150條顯與潮流不合。再者，如果我國上市公司之有價證券亦申請在外國證券交易所上市者，則上市公司之證券於不同交易所交易，形式上有違該規定，則該規定將影響我國證券市場之國際化。

三、集會之停止

　　證券交易所於有價證券集中交易市場，因不可抗拒之偶發事故，臨時停止集會，應向主管機關申報（證券交易法第152條），以維護集會之品質。該規定主要係就集中交易市場因突發事故，如各種不可抗力之事由致無法

為集中交易,使證券交易所得暫停集會,並於事後申報主管機關。按集中交易市場貴在流通,如使證券交易所任意停止集會,必有損集中交易市場之功能,惟上述之不可抗力事由,如未予以停止,亦與情理不合,故賦予證券交易所停止集會之權力。台灣證券交易所股份有限公司之營業細則第12條亦規定,該公司之場務執行人,如遇市場集會時有偶發事故,得宣布停止交易。在宣布前已成交之買賣,雙方證券商之場內代表人或代理人,應於離場前辦妥場內成交單簽章手續。亦即證券交易所之場務執行人得立即停止交易,唯已進行之買賣必須辦妥手續。事故原因消滅後,得宣布恢復交易。又證券交易法第152條,與先前所述之第147、148條不同,後者之規定,是就特定之有價證券之終止上市。而前者之規定,則是使在集中交易市場買賣之全部有價證券停止交易。二者之對象有所不同。

四、集中交易市場買賣有價證券之禁止行為及限制行為

證券交易法第155條至第157條之1,就證券交易之行為,有下列之禁止或限制:
(一)操縱市場之禁止(第155條)。
(二)交易數量之限制(第156條)。
(三)內部人短線交易之禁止(第157條)。
(四)內部人利用內部消息投資有價證券之禁止(第157條之1)。

以下僅就第一、二種禁止行為闡明之,第三、四種關於內部人禁止之行為,於第五篇民事責任部分說明之:

(一)上市有價證券交易之停止或限制

依2006年1月11日新修正證券交易法第156條之規定,主管機關對於已在證券交易所上市之有價證券,得就該條所列事由而有影響市場秩序或損害公益之虞者,命令停止該種證券之一部或全部之買賣,或對證券自營商、證券經紀商之買賣數量加以限制。

1.證交法第156條第1款規定:發行該有價證券之公司遇有訴訟事件或非訟事件,其結果足使公司解散或變動其組織、資本、業務計畫、財務狀況或停頓生產。

2.同條第2款規定:發行該有價證券之公司,遇有重大災害,簽訂重要契約,發生特殊事故,改變業務計畫之重要內容或退票,其結果足使公司之財務狀況有顯著重大之變更。

3.同條第3款規定：發行該有價證券公司之行為，有虛偽不實或違法情事，足以影響其證券價格。

4.同條第4款規定：該有價證券之市場價格，發生連續暴漲或暴跌情事，並使他種有價證券隨同為非正常之漲跌。

5同條第5款規定：其他重大情事。若連續兩年虧損之上市（櫃）公司有證券交易法第156條各款規定之情事之一，其為受讓他公司股份而發行新股或依法律規定進行收購或分割而發行新股，經本會依法限制上市（櫃）買賣者，則該發行之新股即無法於集中市場或櫃檯買賣市場交易，須俟日後依相關解除規定向本會申請解除限制上市（櫃）買賣後，始得於集中市場或櫃檯買賣市場交易（92年台財證(一)字第0920111589號函）。

　　以上第1項所列四款事由，目前實務尚無具體適用之案例，可能由於此種買賣數量之禁止或限制，將造成證券流通之不便，故其禁止或限制主管機關當應審慎為之。日本證券交易法第119條，亦有類似之規定，上市有價證券或發行人有違反法令之情況時，為了保障公益或投資人，經大藏省通知發行人，得停止該有價證券之買賣交易或終止上市。另依美國證券交易法第12條規定，金管會有暫時延緩某種有價證券之交易或撤除或撤銷其登記之規定。該法條賦予金管會得命令任何一種證券，停止十天以內之交易之權限；或經總統核准，得就任何一種證券，在不超過一定期間內，延緩其證券之交易。故各國法令，對於某種有價證券發生特殊事由時，均特別訂有停止或限制買賣之規範。台灣證券交易所營業細則第49、50條同時規定，若某種有價證券，發生特殊事由，如：上市公司解散、破產、撤銷核准，或其他法定之事由，交易所得報請主管機關核准停止其買賣，或終止上市。

（二）操縱市場行為之限制

　　第155條規定各種操縱市場之禁止行為，以下詳述之：

1.禁止操縱市場行為之立法理由：因市場之交易，貴在公平而無詐欺，如容許以操縱市場之方式而為交易，勢必影響市場秩序，並影響投資人之權益，故該等行為，必須加以禁止，否則將形成虛偽之交易狀況，使投資大眾受到嚴重的損害。

2.現行法之規定，與修正前有重大之不同，其修正之主要特色為：

(1)民事責任之明文化：依現行法第155條第3項之規定，善意買入或賣出有價證券之人，得向參與操縱市場者，請求賠償其因此所受

之損害。

(2)構成要件之明確化：本法修正前有諸多條文較不明確，致主管機關移送地檢處時，多以不起訴處分，縱經起訴，於法院審理時，亦多為無罪之判決。為使該等違法之行為受到必要之處罰，故此次修正時，就其要件更予明確化，以便法院之適用。

依2006年1月11日修正公布證券交易法第155條之規定，操縱市場之行為包括：

(1)第一款

在集中交易市場委託買賣或申報買賣，業經成交而不履行交割，足以影響市場秩序。95年元月之修正理由為：因實務運作上委託買賣雙方一經撮合即為成交，並無不實際成交之情形發生，爰刪除「不實際成交」，並配合實務情形修正「報價」、「業經有人承諾接受」等用語，另考量交易市場係採兩階段交易，包括投資人委託證券商買賣及證券商申報買賣，故不履行交割包括投資人對證券商不履行交割，以及證券商對市場不履行交割等兩種態樣，爰修正第1款為「委託買賣或申報買賣」，以資明確。本款之立意係為防範惡意投資人不履行交割義務，影響市場交易秩序，至於一般投資人若非屬惡意違約，其違約金額應不致足以影響市場交易秩序，不會有本款之該當，自不會受本法相關刑責之處罰。本款之規定，須有下列要件：

①須未履行交割，否則即不成立該款。

②客觀上足以影響市場秩序，唯無須達成實際之影響。

③行為人於買賣之初，須即已有不實際成交或不實際交割之主觀故意。關於此，似可進一步分析。按本款在77年修正前，原為「在有價證券集中交易市場無實際成交意思，空報價格，業經有人承諾接受而不實際成交，足以影響市場秩序者」，參考77年修正理由為該款之行為本即足以破壞市場交易秩序及公平，因此刪除「無實際成交意思」，本款於89年修正時，曾有委員建議刪除，其理由為「違約交割之本質為債務不履行之民事不法，適用民法之規範即可，與其性質相同之支票退票問題也早已廢除刑罰，因此，斷無科以刑責之必要。世界各國證券交易法規均未對違約交割行為科以刑責，惟獨我國反其道而行。」，另有委員提議增加「無實際成交意思」之要件，其理由為「……舊票據法對於不履行票據義務者亦有科處刑罰之規定，……票據刑罰之廢除並未使跳票率增加。此款之規定其意義與舊票據刑法相同，皆想用國家刑罰來維持證券交易行為之履行，但其不可行已從

票據刑法之廢止得到印證，且不實際成交或不履行交割，亦不一定有可責於當事人故意。但為維持證券交易市場秩序，對於惡性重大，事先即無履行交割意願之明顯故意，仍應為本條之禁止規定。」。綜合言之，1988年之修法背景，可能基於當時違約交割情況嚴重，為導正市場交易秩序，再加以主觀要件有時難以證明，因此將之刪除，2000年證交法修正時，雖立委多有提案修正，但最後本款並未更異。雖然此第155條與第171條休戚與共，但在解釋第155條損害賠償責任與第171條刑事責任，似可分別從民事與刑事主觀要件出發。刑法第12條規定，行為非出於故意或過失者不罰，而過失之處罰以有特別規定者為限，因此，似以限縮本條之適用範圍於主觀上有「無實際成交意思」為限較妥適，至於民事主觀要件之認定，似可較鬆於刑事。學者亦有認為，參照釋字第544、551號解釋，特別刑罰之內容必須目的正當、手對合法與限制妥當，因此對單純不履行交割處以刑責，或有違憲之虞，在規範方法上，應否處罰應繫於違約交割與操縱市場之關聯性判斷之，簡言之，單純不履行交割應僅屬於民事責任之範疇，藉違約交割以操縱市場，才能予以刑事制裁。

　　本款之行為主體三面，由於證交法第151條規定，得為有價證券買賣之報價者，依於證券經紀商及證券自營商，故若為一般投資人似無法該當於本款之要件，惟學者針對實務上處理一般投資人違約交割是否為證交法第155條第1款之行為主體，彙整歷來判決而得出以下四種判決類型：A投資人屬於該條之處罰對象：蓋該款並未將投資人排除在外，惟此判決並未說明投資人是否符合「在集中市場報價」及「業經有人承諾接受而不履行交割」之要件；B投資人並非該款之處罰對象，惟可依同條第2項準用第1項之規定，再依第171條處罰：此判決顯然誤用法條，蓋第1項係指買賣上市股票違約交割，而第2項則指買賣上櫃股票違約交割，該案係針對上市股票，應無第2項之適用；C投資人應納入處罰：蓋投資人為證券市場之主流為維護交易秩序，應將之納入處罰；D投資人可成立該款之間接正犯：投資人利用不知情之證券商向證交所報價後，如不履行交割，應成立間接正犯，此為實務上最新之解釋，且廣為各級法院所採用。綜上所述，實務向來基於維護交易秩序之理念，而採取各種解釋方式將投資人納入處罰範圍，惟構成要件是否該當，卻未能仔細審酌，因此學者有認此與罪刑法定主義不相契合。惟亦有學者認實務上經紀商以行紀身分與交易所交割，而下單之客戶則與經紀商交割，而券商為保持信用在客戶違約交割時仍履行對交易所之交割義務，此

時，客戶仍未對其經紀商旅行交割義務，故不能就此免責，換言之，有交割義務者，實應包含券商與投資人，只是對象不同，則證交法第155條之行為主體並不會因第151條而限縮於券商，依此見解衍生言之，投資人可成為證交法第171條之直接正犯，而無庸迂迴以間接正犯相繩。

(2)第二款

在集中交易市場不移轉證券所有權而偽作買賣者。此即所謂之沖洗買賣或沖銷買賣（Wash Sale）。所謂沖銷買賣是指一個人在兩個經紀商開戶，而分別委託二經紀商，依一定之價格，而為相反之買賣與綜合交易。此等行為並未實際移轉所有權，僅造成市場交易熱絡之假象。

2000年刪除該款，主要乃因現市場為電腦撮合交易，縱為同一人同時下單，亦經撮合而成交後為移轉，故此情形於集中交易市場並不存在。但如刪除後，對沖洗買賣是否可歸諸同條項第6款之其他操縱行為有不同見解：

肯定說以為：沖洗買賣經刪除係立法者為避免法律適用之疑義，但未曾排除沖洗買賣行為之可非難性後，行為人如意圖影響市場行情，對於證券交易所上市之有價證券，以偽作買賣方式，從事足以影響某種有價證券交易價格之行為，仍係「出於影響證券價格之意思決定與意思活動所支配之影響證券價格之行為」，屬「反操縱條款」之違反，於該款刪除後，應認構成證券交易法第155條第1項第6款概括規定「直接或間接從事其他影響集中交易市場某種有價證券之交易價格之操縱行為」之罪（台高院89年上訴字第1787號、台中地院88年訴字第528號及台中高分院90年上重訴字第20號判決）。

否定說則認為沖洗買賣之刪除係為踐行「除罪化」原則，因此沖洗買賣遭刪除後，沖洗買賣及不得再以概括條款相繩，詳言之，實務以為「證券交易法第155條第1項第6款規定之構成要件，需行為人之行為不符合第1款至第5款之構成要件而有該五款以外之『其他』影響集中交易市場某種有價證券交易價格操縱行為者，始得依該款論處；如行為人之行為已該當於該條項89年7月19日修正前第2款不得為沖洗性買賣規定之成要件，即不應再對行為人之行為論以同條項第6款之罪名；又因證券交易法於89年7月19日修正公布時，將原有第155條第1項第2款之規定予以『刪除』而除罪化，並於同年月21日生效，即單純對於證券交易所上市之有價證券在集中交易市場，不移轉所有權而偽作買賣之行為，業已廢止其刑罰，自應對行為人為檢察官所起訴符合於沖洗性買賣構成要件規定之行為，為免訴之諭知。」（台北地院89年訴字第521號判決）

本書以為實務判決針對同一修正理由有南北二極之解釋方式，惟可回溯

至1988年修正理由觀之。1988年修正該條第2款時，係將「意圖影響市場行情，不移轉證券所有權而僞作買賣者」修改爲「在集中交易市場，不移轉證券所有權而僞作買賣者」，其理由爲僞作買賣之行爲即足以破壞市場交易秩序及公平，無須再多加該要件，而「意圖影響市場行情」即爲當時該條第6款之規定，申言之，立法者認爲沖洗買賣本身即爲影響集中交易市場某種有價證券交易價格之操縱行爲。再參照外國之立法例，美國1934年證券交易法第9條(a)(1)(A)以對證券進行交易而不移轉眞正所有權爲證券價格操縱之類型，日本證券取引法第159條第1項第1款亦以「非以權利移轉爲目的，而僞裝上場買賣有價證券」爲操縱市場之類型，從而，基於保護投資人及維護市場機能之立場，參酌國外立法例，似乎以傾向若有「沖洗買賣」之情形，仍認爲有證交法第155條第6款之適用爲宜。

(3)第三款

意圖抬高或壓低集中交易市場某種有價證券之交易價格，與他人通謀，以約定價格於自己出售，或購買有價證券時，使約定人同時爲購買或出售之相對行爲。即所謂相對委託，該行爲與前款之行爲極爲類似，均將造成市場交易熱絡之假象，而使社會投資大眾誤解。本款於修正前，係規定「意圖影響市場行情」，修正後之規定「意圖抬高或壓低集中交易市場某種有價證券之交易價格」，使要件予以明確化。此乃仿效美國證券交易法第9條規定。

(4)第四款

意圖抬高或壓低集中交易市場某種有價證券之交易價格，自行或以他人名義，對該有價證券，連續以高價買入或以低價賣出。本款有幾點必須加以說明：

①所謂連續，依現行實務之見解，只要有二次以上，即成立連續。

②所謂意圖抬高或壓低某種證券價格，係一主觀行爲。此種主觀意圖，須由行爲人買賣交易之事實，及其他特殊情況加以決定。實務認爲此除可參考是否以高價買進外，另可斟酌行爲人買進之價格是否使股價出現波動、是否有相對成交造成股票交易活絡之假象、是否有使用人頭戶等爲佐證。再證券集中交易市場上之股票交易係依電腦撮合，其撮合原則係以「價格優先、時間優先」爲原則，即限定價格時，以較高價格委託買進或以較低價格委託賣出者，可優先成交，限定價格時，即以同一價格按輸入電腦時間之先後，決定何筆買入或賣出之委託可成交。故行爲人如於開盤前以特定價格大委託買進，亦可達到影響開盤價之目的。此外，依美國證券交易法第9條第1項第2款之解

釋，如買入時情況亦確定顯示買者有增高市價之期望，而事實上市價亦因增高，而此項購買之目的確在使他人於此時購入（在比較高之價格層次）者，如確有此目的，已構成違法，至於目的（即促使他人以此較高價格購入）是否達到，或其本人相信此股票應有更高之售價，則無關緊要。故如某甲連續買入後於較高之價格賣出獲利，推定其不法，反之，某乙於最後買入後等候相當之時間，使其購買行為得市場之影響逐漸消失，於獨立市價基於其他供求因素成立後再賣出，則可反證其無操縱之故意。

③所謂高價、低價，依現行實務之見解，除依客觀之評價外，尚須有個人之主觀因素，因此在認定上較為困難。

④本款是否以股票價格有急遽變化為必要，有不同解釋。

肯定說以為操縱股價必須股價有急遽變化，且該變化明顯異於市場一般情形者，如「依金管會監視報告所載，東隆公司股票有多次委託買進價格高於成交價格或以漲停價格委託，對於當時成交價有明顯影響，已達前述作業要點第2條第4款有關證券交易法第155條第1項第4款之查核要件標準，惟此監視報告之內容係以東隆公司股票於查核期間內成交過程數量分析，認定符合有關證券交易法第155條第1項第4款之查核要件標準，而非認符合意圖抬高或壓低股票價格之構成要件甚明。……再『86年10月1日至11月8日期間該股票成交價格……跌幅達13.63%，同期間其他類指數……跌幅達9.8%』，並無特殊之處，未因東隆公司之買入股票而有異常漲幅，依此情形，尚難認被告有操縱股價之情」（台高院91年上重更一字第25號及台高院88年上重訴字第39號判決）。

否定說以為證券交易法第155條第1項第4款規定，對於在證券交易所上市之有價證券，不得有「意圖抬高或壓低集中交易市場某種有價證券之交易價格，自行或以他人名義，對該有價證券，連續以高價買入或以低價賣出」，不以行為人主觀上有「意圖影響集中交易市場有價證券交易價格」為要件，亦不以客觀上「因而致交易市場該股票價格有急刻變化」為必要（最高法院91年台上字第3037號判決）。

此可參考89年立委修正提案理由，略謂「美國由於沒有漲跌停板的限制，如真操縱股價，將有劇烈變化……我國則因有漲跌停板限制，每日股價在有限幅度內變化，且股價的漲跌，常係因投資人為求搶先買進或賣出而以漲停板或跌停板申報所造成……」，故基於前述限制

及維持股價亦可能爲反市場正常運作之行爲，似不以急遽變化爲必要。

⑤「護盤」行爲是否該當於本款之操縱股價類型？有認爲證券交易法第155條第1項第4款所謂「連續以高價買入」者，指於特定時間內，逐日以高於平均買價、接近最高買價之價格，或以當日最高之價格買入而言；苟於特定時期，某有價證券有下跌趨勢，而連續以高於平均買價操作買入，使該有價證券之股價維持於一定價位（即俗稱護盤），因其破壞交易市場之自由性，亦包括在內。故該條文所稱「連續」，係指多次而言；「高價」則指「在一段期間內，逐日以高於委託當時之揭示價、接近當日漲停參考價之價格或以當日漲停參考價之價格委託買進」而言（台北地院89年訴字第521號、最高法院91年台上字第3037號、台北地院89年訴字第521號、台中高分院90年上重訴字第28號、台中地院88年訴字第367號判決）。

亦有堅持罪刑法定主義，認爲若包含「護盤」即逾越文義解釋，故「必須行爲人主觀上有影響市場行情之意圖，客觀上有對於某種有價證券連續以高價買入或低價賣出之行爲，始克成立，最高法院74年台上字地5861號著有判決足參，其主觀不法意圖必須爲『抬高』或『壓低』股票價格，依罪刑法定主義，自不包括『維持』股價」（台北地院88年訴字第292號、台高院88年上重訴字第39號及台高院91年上重更一字第25號判決）。

按參考美國1943年證券交易法第9條(a)(b)謂，「個人單獨或與他人合夥，對在全國性證券交易所登記之任何證券，作連續之買進或賣出，企圖以標明、『固定、或穩定』該種證券之價格而違反證管會爲維護大眾利益及投資人之權益所制訂支各項法制與規定者。」依此，維持股價亦可能係屬操縱行爲。

(5)活絡創造

2006年1月11日修正新增證券交易法第155條第5款：「五、意圖造成集中交易市場某種有價證券交易活絡之表象，自行或以他人名義，連續委託買賣或申報買賣而相對成交。」基於操縱股價者經常以製造某種有價證券交易活絡之表象，藉以誘使他人參與買賣，屬操縱手法之一，經參考美、日等國立法例，爰增訂第5款，將該等操縱行爲之態樣予以明定，以資明確。

(6)第六款

意圖影響集中交易市場有價證券交易價格，而散布流言或不實資料。本

款於修正前爲「惡意散布足以響市場行情之流言或不實資料」，現行法則予更明確之規定。

(7)第七款

直接或間接從事其影響集中交易市場有價證券交易價格之操縱行爲。現行法之規定，亦較爲明確，爲對於某種有價證券之價格，而非舊法所規範之影響整個市場之行情者而言。

操縱市場行爲與安定操作（Stabilization）之行爲有何不同？所謂安定操作即於有價證券之募、賣出時，在不違反主管機關之命令下，在證券市場連續買入或售出有價證券，以迅速安定證券價格之行爲。安定操作之行爲須不違反有關法令。在我國現行法令中，並無所謂安定操作之規定，故有違反現行證券交易法第155條第1項之規定之虞。惟在美日證券法規中，即准許安定操作之行爲，尤其在所謂確定包銷中，安定操作實爲必要之行爲，有利於證券商及投資人之權益之保障。現行法於證券商管理規則第26條，已准承銷商辦理安定操作。

操縱市場行爲之禁止，是否僅限於集中交易市場？依現行法第155條第2項之規定，若在證券商營業處所有操縱市場之行爲，亦爲違法之行爲，行爲人亦應負擔一定之民、刑事責任。

現行法第155條第4項，引用同法第20條第4項之規定，對於「善意買入或賣出有價證券之人」，加以更明確之定義。蓋經紀商與投資人間之關係，依現行法適用行紀之有關規定。而稱行紀者，即經紀商係以自之名義爲投資人之計算，而爲有價證券之買賣。易言之，此時依證券交易法第155條之得爲求償之名義人，爲經紀商。爲使受害之投資人得直接加以求償，特準用同法第20條第4項「委託證券經紀商以行紀名義買入或賣出之人，視爲取得人或出賣人」之規定，使投資人得直接向操縱市場者請求損害賠償。

問題與研究

一、說明上市之意義及功能。
二、說明上市之程序。
三、說明上市證券交易場所之限制及其例外。
四、說明操縱證券市場之禁止行爲，安定操作是否屬操縱市場，行爲人應否負民事賠償責任？

第二十二章　店頭市場

壹、店頭市場之意義及集中交易市場之區別

一、店頭市場之意義

依金管會所頒布之證券商營業處所買賣有價證券管理辦法第2條之規定，所謂店頭市場或櫃檯買賣，乃是指在證券商營業處所買賣有價證券所形成之市場，該種買賣不在集中交易市場以競價方式買賣，而在證券商營業處所，專設櫃檯進行交易。該櫃檯之買賣概念，比諸美國OTC Market之買賣概念較狹，美國所謂OTC Market指一切不在交易所進行之買賣而言，不以在證券商營業處所進行之買賣為限。

二、店頭市場之意義及集中交易市場之區別

（一）集中交易市場必須有集中交易之固定地點，而店頭市場，則於證券商營業處買賣。

（二）集中交易市場為競價買賣，而店頭市場為議買賣。

（三）集中交易市場買賣，少經由自營商為中介，然店頭市場之交易多經過專業之自營商，店頭市場往往被稱為自營商之市場。

（四）在美國證券商往往於交易所有固定的場所供其從事買賣，而於店頭市場，證券商往往在其營業處所，利用其訊而為買賣之要約。

（五）集中交易市場有螢幕傳訊隨時所形成之交易，店頭市場只有在每日的報紙中，報導市場交易者之要約情形，但並不是一連串過去交易情況的報導。由於店頭市場科技之進步，店頭市場電腦交易之情形，已大幅增進。

貳、店頭市場之發展沿革及必要性

美國流通市場，乃是集中交易市場和店頭市場並行發展，於1792年5月一批專門為證券買賣之商人，在扣樹訂立了扣樹協定，並採固定佣金制，這些簽訂協定之商人於1817年遷入戶內，並且在1863年正式採用紐約交易所

之名稱。而未參加扣樹協定之證券商，則自立門戶開設證券商，而形成所謂的店頭市場。美國目前集中交易市場和店頭市場之交易量均頗大，而形成彼此競爭之效果。

　　台灣店頭市場之發展於1953年1月，為配合實施耕者有其田，政府將台泥、台紙、工礦、農林四家公營企業的股票，分配予地主以為賠償，唯證券交付於地主後，地主隨即售於他人而流通於市場，證券交易慢慢形成。而後政府依據美籍顧問符禮思建議，於1962年2月設立台灣證券交易所，1963年6月並修正證券商管理辦法，在此管理辦法中嚴格禁止場外交易，因此從1953至1962年之間的店頭市場交易正式結束。由此發展吾人可知，我國先有店頭市場而後有集中交易市場，並在集中交易市場產生後，店頭市場隨之消失。而近年來店頭市場有其發展之必要，故配合之法令應運而生。

　　店頭市場之發展，最主要之目標有二：
一、使政府債券、金融債券等適合於店頭市場交易之債券能有交易之場所。
二、未上市但公開發行公司之證券有適當交易之場所，如此可以擴大市場之規模，增加國民投資之管道，而達成發展國民經濟之效果。

參、店頭市場之現行法令規範

　　現行證券交易法令對店頭市場交易之規範，主要為證券交易法第62條及金管會頒布之命令——證券商營業處所買賣有價證券管理辦法，及證券商營業處所買賣政府公債、金融債券，及公司債暫行操作要點。2006年6月27日頒布「櫃檯買賣事業管理規則」賦予櫃買事業明確之法律依據。

一、證券交易法第62條之規定

　　證券經紀商或證券商在其營業處所，受託或自行買賣有價證券者，非經主管機關核准不得為之。櫃檯買賣之管理辦法，由主管機關訂定之。此規定與1988年修正前之規定有所不同，修正前乃規定：店頭市場不得以類似有價證券集中交易市場之方式為之，即店頭市場買賣不得以競價方式為之。修正後即無此限制，乃是為使主管機關得視交易實際情形，並參酌外國店頭市場交易方式與趨向，以授權主管機關訂立市場之買賣管理辦法。

二、櫃檯買賣事業管理規則

　　為統合證券期貨市場周邊單位資源，並依證券交易法賦予櫃檯買賣事業

明確之法律定位，財團法人中華民國證券櫃檯買賣中心擬發起設立公司型態之櫃檯買賣事業，俾與其他證券期貨周邊單位共同組成證券期貨控股事業，爰依證券交易法第18條第2項訂定櫃檯買賣事業管理規則（以下簡稱本規則），以作為行政院金融監督管理委員會（以下簡稱主管機關）管理依據，重點說明如下：

1. 核准：經營櫃檯買賣事業應經主管機關核准，以及其申請設立及核發營業執照之程序及應備文件（第3條、第6條及第7條），該規則且規範櫃檯買賣事業之業務範圍、組織體制及設立方式（第4條、第5條）。

2. 保證金：櫃檯買賣事業應向國庫繳存營業保證金並提撥賠償準備金（第8條、第9條）。

3. 事業計畫：櫃檯買賣事業應擬具年度業務計畫與預算、業務計畫執行情形、績效評估及考核辦法等事項，申報主管機關核准或備查（第10條）。櫃檯買賣事業財務報告編製規範、自有資金運用限制，以及特別盈餘公積提撥規定（第11條至第13條）。櫃檯買賣事業應訂定取得或處分固定資產處理程序、提供市場服務之收費標準、業務規則、組織規程以及人事管理辦法，報經主管機關核定（第14條、第15條、第18條、第23條及第24條）。

4. 核准事項：櫃檯買賣事業應先申請主管機關核准事項、應限期向主管機關申報事項及禁止行為事項（第14條、第17條及第21條）。

5. 監視制度：櫃檯買賣事業應建立有價證券櫃檯買市場之監視制度，並得查察證券商之財務業務及內部稽核作業（第19條、第20條）。

6. 監督：主管機關得隨時命令櫃檯買賣事業提出財務、業務報告或其他參考資料，並得直接檢查其財務、業務狀況（第22條）。櫃檯買賣事業應定期將董事、監察人、經理人及業務人員之異動情形申報主管機關（第25條）。櫃檯買賣事業之董事、監察人、經理人及業務人員不得有消極資格、禁止行為，以及怠於執行或未確實執行業務時處分規定（第26～29條）。

三、金管會依第62條規定所頒布之命令

主管機關依第62條頒有證券商營業處所買賣有價證券管理辦法，此辦法中重要的規定說明如下：

（一）第2條規定櫃檯買賣之定義如前述。

（二）櫃檯買賣之有價證券以依證券交易法公開發行未在集中交易市場買賣

之股票，及其他經金管會指定之有價證券爲限。

（三）櫃檯買賣之有價證券，以現款現貨之買賣爲之，不得爲期貨交易。

（四）有價證券之業務規則由櫃檯買賣中心規定之。

（五）有價證券之審查準則，乃是由櫃檯買賣中心訂立準則，報請金管會核定之。

（六）櫃檯買賣中心認爲某種有價證券合於應該與發行人訂立契約，經報請證管價核准後，始得爲櫃檯之買賣。

四、櫃檯買賣中心對店頭市場交易之規範

依前述證券商營業處所買賣有價證券管理辦法第7、8條之規定，櫃檯買賣中心應制定下列之規則：

（一）證券商營業處所買賣有價證券業務規則。

（二）證券商營業處所買賣有價證券審查準則。

前者乃規定交易方式、給付價款之辦法等。後者乃規定於店頭市場交易之有價證券所應符合之條件。

按爲推廣櫃檯買賣，相關業者合資設立財團法人中華民國證券櫃檯買賣中心，該中心極力推廣公司上櫃及交易程序簡化及效率，店頭市場之發展於未來應有極大之空間。

肆、店頭市場買賣有價證券之禁止或限制行爲

依證券交易法第62條第3項之規定，第156、157條之規定，於店頭市場之買賣準用之。按第156條乃是買賣交易數量之限制或禁止，而第157條乃規定內部人短線交易之禁止，及歸入權之行使。除此之外，證券交易法第155條第2項規定，關於操縱市場行爲之禁止，於證券商營業所買賣有價證券準用之，即該等操縱市場之行爲於店頭市場之交易亦不得爲之。如操縱者違反第155條第1項規定之各款行爲時，亦應對於善意買入或賣出者之損害，負賠償責任。

又依2010年6月2日新修正證券交易法第157條之1規定，公司之內部人或與內部人有一定關係之人，於實際知悉發行股票公司有重大影響其股票價格之消息時，在該消息未公開或公開後十八小時內，不得對該公司之上市或在證券商營業處所買賣之股票或其他具有股權性質之有價證券，買入或賣出，如違反此禁止之規定時，該違反者對於當日善意從事相反買賣之人買入

或賣出該證券之價格，與消息公開後十個營業日收盤平均價格之差額，負損害賠償責任。其情節重大者，法院得依善意從事相反買賣之人之請求，將賠償額提高至三倍；其情節輕微者，法院得減輕賠償金額。

伍、集中交易市場或店頭市場發展之策略

學者討論集中交易市場及店頭市場發展之策略時，有認為應先行發展集中交易市場，亦有認為應先發展店頭市場，亦有認為集中交易市場和店頭市場應並行發展，各有其理由，說明如下：

一、認為應先發展集中交易市場者之理由

（一）認為目前之集中交易市場規模太小，市場之深度和廣度均有不足，因此必須先發展集中交易市場，增加股票之種類與數量，以增加市場交易之穩定性。

（二）目前店頭市場既不發達，就應該全力發展集中交易市場，無須積極建立店頭市場。

（三）美國證券交易法1975年修正第11條，期建立國家證券市場，該立法之趨勢，即在避免市場分割，使市場融為一爐，則依此理念我國似無發展店頭市場之必要。

（四）就主管機關而言，兼管集中交易市場和店頭市場，人力分配較為困難。

（五）我國過去店頭市場之發展並不理想，足引以為鑑。

二、認為應先發展店頭市場之理由

（一）對企業募集資金及社會游資之出路而言，店頭市場之發展有正面之意義。

（二）店頭市場登記之股票多屬創業不久，於產業中地位尚未確立，性質上風險較高，股價欠穩定，因此發展店頭市場，有助於集中交易市場之穩定。

（三）店頭市場之發展，有助於證券商業務之發展。

（四）雖然我國對於店頭市場之發展尚乏經驗，不過由於科技之發展，店頭市場之發展技術，並非不能克服。

三、主張集中交易市場和店頭市場，必須同時並進者之理由

（一）集中交易市場和店頭市場兩者互相補充，缺一不可。

（二）股票應先公開發行才能上市，店頭市場提供了公開發行之證券，有試驗交易之場所。

就以上之發展而言，吾人認為：

1. 就目前已公開發行而未上市公司的股票，其數量頗多，其發行之金額亦頗鉅，為使其有交易之場所，並使投資人有正常投資之管道，店頭市場有發展之必要。

2. 現行上市公司有若干為全額交割者，若逕為終止上市，將影響投資人之權益，故使該種有價證券，得於下市後在店頭市場繼續交易，以保障投資人之權益，殊有建立店頭市場之必要。

本書以為集中交易市場與店頭市場之市場區隔，本有不同之發展方向，故應同時並進，縱若有重疊之處，藉由彼此之競爭對市場效率之提升，亦有所助益。近年來，主管機關推動店頭市場之成立與成長，一方面使銀行與券商等上櫃，另一方面亦推動等價自動成交系統，店頭市場應有極大之發展空間。唯鑑於上櫃公司逐漸申請上櫃，櫃檯買賣中心應發揮其為台灣新興產業籌資、債券市場及衍生性商品交易之功能，包括發展第二類股票市場，使其成為中小企業上市前之預備市場。依世界潮流趨勢，證券市場趨於合併，唯應基於控股公司之各子公司型態為相互合作，於該架構下，櫃買中心應尋求未來發展的機會與優勢。

問題與研究

一、說明店頭市場之意義，及其對整體證券市場之功能。

二、說明證券交易法對店頭市場交易之禁止行為。

三、美國店頭市場發展迅速，我國證券商同業公會應如何由該國之店頭市場發展策略，而擬定未來十年之我國市場發展規劃？

第二十三章　證券市場之展望

壹、證券市場之自動化

一、證券市場自動化之目的

證券市場之自動化將可達成下列目標：(一)增進證券市場的效率。即經由自動化的技術，達成迅速的報價及交易執行，並有效傳播市場資訊；(二)確保金融體系之穩定與健全。即經由自動化之資訊，使參與者有效評估投資之風險，且自動化的清算交割制度，快速達成無風險的交割；(三)對投資者予以適當保護。透過自動化交易紀錄，以為監視異常或不法之交易，提供追訴之證據。

二、美國國家證券市場之概念

美國國會於1975年增訂第11條A項，規劃國家證券市場之藍圖，簡而言之，國家證券市場（NMS）之系統，乃是聯合各證券市場，使其買賣要約能得到最好之執行，而市場之交易者或專業會員，能夠完全的競爭。美國國家證券市場之計畫，對交易價格之形成及市場之分業均有其貢獻，唯因市場既得利益者之牽制及美國金管會審慎之態度，故自其立法完成後，仍未能完成必要之措施，是國家證券市場之建議與資料處理之科技實現，以競爭無所管制之理想，仍須努力，始以達成。

美國羅斯教授甚至宣稱，該國家證券市場之想法經十年之努力，以顯示其無功效，故認為第11條A項應加以刪除，或尋求其他方式來改進證券市場之品質。就此點而言，美國證券商公會之NASDAQ系統，已透過「證券市場自動化公司」（Securities Industry Automation Corp.），將數千種以上在集中交易市場交易的股票，在NASDAQ市場中交易，美國證券商公會在建立國家證券市場的努力，顯然遠大於各交易所。

三、我國證券市場之自動化

我國證券市場自動化之法令主要根據為台灣證券交易所股份有限公司電腦輔助交易作業辦法。依此辦法之規定，證券商之買賣為交易所電腦主機接受，或由交易所指定之撮合操作人員，自市場集會開始時，即依規定撮合成

交，此規定是將交易之方式，予以電腦化。展望未來，證券市場自動化，將可達成前述之目標，尤其交易所之電腦連線交易，可融合各國市場，加速國際化。

　　網路證券發行與交易勢必爲市場主流，金管會及證交所均訂有機關規劃，惟未來開展仍待電子簽章法及證交法再次修正。網路交易帶來新商機，亦可能導致市場秩序混亂，投資人權益受損，故除前述法制調整外，金管會亦必須增加人力爲監督，以避免不法情事。

貳、證券市場之機構化

　　美、日先進國家，證券市場機構化（Institutionalization）的現象已十分顯著，而其是否有利於證券市場之發展？深值討論。

一、機構投資人之意義

　　機構投資人可分義及狹義，廣義指「非自然人之投資人」。所謂「自然人之投資人」包括本國自然人及僑外自然人；「非自然人之投資人」則包括政府機構、公司法人及金融性中介機構（Financial Inter- mediaries）。本書之機構投資人專指後者——金融性中介機構。金融性中介機構之分類可圖示如圖23-1：

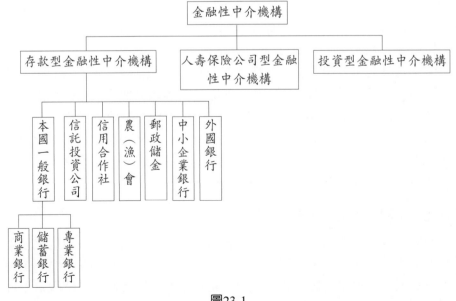

圖23-1

　　金融性中介機構的共同特色乃經存款人、信託人、要保人或投資人而匯集一定之存款、信託基金、退休基金、保險費，由機構投資經理人，用以投資於動產、不動產及證券等。

二、機構投資人對證券市場的影響

　　由於我國證券市場機構化之現象尚未明顯，則機構投資人對我國證券市場之影響如何？尚乏實證之研究，則本書乃參考美日國家之論著，作下列各項之推論：

（一）對投價穩定性（stability）及交易流動性（liquidity）之影響

　　不論是政府政策之說明抑或學者見解皆以爲機構投資人乃中長期投資，故不受短期的市場波動及流言之影響。再者，機構投資人常能領導自然人投資，故得生穩定證券市場之作用。惟亦有主張機構投資人在下列情形，亦可能對交易市場有不利之影響：

1.由於機構投資人持有大筆的證券，又傾於中長期投資，短期進出較少，將使市場證券之流動性（liquidity）及繼續性（continuity）大減。
2.當機構投資人需要大筆資金而出售其持有之證券，或機構投資信託事業爲應付大筆買回（redemption）之要求，故出售信託基金所持有之證券，或全部、一部機構投資人爲出售其持有之某種或某公司之證券，而形成證券市場過大之賣壓時，均將不利於證券市場。

　　由於尚乏對機構投資人買賣證券之實證研究，討論其影響頗爲困難。美國金管會對機構投資人之研究報告指出機構投資人之買賣與股價之變動並無直接密切之關係，故對機構投資人之買賣並無限制之必要。有學者更且主張，若企業公開制度運作更實在，當機構投資人知道壞的消息時，是否必須負擔損失，而去維持一種不合理之價位。上述看法不無理由，唯台灣證券市場廣度（breadth）及深度（depth）均感不足，穩定性欠佳，且國內信託投資公司之證券投資業務，風評不佳。再者，由於機構投資人的興起，致使美國證券市場流動性大減，而加重了專業會員（specialist）完成供求平衡任務的壓力，亦有實證之報導，故本書對機構投資人與證券市場之關係，持如下看法：

1.對於機構投資人買賣數量之限制，應有實證之研究報告，以爲合理管制之基礎。

2.關於本市場穩定性之影響，由於證券交易法第150條之規定，我國並無所謂第三市場，故鉅額交易亦均須透過集中交易市場。關於集中交易市場之正常運作規範，分別於證券交易法第156條及台灣證券交易所營業細則第71、88、99條規定，依證券交易法第156條之規定，當發行有價證券之公司發生變故，或有價證券之價格暴漲、暴跌（第1項），或其他事項顯足以影響市場秩序或公眾利益者，得命令停止全部或一部之買賣，或對證券經紀商、自營商之買賣數量加以限制（第2項）。惟此種規定，當適用於非常狀況，而機構投資人之平常鉅額交易，似非該條足以規範。依台灣證券交易所營業細則第88條規定：「證券經紀商如遇委託人委託買賣特定種類之上市有價證券，其數量過鉅，並認為依通常交易處理足以影響正常市況者，得依第74條之規定，向本公司申報洽商改以議價、拍賣、標購或其他方法行之。」第99條第3項規定：「本公司對證券自營商買賣證券有影響正常市況之虞時，得報請主管機關限制其對一部或全部之買賣數量或價格。」另依第71條及交易所另訂「台灣證券交易所股份有限公司鉅額證券買賣辦法」，以規範轉帳交易的操作方式。上述規定，對機構投資人之鉅額證券買賣方式及其影響均有所規劃。唯機構投資人之平常鉅額交易，如略有影響市場，顯非證券交易法第156條第1項之情形時，則應否適用第2項？本書以為適用此項實宜謹慎。

3.當市場不景氣，證券投資信託基金之淨資產值愈低，則受益憑證持有人買回之要求愈多，管理公司為應付買回之壓力，則必出售信託資金持有之證券，造成市場上更大之賣壓，致股價更趨下跌，如此惡性循環，必有害於市場之穩定，改善之途，只有審慎地提高其準備金，或延長買回之期限。

（二）對手續費之影響

　　投資人委託經紀商於證券市場買賣，應付予經紀商（受託人）手續費（證券交易法第85條），由於機構投資人之興起，而產生了佣金自由化運動，紐約交易所首先對鉅額交易之佣金委諸投資人與證券商協議定之。國內手續費為固定，然實務之轉帳交易時有退佣之情事，業者亦有認鉅額交易應採彈性佣金制度，則手續費之制度，鑑於機構投資人之興起，應有未雨綢繆之計。

（三）對於投資顧問事業之影響

　　機構投資人的特色乃運用其專門之財務管理能力以爲機構投資，惟機構投資人或本身僅爲基金之集合，無此管理能力，抑或本身雖有能力，然亦與投資顧問事業（證券交易法第18條）訂立顧問契約（advisory contract），以使其對機構投資人提供消息。如此，有二個影響：1.當機構投資人增多時，機構投資人注重財務報表之態度，漸漸影響其他之個人投資人，甚至個人投資人跟隨機構投資人買賣證券；2.機構投資人需要資訊以研判投資方向，將刺激投資顧問事業的發展，則目前我國投資顧問事業的窘境，將可漸形解除。

（四）對債券市場的影響

　　就長期而言，企業就證券市場之資金需求將降低，而自證券市場募集資金的方式，將主要爲發行公司債而非股票。另一方面，機構投資人爲求基金價值穩定，對公債及公司債之興趣較高，則未來證券市場主要交易工具將爲債券而非股票。再者，由於機構投資人介入債券市場，亦將使債券市場的種類及品質發生變化，即機構投資人偏好期限較長的債券，將使債券長期化；就債券品質而言，由於機構投資人有專家的審查能力，必將對債券之妥當性、條件及期限予以研判，直接地必提升債券之品質及刺激法令之健全，以進一步保障投資人。

參、證券市場之國際化

一、概　說

　　各國證券市場有集中化之傾向，於美國證券交易法1975年之修正案中，已樹立了國家證券市場之藍圖；而香港亦於近年將四交易所合組爲聯合交易所，此爲各國或地區內之證券市場之整合。國際間交易所之交易連線，亦成爲必然之趨勢，而「關稅暨貿易總協定」爲適應此國際化之傾向，亦於1986年烏拉圭東岬部長級會議中，將服務業列爲多邊貿易談判之一部分。則世界各國對商品貿易之關注已轉而集中於服務業貿易，烏拉圭回合談判之結論及其附屬協定，對金融服務業已有基礎之規範。

　　各國證券市場國際化已成爲必然之趨勢，惟就我國而言，該發展究有何實益？

（一）證券市場國際化實爲實現資本流動自由化之重要步驟。資本流動自由化後，資金經理者自可依其全球性之投資策略，而爲投資組合之設計，此可提高資金運用之效率，及分散投資之風險，而資金需求者亦可取得其所需之資金，而有助於被投資地區之經濟發展。

（二）證券市場國際化而促進本國證券業者技術之提升。即藉著國際競爭及合作，可提高本國證券業者之經營能力，進而促進本國證券市場之發展及進步。

（三）世界各國及國際組織就服務業貿易已列爲會商之重點，我國現正積極爭取進入國際組織，故應重視該等國際組織之發展。我國資本市場之國際化，應有利於形成重返國際組織之有利條件。

二、我國證券市場國際化之現狀及未來

　　證券市場之完全國際化，必然爲證券市場之完全開放，而對外國業者或其資本往來無任何障礙，以下所述情況應爲證券市場國際化之條件：

（一）發行市場

1.本國自然人或法人可於國外發行證券，而外國自然人或法人亦可在本國發行證券。

2.外國機構可在本國內以本國貨幣或外幣承銷證券。

（二）流通市場

1.外國證券商可於本國內設立營業場所，而爲自營商、經紀商或與證券交易所訂立使用契約或成爲會員，該證券業者可與本國之投資者爲本國、外國有價證券交易，或受其委託而爲本國或外國有價證券之交易。

2.外國證券商可於本國內投資或合作設立證券事業，其並可引進外國基金或其他集合性投資（collective investment），亦可以跨國方式爲投資組合經理及顧問事業。

3.外國證券得經交易所之電腦連線，在本國交易所直接爲交易。

4.本國證券商得受客戶委託買賣外國有價證券（含指數股票型基金—即ETF）。

　　就上述證券市場之國際化目標，我國亦逐步邁進，惟其階段性之步驟，當亦隨整體國際市場制度之發展而爲規劃，以下就現階段之發展說明如下：

（一）發行市場

2006年1月11日修正證券交易法，刪除第17條，並修正第22條，全面改採申報生效制。外國發行人所發行依「外國發行人募集與發行有價證券處理準則」之規定（95年8月29日金管證一字第0950004086號令），證交所則准TDR及亞洲銀行之小額債券上市。外國發行人於本國發行證券，各國之規定均頗嚴格，蓋以各國法規公開制度並不相同，且尚須考量外匯及稅捐等問題，准外國證券在本國發行，亟待明確之法規規定。另本國公司考慮資金成本、發行程序、稅負、外匯管制等因素後，於外國證券市場發行證券，必將蔚為趨勢。金管會亦訂有「發行人募集與發行海外有價證券處理要點」，以規範對外發行存託憑證及海外公司債等商品。

為促進外國發行人在台發行證券，並就外國發行人及其所發行證券之法律定位予以明確化，證券交易法2012年元月之修正，有下述之規範：

1. 外國公司之定義：證券交易法所稱外國公司，謂以營利為目的，依照外國法律組織登記之公司（同法第4條第2項）。
2. 準用之規定：於我國上市櫃或登錄興櫃之發行公司，其有價證券之募集、發行、私募及買賣之管理、監督，準用證交法相關規定（第165條之1及之2）。
3. 訴訟代理人之指定：外國公司應在台指定訴訟及非訟代理人，該代理人須於台灣有住所或居所，其姓名、住居所及授權文件，應向主管機關為申報，變更時，亦同（第165條之3）。

（二）流通市場

1. 外國人之直、間接投資

依金管會所擬定之「引進僑外投資證券計畫」，其引進僑外投資證券可分為三個步驟。第一階段先行採取僑外資間接投資證券之方式；第二階段准許僑外專業機構直接投資證券；第三階段則為全面性開放僑外資直接投資證券。該步驟之施行則應依本國證券市場之發展、國際組織之協定，或我國與他國之約定而定。現已實施第三階段投資，即僑外如欲投資國內之證券，除依僑外投資條例頒布之「華僑及外國人投資證券管理辦法」之規定，購買由本國內證券投資信託事業發行，由國外承銷機構銷售之受益憑證，或透過專業投資機構而為買賣外，亦得以自然人名義開戶及買賣。「華僑及外國人投資證券管理辦法」並於2003年9月30日修正，以大幅簡化華僑及外國人投

資國內證券之申請程序。該辦法進一步於2006年修正，係考量華僑及外國人投資我國證券市場金額日漸增加，所占市場比重亦日益提高，惟參與期貨市場方面，因僅得從事避險性期貨交易，致其在期貨市場之參與程度受到限制。為積極吸引外資從事我國期貨交易，創造更符合國際投資之市場環境，有開放華僑及外國人得依非避險目的從事我國期貨交易之必要，俾擴大外資在期貨市場之參與程度，以帶動我國期貨市場之國際化。爰修正本辦法部分條文；其修正要點如下：

(1)配合華僑及外國人在國內期貨市場從事期貨交易將回歸期貨交易相關法規、期貨交易所股份有限公司業務規則及與期貨商間之受託契約予以規範，爰刪除華僑及外國人基於避險需要始得在國內期貨市場從事期貨交易之相關規定（修正條文第4條）。

(2)增訂華僑及外國人已向期貨交易所辦理完成登記取得從事國內期貨交易資格者，免向證券交易所辦理登記即可投資國內證券之規定，以簡化登記作業程序。

(3)另考量登記之註銷與否，宜由投資人自行考量實際狀況決定，不宜強制規定，爰刪除現行強制註銷登記之規定（修正條文第10條）。

(4)為符合管理需要，增訂依期貨交易管理法令，經期貨交易所註銷登記者，證券交易所得不予登記之情形（修正條文第11條）。

(5)股權衍生性商品及結構型商品交易：依據華僑及外國人投資證券管理辦法第4條第2項規定，金管會核定境外華僑及外國人得與國內證券商及銀行從事「財團法人中華民國證券櫃檯買賣中心證券商營業處所經營衍生性金融商品交易業務規則」所規範之股權衍生性商品交易及結構型商品交易，前者包括以新台幣或外幣計價涉及台股股權之選擇權及股權交換，暨以新台幣或外幣計價涉及外國股權之選擇權及股權交換；後者包括以新台幣或外幣計價連結國內、外股權與利率之商品。（97年3月6日金管證八字第0970004713號；97年3月4日金管證八字第0970004657號）

2.僑外投資國內之證券商或設立分支機構

依證券商設置標準，僑外投資證券商者，應先申請金管會核准（第34條）。原規定僑外投資總額不得超過該證券商之發行股份總額之40%已為刪除（第36條），原每一華僑或外國人投資於證券商之投資總額，不得超過該證券商已發行股份總額之10%，並以投資一家為限，亦已刪除（第37條）。

　　外國證券商亦可向金管會申請核准在本國內設立分支機構，經營與本國相同之證券業務，即其可與證券交易所訂立「供給使用有價證券集中交易市場之契約」，而於集中交易市場經營自營或經紀商之業務。外國證券商亦可依「證券商受託買賣外國有價證券管理規則」，及「證券商受託買賣外國有價證券交割結匯程序」，受託買賣國外有價證券。

3.信託投資公司或銀行信託部之證券業務

　　依銀行法第101條之規定，信託投資公司或銀行之信託部得與客戶簽訂協定用途信託資金之契約（信託業法第19條參照），而該契約得規定其信託用途爲購買外國之有價證券，則本國投資人得以指定用途信託資金購買外國之證券；又外商銀行如准以設立信託部，則可經營信託投資公司或銀行信託部有關自營、經紀及承銷等證券業務，亦可以指定用途信託資金服務本國投資人購買外國之證券。信託業法立法完成後，銀行信託部須依新法爲調整，原設有證券業務者須另設證券部，信託資金投資海外基金應仍可留存。

4.大陸地區投資人來台投資

　　依兩岸條例第73條第3項，金管會訂有「大陸地區投資人來台從事證券投資及期貨交易管理辦法」，該辦法就投資人資格、方式爲規定。

問題與研究

一、說明機構投資人之意義及對市場之影響。
二、依現行法令說明我國證券市場國際化之現狀。
三、某外國著名公司擬於本國發行轉換公司債，是否可行？其程序如何？

第
伍
篇

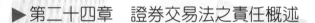

證券交易法之責任規範

第二十四章　證券交易法之責任概述

壹、證券交易法之規範及種類

　　為維持證券發行及交易市場之秩序，並保障投資人之權益，各規範主體須為各種有強制力之規範，就規範內容之不同，可分為下列三種：

一、法令之規範

　　即證券交易法之規定或財政部、金管會等機關所頒布之命令。

二、證券交易所之規範

　　按證券交易所與證券自營商、經紀商間訂有「供給使用有價證券集中交易市場契約」，證券自營商或經紀商依該契約之規定，應遵守證券交易所各種章則之規定，則依該契約證券交易所有實質規範證券經紀商及自營商之效果。

三、同業公會之自律

　　證券商應依其經營證券業務之種類，分別地區，組織同業公會（第89條）。證券商同業公會之章程、規則自可為各種規範，除此之外，證券商於營業處所買賣有價證券，即店頭市場交易，須經同業公會核可，公會於核可時自可為各種規範作為店頭交易之拘束。除證券商同業公會，其他事業亦可依法組織同業公會，制定規則以為規範。

　　法令之規範為國家公權力之直接強制規範，證券交易所及同業公會之規範，應視為國家權限之委讓，而由該等主體之間接規範，其既為國家權限之委讓，亦應由國家公權力為行政監督，而使其符合證券交易法之立法目的。尤其同業公會自律規範，固可補法令規範之不足，然自律規範難免有下列之缺陷：(一)對本身組織之規範欠缺嚴密性；(二)自律組織以自律規範而拒絕行政機構再為任何干涉；(三)以自律規範排除競爭者，用以維護其既得利益，故對自律組織尤須以行政監督以補其缺陷。

貳、證券交易法令規範之功能及內涵

一、刑事責任及行政處分

就違反法令之行為，依其行為之法益侵害性及道德之可非難性，證券交易法分別為刑事罰及行政處分之規定，就理論而言，刑事處分應為法律之最後手段，且就維持市場秩序之效能而言，行政處分不因提起訴願而停止。立法政策上，就違反法令行為之處分，宜優先考慮行政處分。唯行政處分及刑事罰均可生事前預防，而事後矯正之效果。

證券交易法之行政處分及刑事罰之規定，分別述之如下：

（一）行政處分之規定

1. 金管會對證券商及其董監事、受僱人等違反法令之處分（第56、66條）。
2. 金管會對會計師之處分（第37、174條）。
3. 金管會對發行人等拒絕提出財務、業務資料或拒絕、妨礙或規避檢查所課處之罰鍰，金管會於罰鍰後，並得責令限期辦理；逾期仍不辦理者，得繼續限期令其辦理，並按次各處新台幣48萬元以上、480萬元以下罰鍰，至辦理為止（第178條）。

金管會對證券交易所之處分（第163條）。

刑事罰之規定：

證券交易法第171條以下為刑事罰之規定，就該等規定，有下列數點值得說明：

1. 就刑事罰之主體而言，依第179條之規定，法人違法者，應處罰其為行為之負責人，蓋刑事罰之處罰對象為自然人，故縱處罰法人，亦須轉嫁改處罰負責人。
2. 就違反之法規而言，違反法律者，固應依其規定處以刑事罰，違反金管會依法所為禁止、停止或限制之命令者，亦應負刑事責任。

二、民事責任

（一）民事責任之功能

證券交易法之民事責任之規定，法理上有下列之功能：

1. 填補損害之功能：任何違反法令而致投資人受損害者，該被害人所關心者

為是否得依法令填補其所受之損害，而證券交易法各民事責任之規定，亦均為：「對……所受之損害，應負賠償責任。」此與民法損害賠償之原理一致，則該等規定確有賦予被害人損害賠償請求權之功能。

2. 預防之功能：就被害人之損害，如何依法均予填補；相對地，加害人之行為均可依法予以求償，則任何證券交易之參與者均將注意其行為是否違法，並進而遵守法令之規定，此即所謂民事責任規定之預防機能，而第157條之1，對因內部人利用內部消息之交易而受有損害之人，賦予其三倍於損害之請求權，此亦為嚇阻不法行為，而期達到預防之機能。

3. 協助管理市場之功能：民事責任之規定確有嚇阻不法，而預防並矯治侵害行為之機能，如所有之被害人皆能藉民事責任之規定，而列舉該等不法之行為，則證券交易必可維持穩定之秩序，故民事責任之規定及其適用，確有協助管理市場之機能。且受害人對其交易之利害關係最為熟稔，自願依法提出告訴，而如市場之警察，協助主管機關管理市場。

（二）民事責任規定與仲裁之關係

1. 仲裁之規定

(1) 仲裁之事由：依仲裁法之規定：凡有關現在或將來之爭議，當事人得訂立仲裁協議，約定由仲裁人一人或單數之數人成立仲裁庭仲裁之（第1條）。此為該條例適用之事由——當事人之約定，唯證券交易法第166條之規定，以證券交易所生之爭議，如屬證券商與證券交易所或證券商相互間不論其有無約定，則應行強制仲裁——此為仲裁適用之第二種事由。證券商同業公會及證券交易所應於章程或規則內，訂明有關仲裁事項（第170條）。

(2) 約定仲裁及強制仲裁之效果：於約定仲裁時，如一造不遵守而另行提起訴訟時，他造得據以請求駁回原告之訴，而強制仲裁時亦同，即一方另行提起訴訟時，他造得據以請求法院「駁回其訴」（第167條）。此規定與仲裁法第4條之規定不同，仲裁法係規定若一方不遵守仲裁協議，法院應依他方聲請「裁定停止」訴訟程序。此二規定之不同，恐影響法律適用之完整性，亦造成裁判上之岐異，將來修法時應將之統一為正辦。

(3) 仲裁人：一般仲裁之仲裁人選定方式，乃依仲裁契約之約定，其亦可約定仲裁協會代為選定，如於仲裁契約未約定者，得商請仲裁協會代為選定，或由當事人兩造各選一仲裁人，再由兩造選出之仲裁

人，共推另一仲裁人，如不能共推時，當事人得聲請法院爲之選定。而有關證券交易之仲裁，如不能共推時，由主管機關依申請或以職權指定之（第168條）。

(4)仲裁人之判斷及其效力：仲裁人於仲裁判斷前，應行詢問，使兩造陳述，並就事件關係爲必要之調查。如達於可爲判斷之程度，即宣告詢問終結，由仲裁人過半數之意見作成判斷書。該判斷於當事人間，與法院之確定判決，有同一之效力。證券商就該判斷須按期履行，除經提起撤銷判斷之訴者外，其未履行前，主管機關得以命令停止其業務（第169條）。

2.強制仲裁與任意仲裁

按第166條原規定：依本法所爲有價證券交易所生之爭議，不論當事人間有無訂立仲裁契約，均應進行仲裁。按原立法意旨爲「法院不了解證券交易各種技術問題」，「將增加法院許多負擔」而採強制仲裁，惟此立法意旨殊不足採，列述其理由如下：

(1)人民依憲法第16條本有訴訟之權利，殊不足以增加法院之負擔，而剝奪人民訴訟上之權利，且法院就證券交易之糾紛，將可依其職前及在職訓練漸易了解，爲維持其民事救濟之公平性，應由法院審理證券交易之爭議。

(2)以法律規定達成嚇阻不法行爲之功能，須以其廣泛適用爲前提，法規之成熟及成長，亦須賴法院長期累積判例及解釋，如僅依不公開之仲裁判斷，將有礙法規之成長與發展。

(3)就比較法觀點而言，美、日證券交易法規亦無強制仲裁之規定。

(4)隨著證券市場國際化，將所有涉外證券交易之爭執，由仲裁方式解決，恐有窒礙難行之處。

基於以上理由，現第166條第1項改爲：依本法所爲有價證券交易所生之爭議，當事人得依約定進行仲裁。但證券商與證券交易所或證券商相互間，不論當事人間有無訂立仲裁契約，均應進行仲裁。即將非證券商之間，及證券商或證券交易所與投資人間之爭議改採任意仲裁，但爲維持證券商之間，或證券商與交易所間之和平性，就其間之爭議事項，期先以協調方式解決，而仍維持強制仲裁。

問題與研究

一、證券交易法對違法行為分別有各種民事、刑事及行政責任之規定，何種
　　規定對違法行為之防治最具功效？

二、說明證券交易法對民事責任之規定，及其對市場發展之影響。

三、現行法對證券交易之爭議兼採強制及任意仲裁，為何採此制度？

四、某上市公司之內部人對其公司之股票於六個月內為短線交易，某股東請
　　求公司董事行使歸入權，然公司董事以股東會通過不對該內部人行使該
　　權利為抗辯，此抗辯合法否？

第二十五章　詐欺責任

壹、詐欺責任規定之立法理由

　　證券交易法之立法目的之一，爲保障投資人，而證券交易最容易發生侵害投資人權益之行爲，即爲詐欺之行爲，故第20條之規定主旨，即在防範詐欺之行爲，以保障投資人之權益。另證交法於2006年元月公布增訂第20條之1，針對財務報告及財務業務文化虛僞、隱匿民事賠償責任有更明確之規定。

貳、責任之類型

　　就第20條及第20條之1之規定，有認爲是契約責任、侵權責任或獨立類型者，以下分述之：

一、契約責任說

　　由該條第1、2項規定之文義觀之，請求人爲「善意取得人或出賣人」，而責任主體爲「募集、發行、私募或買賣者」，請求人與責任主體似爲有契約關係，故該條之規定旨在賦予請求人有契約上之請求權。

二、侵權責任說

　　就該規定之目的解釋而言，乃爲充分保護投資人之權益，唯不解釋爲侵權責任，實不足以保障與加害人不具契約關係之投資人。且就規定之文字觀之，似亦符侵權行爲規定之類型。

三、獨立類型說

　　如主張爲契約責任或侵權責任，其當須符合該責任之要件，則反攻該規定適用之困難，殊與其立法意旨有違。則解釋爲獨立類型，有助於其立法意旨之達成。

　　以上諸說，似不應囿於文義解釋，而認屬契約責任，即依77年修正後之文字觀之，似亦無解釋爲契約責任之必要，且爲發揮該規定之效果，擴大

其適用之範圍，亦不應解釋爲契約責任。至應解釋爲侵權責任或獨立責任？依74訴字第15521號台北地院判決，認該規定爲侵權責任，然本章以爲其並無區別之實益，蓋解釋爲獨立責任仍以故意責任爲要件（應否包含過失詳後之討論），即無因主張獨立責任而得擴大其適用範圍，故本章以爲將之歸類於侵權責任或獨立責任均無不可。

參、構成要件之分析

一、請求之主體

得依第20條請求損害賠償者，爲證券募集、發行、私募或買賣時之善意取得人或出賣人（第3項）。委託證券經紀商以行紀名義買入或賣出之人，視爲取得人或出賣人（第4項）。蓋行紀乃以證券商名義而爲買入或賣出，則法律形式上證券商爲取得人或出賣人，唯因募集、發行或買賣之眞正受損害之人爲委託人，而非證券商，此造成眞正受損害者無法求償，爲適應此不合理之情形，故於77年修正時增訂第4項，使委託人（投資人）得因該規定得以求償。

第20條之1第5項增訂請求人包括善意持有人，此修正擴張請求人範圍，然此應排除惡意持有人（如請求對象），且該持有人仍應證明「財報等不實」與「損害」間之因果關係，適用仍有其限制。

二、證交法第20條第1項及第2項之適用關係

財務報告及其他有關業務文件之虛僞或隱匿情事，固應適用第20條第2項之規定，惟其與第20條第1項規定之關係爲何，該二項規定是否爲普通與特別規定之關係？如財務報告及其他業務文件之記載有足致他人誤信者，是否亦得適用第20條第2項？財務報告不實而構成虛僞、隱匿者，是否亦有第20條第1項之適用？就刑責之適用應否僅適用第174條第1項第4、5款或亦得適用第171條？此等問題均衍自於第20條第1項與第2項之關係而定，此亦爲我國法將各項違法行爲並爲規定所生，就兩者之關係有必要爲澄清。

本書以爲該第20條第1項及第2項之規定，係個別之請求權，其理由說明如下：其一、就外國之立法例而言，係將該二種不法行爲均得由請求人爲主張而視爲不同之請求權（claims），美國證券交易法第10條(b)項、第18條及第13條之規定，於美國之實務運作上，均得由當事人依其利益爲請求，故該等規定應爲個別獨立之請求權。其二、由文義而言，第20條第3

項係規定違反第1項及第2項規定者，對於該有價證券之善意取得人或出賣人因而所受之損害，應負賠償之責，此係證券交易法修正時因第2項之增訂而為第3項文字之修正，就立法體系而言，此係以分別之請求權為規定。其三、由刑責之適用亦可得知其係個別之請求權規定，違反第20條第1項者，不法行為人應負第171條之刑責，而僅違反第20條第2項者，則處以較輕之刑罰（即第174條第4、5款之規定），如第20條第2項係第1項之特別規定，則刑罰反而較輕，此對不法行為之防範恐有不當。

　　依上述之分析，若第1項及第2項之規定係個別之請求權及不法行為，如不法行為人有第1項及第2項之行為者，請求權人得分別依第1項及第2項之請求權為請求，即財務報表若有虛偽或隱匿之情事者，應就其是否符合第1項之要件而決定是否另適用第1項。於財報不實是否另適用第1項之情形中，實務曾以「非謂行為人有任何使人誤信之行為，即論以該罪，被告於財務報告未將該擅自挪用公司資金、違背規定以公司名義擔任背書等實情揭露，然其行為僅係違反同法第20條第2項及第174條第1項第5款之規定，與公司本身之募集、發行或買賣股票，並無何關聯性，尚不能認有違反同法第20條第1項之規定」。換言之，不能僅依財務報表不實致人誤信而在市場上買入該股票，即可認為符合第1項之規定。惟本章以為我國證交法第20條主要係參考美國之立法，故美國法之見解，我國亦可參考。依美國判例之解釋，詐欺行為需與買賣有一定之關聯，但詐欺者本身不須從事買賣，求償者則須有買賣之行為，申言之，依照美國判例解釋，買受股票之人並非必須直接自發行人本身買進，縱於市場上所購買，亦包括之。依此，第1項之「有價證券之募集、發行或買賣」，應非指該不法行為，而係指符合證交法要件之募集、發行或買賣之有價證券，不得就該有價證券相關資訊有虛偽等情事，此等解釋方有助於證券市場程序之維護，未來立法文字仍有檢討之空間。又行為人就財務報表未有虛偽或隱匿，然有足致他人誤信之行為，則無法構成第2項之適用，惟若該足致他人誤信之行為構成虛偽或隱匿者，亦得分別適用第1項及第2項。依此為解釋，發行人是否有第1項之有價證券之募集、發行、私募或買賣行為，並非第2項是否適用之前提，發行人並無該項行為之必要。惟此等之適用與解釋時，請求人仍必須為有價證券之善意取得人或出賣人，即請求人仍必須有該當之交易行為。

三、財報不實之請求對象

　　按證券交易法第20條第2項係規定：發行人申報或公告之財務報告及其

他有關業務文件，其內容不得有虛偽或隱匿之情事。依此規定觀之，其究規定「發行人就申報或公告之財務報表不得有虛偽、隱匿情事」，或「發行人所申報之財務報告及其他有關業務文件不得有虛偽隱匿之情事」，即本項應負責之人是否僅限於發行人，惟實務爭議之問題，以下乃就實務之見解及未來實務適用應為之解釋說明如下：

（一）實務見解

目前司法實務就第20條第2項之適用是否僅限於發行人有不同之見解，認為第20條第2項及第3項應負責之人僅限於發行人者包括台開信託案（參考台北地院90年度訴字第87號刑事判決）、國揚實業案（參考台灣高等法院89年度上訴字第387號判決），而認為第20條第2項及第3項應負責之人不限於發行人者，則為順大裕（台中地院90年度重訴字第706號民事判決）、美式家具案（參考台灣彰化地方法院88年訴字第1517號刑事判決）。依此觀之，目前實務就此問題有相異之見解。

（二）法律分析及本書之見解

由於證券交易法第20條第2項係規定發行人申報或公告之財務報告及其他有關業務文件，其內容不得有虛偽隱匿之情事。違反第20條第2項之相搭配之刑責規定，係第174條第1項第5款之規定：發行人、證券商、證券商同業公會、證券交易所或第18條所定之事業，於依法或主管機關基於法律所發布之命令規定之帳簿、表冊、傳票、財務報告或其他有關業務文件之內容有虛偽之記載者，應負予刑責。依此，由狹義之文義解釋觀之，第20條第2、3項應負責之人，似均以發行人為限。

此等文義限縮解釋，似與下述之看法或解釋並不一致：其一、依文義解釋而言，第20條第2項係規定：發行人申報或公告之財務報告及其他有關業務文件，其內容不得有虛偽或隱匿之情事，該等規定係規定「發行人申報或公告之財務報告」不得有上述規定之情事，其並非規定「發行人為申報或公告財務報告不得有虛偽之情事」，此就文義解釋而言，該負責之人不限於發行人，似為合理之解釋。即由第1項之文字觀之，有價證券之募集、發行或買賣，不得有虛偽、詐欺或其他足致他人誤信之行為。該第1項亦明文規定有價證券不得有該等情事發生，其並不以特定人為應負責之人，故由文義解釋觀之，該應負責之人應不限於發行人。其二、就體系解釋而言，不論依

前述證券交易法第20條第1項或第32條第1項之規定，其有虛僞隱匿之詐欺行爲者，應負責之人均不限於發行人，若僅限於發行人，該等條文功能即大受限制。其三、就立法目的解釋而言，該規定係防止證券市場之詐欺行爲，若限於發行人爲追訴之對象，實際不法行爲人不受責任追訴，此顯與證券交易法第1條之立法目的一保障投資人有所不符，而無法有效遏止市場詐欺及保障投資人之權益。其四、僅就第174條第1項第5款之規定觀之，其雖規定發行人不得有虛僞之記載，然刑法適用上就共同正犯亦得爲處罰（參考刑法第28條），除共同正犯之外亦得適用教唆或幫助而使公司之負責人負行爲不法之責，證交法第179條亦規定，法人違反本法之規定者，依各條之規定處罰其行爲之負責人，由此觀之，縱就刑法之適用而言，亦不限於發行人。其五、就外國法之比較而言，無論依美國法第10條(b)項、第18條、第13條，該負責之人均爲任何人，而非僅限於發行人，就法律實務而言，以美國證管會對Worldcom之財報不實案例觀之，其所控訴之對象包括法人、董事長、執行長、財務長及其他應負責之人（參考美國證管會對Worldcom之案例），我國法係仿美國證交法第18條之規定定之，應爲同樣之解釋，比較日本法及韓國法亦同。依上述理由，財報不實應負責之人應不限於發行人。

（三）證交法修正明定請求對象

依2006年新修正之第20條之1，請求對象包括：

1.發行人及其負責人。

2.發行人之職員，曾在財務報告或財務業務文件上簽名或蓋章者。

四、財務報告及其他有關業務文件之範圍

按第20條第2項之不實行爲包括財務報告及其他有關業務文件，實務上有爭議者包括會計師之查核報告是否屬於第20條第2項之範圍，依前所述，本文認爲不法行爲人不限於發行人，公司之負責人及會計師等，亦得爲第20條第2、3項之求償對象，依此，第2項之財務報告是否包括會計師之查核報告，即有討論之必要。本章以下乃就第20條第2、3項之「財務報告」及「其他有關業務文件」之範圍說明如下：

（一）財務報告之範圍

按第20條第2項所稱之財務報告應依證交法第14條之定義，該財務報告係指：發行人及證券商、證券交易所依照法令規定，應定期編送主管機關之

財務報告（第1項）。前項財務報告之內容、適用範圍、作業程序、編製及其他應遵行事項之準則，由主管機關定之（第2項）。證券主管機關依第14條第2項發布「證券發行人財務報告編製準則」（參考94年9月27日金管證六字第0940004294號令）。依該準則第4條之規定，財務報告指財務報表、重要會計科目明細表及其他有助於使用人決策之揭露事項及說明。依此，該財務報告係屬廣義，其範圍顯大於財務報表，依同條第2項之規定，財務報表應包括資產負債表、損益表、股東權益變動表、現金流量表及其附註或附表（第4條第2項）。該編製準則第二章即規定有關財務報表之編製事項。除此之外，該編製準則所規定之財務預測、業務、環保、股權等應揭露事項、期中報告及季報與關係企業合併財務報表等，亦均屬該編製準則所稱之財務報告之範圍。

依上述說明，財務報告範圍顯大於財務報表，會計師查核報告應屬有助於使用人決策之揭露事項及說明，實務上發行人財務報表均附有會計師查核報告，故該查核報告應屬財務報告之範圍。

（二）其他有關業務文件之範圍

第20條第2項除財務報告外，尚包括其他有關業務文件，證券交易法並未對其他有關業務文件為定義，然為避免範圍過廣，此應係指第174條第1項第5款所規定之主管機關命令提出之文件或主管機關依法律所發布之命令規定之文件，依此，凡發行人依同法第36條第2項之重大臨時公開事項（參考證券交易法施行細則第7條）、主管機關命令發行人提出之財務、業務報告或其他文件（參考證券交易法第38條），此均為第20條第2項之其他有關業務文件之範圍，此與美國法第18條所規定之範圍相同。

2006年元月之證交法修正條文，尚未明定業務文件範圍，然於第20條之1第1項將之擴張為：第20條第2項之財務報告及財務業務文件或第36條第1項公告申報之財務報告。

由前述之財務報告或業務文件之範圍觀之，其範圍頗為廣泛，然仍以請求人有買賣有價證券為範圍，再者，該等文件不實情事是否為「主要內容有虛偽或隱匿情事」且依外國法解釋係屬「重大」，亦應為第20條第2項判斷之重要基準，以下另為分析之。

五、財報不實與投資損害之因果關係

投資人請求民事損害賠償之案件中，最常被援以為抗辯之事由即財報

不實與投資損害間之「因果關係」。財務報告是否有虛偽不實在審判時或不難判斷，例如事實上存在多筆關係人交易，但財務報表上並未誠實揭露，此種情形，雖然在財務報表公告或申報當時不易察覺，但於事後追查之下，不難發現不實之處。因此在民事求償事件當中，真正的困難點在於投資人是否依據財務報告所呈現公司前景良好、獲利頗豐的表象所作出投資判斷而蒙受損失。就訴訟上之舉證責任分配而言，為訴訟標的之法律關係之事實，應由主張該為訴訟標的法律關係存在之一方舉證之，因此，財報不實與投資損害之因果關係原則上應由被害的投資人舉證。惟參與證券市場之投資人眾多、投資消息紛雜，倘要求投資人負此舉證責任實有不易，況且事實上，依我國一般民情，財務報表之內容往往有相當多的專業術語，並非一般非專業會計師或具財經、法律等知識人員所能輕易瞭解，投資人以財務報告之內容作為投資依據或重要資料者，其實並不多見，若單純以財務報表有虛偽不實，即逕論投資人之之損害係因該不實財報所造成者，似乎仍有疑義。相對的，若僅因投資人無法舉證即縱容行為人於民事責任之外，反易造成行為人違法亂紀，如此對證券市場之發展亦相當不利。

　　為解決此困境，我國法院將舉證責任歸由行為人負擔之。如大中鋼鐵案，台灣台中地方法院91年訴字第243號判決以為「按股票價值與一般商品得籍由其外觀來認定其價值者有所不同，投資人於購買股票時，無法單憑股票之外觀來決定其是否有投資之價值。故舉凡公司之績效、公司之資產負債、個體經濟與總體經濟之前景，個股過去某一時段之走勢表現，均會影響投資人之投資決策。此乃證券本身並無實質之經濟價值，證券之價值不能以其面額決定，而需以發行公司之財務、業務狀況及其他因素為依歸之特性使然（參見賴英照著，證券交易法逐條釋義第一冊第十頁）。是股票之價值往往需仰賴投資人對各項消息之判斷來決定，如發行公司隱匿或製造不實之公司消息，將破壞證券市場透過公開資訊進行交易之機能且導致市場價格扭曲。今因大中公司之財務報告未揭露該公司負責人擅自挪用款項之事實，致使投資者無法從該財務報告之內容得悉公司之財務狀況、經營結果暨現金流量已有異常，致為投資之錯誤判斷，則原告主張被告等之犯行，致其所得資訊錯誤，無從正確判斷風險而善意買入股票，受有損害，合於證券市場交易情況，是於此情形下，應轉由被告舉證證明被告之不實財務報告與投資人之損害無因果關係始可免除責任。惟本件被告未能提出證據證明原告投資大中公司股票，與大中公司公布之財務報表間無何關聯，則原告主張其因被告等之行為受有損害，應屬可採」。此外，台灣新竹地方法院90年度重訴字第

162號判決，針對京元電子一案，亦認為「財務預測則在提供投資人投資有價證券之一項判斷依據，更不能排除傳播媒體加以轉載傳述之可能，此亦屬證券交易集中市場之常態。從而，除依主張非常態事實之一方對其主張需積極舉證之舉證責任分配原則外，另基於訴訟上公平原則，依民事訴訟法第277條但書之規定緩和投資人之舉證責任，認應由提供不實資訊之一方，負擔證明相對人並非信賴該不實資訊使購入有價證券而受有損害，或相對人係因獨立之原因始受有損害等情形之舉證責任，亦應屬合理。」，由上述可知，上開二則判決均係使用舉證責任分配原則來處理因果關係的問題。

外國實務上針對此爭議，則發展出「詐欺市場理論」（the Fraud-on-the-Market Doctrine）。在證券交易市場上，原則上投資人應依自己責任原則，為自己之投資判斷自負盈虧，惟自己責任原則應建築在投資人所獲取之資訊是真實或公平之基礎上，相對於此，企業則肩負公開揭露完全性、正確性與及時性之資訊之義務，倘違反此一義務，企業仍應對善意之投資人負擔民事賠償責任，始足以貫徹證券市場保護投資人之架構與精神。而「詐欺市場理論」即以為，應將行為人故意以虛偽不實之資訊公開於市場之中，視為對於整體市場之詐欺行為，進而市場投資人可以以「信賴市場之股價」為由，說明其間接信賴了公開之資訊，因此投資人無須一一證明其個人之「信賴關係」，而可以被推定為詐欺行為之被害人。換言之，由於行為人公開不實之資訊，造成市場上呈現該公司之股價假象，進而使投資人誤作判斷，此理論即擬制了一個因果關係，推定財報不實與投資損害間之因果關係存在。此理論亦為我國實務上所採用。在最近之順大裕案中（台灣台中地方法院90年度重訴字第706號民事判決），法院即以詐欺市場理論認定相當因果關係之存在。雖然此類案件之被告可能以我國證券市場之現況，尚無「詐欺市場理論」之適用，惟實務見解認為，雖然各國之證券市場，可能因國情、投資環境、投資人結構等因素不同，造成市場對於資訊之靈活度有所不同，但以我國現況觀之，資訊之充分揭露固有加強之空間，然我國證券市場對於經過揭露之資訊，已有反應於有價證券價額之能力，則應予肯認，被告尚不能以不實資訊不足以影響市場行情而規避之。

在財報不實之民事求償案件中，若要求投資人舉證財報不實與投資損害之因果關係，無異阻斷投資人求償之途徑，此種情形中外皆然，因此不論我國或外國，均發展出解決之方式，而詐欺市場理論應足供吾人做為參考之依據。當然，詐欺市場理論仍基於系爭有價證券所處之市場係為效率市場（Efficient Market），而須另考量證券相關資訊是否反應於證券價格。

六、財報不實之請求人範圍

按財報不實之請求人，係第20條第3項所稱之有價證券善意取得人、出賣人或持有人，就此請求主體有下列問題須爲分析：

（一）請求人之範圍

按取得人、出賣人或持有人以善意爲條件，故於不實財務報表公告或揭露之日起，至該等情事爲請求人得爲知悉或應爲知悉之情事時，例如：報章媒體揭露公司有財報不實之情事、主管機關或證交所、櫃買中心之糾正、發行公司之承認等情事時，請求人除有其他事證，否則自該時起即非善意之取得人或出賣人，依此，此不實財務報表揭露之日起至該不實情事爲大眾所知悉之日止，於此期間買入或出售之人，均得爲請求之人。

（二）潛在購買者或出售者之求償

潛在之購買者或出售者，是否得以其若知悉財報不實，即進行交易以獲其利益，因第20條第3項係實際之取得人或出售者爲前提，潛在之取得人或出售者並未爲第20條第3項所規範之範圍，再者，美國法上就潛在之交易人，亦主張不得適用美國法第10條(b)項之規定（參考Blue Chip Stamps v. Manor Drug Stores），此等見解得以避免任意擴張第20條之適用範圍。

有關持有人之範圍，似仍以善意爲限，且應證明「財報等不實」與「持有受損害」之因果關係。

七、財報不實之損害賠償計算

（一）外國之立法例

我國法並無明訂損害賠償計算方式，美國1933年證券法第11條第e項規定：「原告請求賠償之計算標準：原告購買系爭有價證券之價金與下列三種情況之差額：1.起訴時系爭有價證券價額；2.起訴前已售出及實際售出有價證券價額；3.起訴後判決前出售系爭有價證券價額，其賣價高於起訴時價額，該有價證券則以實際出售價格。」日本證券交易法第19條則規定：「以請求權人取得有價證券所支付之金額，扣除下列方式計算之金額：1.請求損害賠償時之市場價格（若無市價，以處分時價格推定之）；2.請求前已處分有價證券者，以處分時之價格。」韓國法仿日本法，內容略同。

（二）學說

再參酌國內學說、判決及美國相關資料，約有下列幾種損害賠償之計算方式：

1.毛損益法（gross income loss）

此法類似「買進與賣出價格之價差」，特徵在於擴大原告損害賠償之範圍，而以原告交易之價額與嗣後被告詐欺事件被揭露後交易價格爲損害賠償之主要依據。本法並非反對找尋眞實價格，如能確實計算出眞實價格，當然可以計算出損害，惟算出眞實價格之前提爲有效率的資本市場，可將所有公開資訊均反映在股價上，而要達到該程度並不容易。台灣台北地方法院74訴字第15521號判決採之，亦有學者認爲，可以以本法爲原則，再加諸其他限制。

2.眞實價格法

此法類似「買進價格與眞實價格之價差」，其計算方式爲，以被告不實陳述或隱匿所形成之「市價」（即原告之實際交易價）與若無被告詐欺行爲之公平價格比較兩者之價差，作爲原告之損害賠償。

3.類股比較法

即將系爭股票與不法行爲期間同類股票之股價跌幅作比較，如系爭股票之跌幅較同類股票之跌幅爲大，則以二者間之差額作爲原告之受損數額。

（三）實務見解

我國實務運作方面，台灣台中地方法院90年度重訴字第706號判決，順大裕公司於1998年3月辦理100億7,000萬現金增資，每股認購價爲53元，迄至起訴時之2000年2月間，每股平均收盤價跌至7元，法院所採取之計算方式爲：1.在起訴前已賣出者，依買進或認股之金額與賣出之金額計算差價；2.起訴時仍持有該股票者，則以認股價格或買進價格與起訴時當月平均收盤價之差額計算，大致上與美國法、日本法相去不遠。至於大中鋼鐵案中，法院認爲「股價變動之因素非單一，是尚難僅以原告買進賣出之差價，即認係原告因被告行爲所受之損害……惟於本件中，欲精確排除各種非人爲因素而計算原告所受之損害，顯有重大困難，本院爰……審酌原告於買進大中公司股票，至賣出股票期間，鋼鐵類股扣除大中、友力2家涉案公司及中鋼特別股、中鋼構特別股、燁隆特特別股（因特別股籌碼稀少，不足以反應市場波動）」其跌幅與大中鋼鐵跌幅「差額部分，可認係大中鋼鐵超逾一般鋼鐵

類股平均跌幅之部分，爰以之做為計算原告得請求被告賠償之依據。」換言之，該案中法院係採取「類股比較法」之模式求得計算標準。而台灣新竹地方法院90年度重訴字第162號判決不認同單純以買進賣出之價差作為標準，但也修正單純以類股比較法之計算方式，而「以原告以公開申購價格購入股票之花費與如於前開消息沈澱期間出售持股所得價金之損失幅度，大於上市電子工業類股指數自被告公司自90年5月9日上市交易起相較於同段期間之平均指數跌幅差額部分，做為計算原告得請求被告賠償之依據，又如以上開方式計算之結果高於原告之實際損失，仍以實際損失為準。蓋此跌幅差額尚堪認定係被告公司非因市場因素所致，又被告等並非於承銷期間向被告公司或承銷商購入股票，其購入平均價格高於承銷價部分如亦認應由被告負責，實非公允，而應以公開申購價格作為計算之基礎方為合理」。

　　從上可知，不論中外均發展出不同之計算理論，我國實務亦莫衷一是，最終仍應如美、日、韓等國明訂於法律之中，而我國實務在個案中累積經驗，經驗之累積當可作為將來修法之重要參考資料。惟本文以為，縱修法明訂其計算方法，仍應僅為推定，被告得舉證為調整。

八、虛偽或隱匿之重大性

　　該財務報告或其他有關業務間之虛偽或隱匿情事，是否以「重要」（Material）為必要，第20條第2項規定文字並不明確，本章以下就法理及外國立法為說明：

（一）外國法之說明

　　按我國證券交易法第20條係源自於美國證券交易法第10條(b)項之規定，不論依該規定或第10條(b)-5之規定，其不實陳述均係以重大事項為前提，我國第20條第2項係仿照美國證券交易法第18條之規定，第18條文件之不實事項，亦以重要之事實為要件。依日本證券交易法之規定，該申請書或有價證券報告書之虛偽欠缺責任，亦以重要事實記載為限（參考日本證券交易法第24條之4之規定）。依此，外國法制均以重要性為不法行為人就財務報告應負責之前提要件。

（二）法理之分析

　　按市場資訊十分繁瑣，就財務報表而言，其項目十分繁多，若將所有財務報告所載項目任何之錯誤均要求行為人負其責任，對商業順暢運轉恐為不

利。再者，就體系解釋而言，證券交易法第32條公開說明書之虛偽隱匿責任，亦以主要內容為限，基於前述外國法之比較、市場發展之衡平及法規體系解釋，第20條第2項之財務報告及其他有關業務文件內容虛偽隱匿情事，應指主要內容而言（第20條之1第1項）。

九、財報不實過失責任之適用可能性

按證券交易法第20條第2項之財務報告及其他有關業務文件之虛偽或隱匿情事，依前所述，其應有別於第20條第1項之請求權基礎，該行為究係故意或過失責任有不同之見解，之分析如下：

（一）故意責任說

主張第20條第2項之不法行為人僅限於故意責任者，得基於下列之理由：其一、第20條第2項列於第20條第1項之後，而第20條第1項為美國法上之反詐欺條款，該等行為於美國法制上或實務上乃認為係故意責任而不包括過失責任，故依體系解釋或比較法觀之，第20條第2、3項應係屬故意責任。其二、我國第20條第2項係源自美國證券交易法第18條之規定，而該條文亦僅限於不法行為人之故意責任。其三、財務報表之記載內容十分繁多，若因任何疏失之記載，均導致負責人、會計師或其他公司人員負過失責任，對商業順暢運轉顯有不利。其四、就文義解釋而言，虛偽或隱匿通常係故意行為。

（二）過失責任

主張第20條第2項之不法行為包括過失責任者，得基於下列理由：其一、第20條第2項之刑事責任乃規定於第174條第4款及第5款之規定，該等規定與第20條第2項之文字內容有異，其並非如第20條第1項之違反，直接適用第171條之刑責規定，兩者規範體系不同，且為不同之請求權，兩者應得為不同之解釋。其二、由第20條第2項之文義觀之，其係規定內容不得有虛偽或隱匿之情事，此並非當然僅指故意行為，由第32條之文字觀之，其亦規定主要內容不得有虛偽或隱匿情事，而依第32條第2項之文字觀之，該等內容不得有虛偽或隱匿情事應包括過失責任，故由體系解釋觀之，此尚可包括過失責任。

（三）證交法之修正

2006年元月之第20條之1修正，將財報不實明訂爲「無過失」（發行人、董事長、總經理）、「舉證責任倒置之過失」（其他負責人及發行人職員）與「過失」（會計師）之責任，此似較國外法制嚴格，該規定如下：

1. 除發行人、發行人之董事長、總經理外，其他負責人或職員如能證明已盡相當注意，且有正當理由可合理確信其內容無虛僞或隱匿之情事者，免負賠償責任。

2. 會計師辦理第1項財務報告或財務業務文件之簽證，有不正當行爲或違反或廢弛其業務上應盡之義務，致第1項之損害發生者，負賠償責任。

3. 第1項各款（負責人、公司職員）及第3項（會計師）之人，除發行人、發行人之董事長、總經理外，因其過失致第1項損害之發生者，應依其責任比例，負賠償責任；且會計師之賠償責任，有價證券之善意取得人、出賣人或持有人得聲請法院調閱會計師工作底稿並請求閱覽或抄錄，會計師及會計師事務所不得拒絕。

十、財報不實之認定標準

發行人之財務報告或其他有關業務文件之虛僞或隱匿，應由請求人爲舉證，實務上仍有爭議者，常爲財務報告及其他有關業務文件虛僞或隱匿是否違反證券發行人財務報告編製準則及一般公認會計原則？會計師是否違反一般公認審計準則及會計師查核簽證財務報表規則？負責人或會計師就該等虛僞隱匿是否明知或有重大過失等？

就確認之事實是否違反前述準則，主管機關基於發布證券發行人財務報告編製準則之權限，應得爲是否違反準則爲認定，同時，財團法人中華民國會計研究發展基金會就係爭事實是否違反一般公認會計原則，基於其發布該原則之權限（參考證券發行人財務報告編製準則第3條）爲解釋或說明，然其所確認者僅爲虛僞隱匿事實是否違反前述準則或原則，就不法行爲人之故意過失、因果關係等，非其所認定之範圍。然若干虛僞隱匿行爲非財務報告編製準則或一般公認會計原則所規範者，未來立法或發布新規則時，應參考美國沙賓法案由發行人依最直接相似之原則予以調整，並爲適當之揭露。立法或發布規則前，法院仍得聘請專家或前述之機關、團體提供專家意見，據爲評斷。

肆、刑事責任

違反第20條之規定，其行為人應分別負第171條及第174條之刑事責任。該法條規定於2004年修正，其修正重點如下：

（一）第20條第2項有關發行人申報或公告之財務報告有虛偽不實之行為，為公司相關人之重大不法行為，亦屬重大證券犯罪，有處罰之必要，爰於第1項第1款增列違反第20條第2項之處罰規定。

（二）已依本法發行有價證券公司之董事、監察人或經理人，如利用職務之便挪用公款或利用職權掏空公司資產，將嚴重影響企業經營及金融秩序，並損及廣大投資人權益，實有必要加以懲處，以收嚇阻之效果，爰增訂第171條第1項第3款，將該等人員違背職務之執行或侵占公司資產等涉及刑法侵占、背信等罪責加重其刑責，由刑法最高處五年以下有期徒刑之罪改列本法，提高為處三年以上十年以下有期徒刑。

又本款規範對象為公司之董事、監察人或經理人，未列入「受僱人」係因受僱人違背執務之執行或侵占公司資產已有刑法第335條、第336條第2項、第342條侵占、業務侵占或背信罪科加以規範，相較於受僱人可能違反之非常規交易罪，本款之罪情節不同，為避免可能發生情輕法重情事，爰不予規範。

（三）提高第171條、第174條犯罪之刑度，並增訂自首減免刑與沒收犯罪所得之規定（第171條第3項至第6項）。

（四）針對財報有虛偽情事者，明定應負責之人包括經理人及主辦會計之人員（第174條第1項第6款），上開人員若曾提出更正意見並向主管機關報告者得減免其刑（同款但書）。

（五）考量發行人之董事、經理人或受僱人等，常利用職務之便以資金貸與他人或為他人背書保證以挪用公司資金，嚴重危害證券市場秩序及公眾利益，乃增訂第174條第1項第8款規定，對違反公司法第15條第1項或第16條第1項等法令及章程規定，將公司資金貸與他人或以公司資產為他人背書保證之處罰規定。

（六）美國沙賓法案（SARBANES-OXLEY ACT OF 2002）針對會計師未依規定保存工作底稿者，訂有十年以下有期徒刑之規定，且對任何人意圖妨礙有關單位或司法機關之調查，故意偽造、竄改、損毀、破壞、隱匿、掩飾工作底稿或有關紀錄、文件者，亦有課處二十年以下有期徒刑之規定；為確保有關單位及司法機關調查違失案件證據之完

整性，爰參考沙氏法案之規範精神，增訂第7項、第9項規定。
（七）明確規範律師與會計師之責任要件與內容（第174條第2、3項）。

另2005年修正證交法第174條之2及第181條之1，係為防止該等犯罪行為人，掩飾、隱匿因自己犯罪所得財物或財產上利益，增訂第171條第1項第2款、第3款及第174條第1項第8款之罪，為洗錢防制法第3條第1項所定之重大犯罪，以適用洗錢防制法之相關規定。再者，證券犯罪案件有其專業性、技術性，一般刑事法庭法官若無相當專業知識者，較不易掌握案件重點，為使證券犯罪案件之審理能符合法律及社會公平正義之要求，有設立證券專業法庭之必要，爰擬具「證券交易法」第174條之1、第174條之2、第181條之1修正草案，其修正要點如次：增訂在一定條件下，證券犯罪行為人所從事之財產移轉行為，公司得聲請法院撤銷之（修正條文第174條之1）。另增訂第171條第1項第2款、第3款或第174條第1項第8款之罪，為洗錢防制法第3條第1項所定之重大犯罪，適用洗錢防制法之相關規定（修正條文第174條之2）。又增訂法院為審理違反本法之犯罪案件，得設立專業法庭或指定專人辦理（修正條文第181條之1）。

於2006年元月之證交法修正則分別為配合投信及投顧法立法而修正第172條及為刑法修正而配合修正第171條。

2012年元月之修正重點如下：
（一）加重背信及侵占之罪責，以致公司遭受損害達新台幣500萬元以上者為限（第171條第1項第3款）。
（二）外國公司之行為人有違反證交法重大刑責規定者，依第171條論處（同條第8項），外國公司董事、監察人、經理人或受傭人有違反第171條第1項各款之情形者，該條各項規定對其第三人亦有所適用（第171條第9項）。

問題與研究

一、證券交易法第20條規定詐欺責任之民事賠償，學說上將其分列為不同之類型，何者對投資人權益保障最為周延？
二、因違反證券交易法第20條之規定，而應負損害賠償責任之人，得否主張非具故意僅為過失而免責？
三、公司內部人與公司有利益輸送行為，股東得否以證券交易法第20條第2項之規定，向公司內部人求償？

第二十六章　公開說明書之責任

　　為保障公開說明書之真實性及投資人之權益，證券交易法賦予發行人交付公開說明書之義務，並不得有虛偽、隱匿之記載。以下分述之：

壹、公開說明書之交付責任

一、請求人

　　依第31條之規定，得請求損害賠償者，指善意之證券認股人或應募人，所謂之善意，有學者主張為：「無與發行人與證券商有勾結關係者而言」惟依民法之概念，所謂之善意指不知情，指該認股人或應募人不知其公開說明書之內容者而言。

二、請求對象

　　依該條應交付公開說明書者為發行人，另依第79條之規定，承銷商亦有代理交付公開說明書之義務，則承銷商亦應為該交付責任之責任主體，但如發行人未交付公開說明書予承銷商時，承銷商是否仍應負該條之責任？吾人以為該條之規定僅罰故意之違法行為，如承銷商已盡其義務，但仍無法自發行人取得公開說明書，或縱取得而仍有不足時，則其自不應負該條之責任。

三、違法行為

　　該規定之違法行為，指發行人或承銷商未向認股人或應募人交付公開說明書之責任。

　　該違法行為須與相對人之損害有因果關係，即投資人因未取得公開說明書而未知悉該發行人之財務、業務等資訊，致其有所損害。該損害賠償額之計算，自應依照民法第216條規定辦理。唯有學者主張，可參照美國立法例，可由投資人解除契約，而向發行人要求返還價金及利息，如已轉售者，得以認購價格及出售價格之差額為損害額，向發行人求償。

四、刑事責任

違反該條規定之發行人或承銷商，應依第177條第1款及第178條第1款規定，分別處一年以下有期徒刑、拘役或科或併科新台幣120萬元以下之罰金與新台幣24萬元以上240萬元以下之罰鍰。

貳、公開說明書之虛偽、隱匿責任

第32條規定發行人等就公開明書主要內容之虛偽、隱匿之民事責任。該規定旨在保障公開說明書之真實性，以發揮公開法規體系之效果，供受害人損害之救濟。以下分別依請求主體、對象及違法要件等分析請求權之構成要件：

一、請求主體

依該條規定求償者為善意之相對人，所謂之善意指就公開說明書虛偽、隱匿之記載並不知情者而言。該相對人是否限於直接與發行人有契約關係之認股人或應募人？如主張第32條為契約責任者，自僅限於有契約關係始可求償，且由該規定之文字觀之，立法原意似僅限於有契約關係者為限。然就目的解釋，為充分發揮該規定之效能者而言，以主張侵權責任或獨立責任較妥，即請求人與發行人間不必有契約關係，且除發行人外之其他主體，與請求人間亦無契約關係，難以契約責任解釋之，且美、日學者亦多主張發行人與請求人間不必有契約關係。

二、請求對象

依第32條之規定，應負責任者為下列幾款之人：

(一) 發行人及其負責人

公司之董、監事為公司之負責人，然董、監事有參與公司經營者，亦有僅掛名者，請求人當須證明董、監事就公開說明書之虛偽、隱匿之記載有所認識，而仍同意證券之發行者。

(二) 發行人之職員，曾在公開說明書上簽章，以證實其所載內容之全部或一部者

該規定之職員指發行人之受僱人，至於其是否依法辦理僱傭手續在所不

問，舉凡於公開說明書以受僱人身分簽章以證實其內容者，均應認爲該發行人之職員。

（三）該有價證券之證券承銷商

該證券之承銷商指與發行人訂有承銷契約者而言，應不論其爲主辦承銷商或協辦承銷商，其僅爲應負責任之比例不同而已。按承銷商於承銷事務之處理，本應就公開說明書之記載詳爲查閱，如發現有虛僞、隱匿之情事，而仍予承銷者，即應負責。且投資人亦信賴承銷商，其自應負擔該虛僞、隱匿之責任。

（四）會計師、律師、工程師或其他專門職業或技術人員，曾在公開說明書上簽章，證實其所載內容之全部或一部，或陳述意見者

會計師等專門技術人員雖爲發行人支付一定對價而予聘任，然其應依法令或專門知識而獨立爲簽證或陳述意見，否則公開說明書將無法爲投資人所信賴，本款之規定即在保障會計師等誠實、公正及獨立之立場，及公開說明書之眞實性。實務上於公開說明書上簽證或陳述意見者，主要爲會計師及證券專家。

三、違法行為

該條規定之違法行爲指第1項各款之人，於公開說明書之應載事項之主要內容有虛僞、隱匿之情事。所謂「公開說明書之應載事項」，係指依金管會依第31條第2項頒布之「公開募集發行有價證券公開說明書應行記載事項準則」。而「公開說明書之主要內容」係一不確定之法律概念，係指「可能影響理性投資人投資決定之記載」而言，其內涵之解釋似可參酌第36條第2項第2款、第157條之1第4項及施行細則第7條之規定。所謂之「虛僞」陳述，指明知不實之事實而爲陳述。所謂之「隱匿」，指明知重要之事實而不予陳述，或陳述不完整者而言，至應否包括足致他人誤信（misleading）之陳述，學者有主張應包括之，即凡對事實陳述而有所偏倚，使投資人無法獲得正確之認識，而產生誤導者均爲令他人誤信之陳述。至於將現金增資款用以清償舊欠後再爲借貸，是否屬於公開說明書用途不實，實另上有不同見解：

認爲公司除依現金增資目的清償銀行借款外，未按增資目的償還銀行借

款，或於清償當日或清償日數日後再借出，或以借新還舊、換票方式處理等情形，使公司之負債從帳面上看似減少，實則並未改變。則公司辦理現金增資所募得款項，並未依現金增資計畫使用，該公司係反覆以換票方式運作，並未用以清償銀行債務，其清償動作充其量僅是一種障眼手法，該公司利息支出並未減少（台高院91年上重更一字第25號判決）。換言之，將現金增資款用以清償舊欠後再為借貸，實質上仍與現金增資目的不符，屬於公開說明書用途不實。

　　則認為公司歸還銀行舊欠，再行借貸，是為公司之營運決策，況公司尚有內部稽核、監察人監督，是否再為借款，為公司董事會之決議，非個人即能決定，是難認行為人有故意為虛偽或詐欺情事（台北地院88年訴字第292號判決及台高院88年上重訴39號判決）。

　　所謂公開說明書不實，依證交法第32條係指公開說明書應記載之主要部分有虛偽或隱匿之情事。於此情形應討論者有二點，其一、現金增資款用以清償舊欠後再為借貸是否為「主要內容」，其二、未予載明是否有不實。「主要內容」可參考美國法上之material fact之解釋——包括普遍之謹慎投資人在購買證券時所應獲悉之事實或對其購買決定可能有影響之事實。投資人於購買該股票時，公司之資產負債狀況應為投資人必要參考之重要資訊之一，因此若其增資還舊後旋即再借，公司財務狀況並未能改善，應肯認屬於謹慎投資人所需知悉之「主要內容」。至於「虛偽」指明知或可得而知為不實仍記載之，若因不注意而將事實上重要之記載不實者，亦應足當之。「隱匿」除包括完全不記載之情形外，參考日本證券取引法第17條，亦應包括「誤導之陳述」，使讀者產生誤解之情形。此情形縱若不符合虛偽之要件，但其至少符合不完全記載，且有導致公開說明書使用人誤解之情形。或有謂內容是否正確，應以分發使用時是否正確為標準，若以後發生情事變遷而致內容不完全正確時，應可不負責任，惟公司清償當日旋即再借，其實質上等同於未清償，尚難認為再行借款係因公司嗣後之營運決策，任何第三人均應可推知公司增資時即有此計畫，應由行為人負舉證責任說明是否有重大情事變更致為不履行公開說明書之內容。

　　至於「老股承銷」是否亦有第32條之適用？實務以為證券交易法第30條、第32條所稱之公開說明書係指公司募集、發行有價證券，於申請審核時應具之公開說明書及募集有價證券應向認股人或應募人所交付之公開說明書而言，若係將已公開發行之股票申上櫃買賣（提撥老股承銷），與證券交易法第30條、第32條所定之公開說明書未合（高雄高分院92年上重訴字

第14號及高雄地院86年訴字第3344號判決）。以體系解釋論之，證交法第32條係延續第31條而來，而第31條是延續第30條而來，換言之，證交法第32條公開說明書不實之公開說明書，係指「公司募集、發行有價證券，於申請審核時所附具之文件（第31條），而交付予認股人或應募人者（第30條）」同法第13條之公開說明書及第5條之發行人定義，均亦可能推論：第32條之公開說明書僅係新股發行者而言。外國立法例所規定之公開說明書包括新股及老股所交付者，如日本證券取引法第15條第2項，有價證券之發行、賣出者，募集或賣出有價證券或已公開發行之有價證券時，對認股人、證券公司或登錄金融機構應交付合於第13條第2項及第4項規定之公開說明書，而公開說明書不實者，依同法第17條負損害賠償責任，美國法亦同。就投資人權益保障之觀點而言，老股及新股認購人信賴內容幾乎完全一致之公開說明書，若謂老股認購人不得受有第32條之保護，恐有失平。未來法律適用上，可藉由主管機關之解釋、司法判決例之擴張或類推解釋為適當之說明。

　　請求人之損害與違法行為間須有因果關係，即須因該責任主體於公開說明書之虛偽、隱匿陳述致投資人受有損害，始可為請求。

四、損害賠償額

　　請求人得請求何種民事上之救濟？如該募集之核准經金管會撤銷者，應視該認購之行為亦為解除，故請求人得請求返還價金及法定利息。唯亦有主張仿美國法，以請求人不論金管會有無撤銷核准，均可解除契約而請求回復原狀並返還價金。請求人如請求其所受之損害之賠償，其應依民法第216條之規定求償，至如何計算其損害額，似可參酌第157條之1第2項之規定。另我國法似亦可考慮增訂類似日本法第19條之規定，明訂賠償額之計算方法。

五、相對責任

　　原第32條之規定，係採結果責任主義，即公開說明書記載之主要內容如有虛偽或隱匿之情事，該條所列各款之人應與公司負連帶賠償責任，並無負責之餘地。此就保護投資人而言，固有其優點，但發行人以外之人如已盡合理調查（reasonable investigation），縱無過失，仍須負連帶賠償責任，顯屬過苛。爰美、日立法於該條增列第2項，即：

（一）該條第1項第2款至第3款之人，除發行人外，對於未經會計師等簽證

部分，如能證明已盡相當注意，並有正當理由確信其主要內容無虛偽、隱匿情事或對於簽證之意見有正當理由確信其眞實者，免負賠償責任。

（二）第4款之會計師等專門職業人員，如能證明已經合理調查，並有正當理由確信其簽證或意見爲眞實者，亦免負賠償責任。

六、第20條及第32條之關係

如發行人於募集、發行有價證券時，有虛僞、詐欺之行爲，即於公開說明書爲虛僞、隱匿之記載，則投資人於認購後受有損害者，可分別依第20、32條之規定，對發行人等請求損害賠償，此爲請求權競合，任一請求權之行使，並不妨礙其他請求權之存在。至違反該2條之規定，亦可觸犯第171、175條之刑責，一行爲觸犯數罪名，構成想像競合犯。

問題與研究

一、說明爲何須保障公開說明書之眞實性？因過失致錯誤記載重要之事項，應否負賠償責任？

二、發行人就公開說明書之虛僞記載爲何不僅負相對責任，而須負結果責任？

三、發行人等對公開說明書之何種錯誤、隱匿之記載應負民事責任？

四、某主辦承銷商於承銷證券時，發現該公司與公司董事有非常規交易，而未記載於承銷商評估報告及公開說明書，主辦及協辦承銷商應否負民事責任？

第二十七章 內部人交易之責任

壹、內部人交易責任之立法目的

立法上之所以須禁止內部人交易（Insider Trading），並賦予損害賠償請求權，學理上有下列四種理由：

一、公平交易

一方知悉有關交易事項之重大消息，未向他方透露，而他方毫無所悉，顯失公平。

二、促進市場資訊流通

禁止利用未經公開之重要消息，將促進公司公開有關消息，使證券市場資訊之流傳，更為迅速有效，以助於公平價格之形成。

三、公司資產之正當利用

公司內部消息為公司之資產，僅能為公司目的而加以利用，不得挪為私用而圖私利。

四、促進公司內部決策程序之健全

公司決策人員須賴公司內資訊傳遞無礙，始得為有效之決定，如承辦人員為利用內部消息而延遲傳遞，將使決策程序出現重大瑕疵。

公司內部人交易應否禁止，確於學術上仍有爭論，然為保障投資人權益，及維護投資人之投資信心及投資公平性，該規定確有其必要。美國著名證券交易法學者羅斯教授，曾以內部人交易如同玩牌時，允許一個人在牌上做記號，將無人願意玩牌為比喻。證之美、日各國，近年加強取締內部人交易，確已為各國立法及實務之趨勢。

貳、內部人短線交易之民事責任

證券交易法第157條之規定，乃是以因舉證內部人利用內部消息之意圖

殊為困難，遂以此粗略而實際之方法，使內部人負擔民事責任，以防止內部人短線交易，其基本精神在於事前的嚇阻，至於實際上內部人是否利用未公開之內部消息，則在所不問。以下依第157條之規定，分析其要件如下：

一、請求主體

第157條歸入權之行使，應由公司為之，惟公司之請求權應由董事、監察人代表為之，然公司之董事會或監察人不為公司行使請求權時，股東得以三十日之期限，請求董事或監察人行使之；逾期不行使時，請求之股東得為公司行使該請求權。

二、責任主體

應負該規定之責任者為發行公司董事、監察人、經理人或持有公司已發行股份超過10%股東。公司董事、監察人或經理人於就任前買進或賣出該公司之股票，而於六個月內就任董事、監察人或經理人並為買進或賣出股票，則其應否負賠償責任？美國之實務有主張應包括此情形，就擴張該規定之效能而言，該規定確有其必要，然適用上，因就任前未依第25條而為申報，故較難以查核。金管會則認為內部人違反第157條之規定時，其於未具身分前或喪失身分後買進或賣出之股票，不列入計算範圍（84年台財證(三)第00461號）。又本條77年修正增訂第5項，已包括受益所有人，故於計算是否為10%之股東，應適用第22條之2第3項，即應將其配偶、未成年子女利用他人名義時有者，均應合併計算。至於公開發行公司之董事、監察人、經理人或持有公司股份超過10%之股東以「公開招募」方式出售所屬公司股票時，其賣出時點以股款匯入發行人專戶之日為準；內部人提供所屬公司股票參與存證機構發行海外存託憑證者亦同（93年台財證(三)字第0920157930號令）。

2000年新修正條文包括公開發行具有股權性質之其他有價證券，準用第157條之規定，又依證券交易法施行細則第11條第1項之規定，所謂「具有股權性質之其他有價證券」，指可轉換公司債、附認股權公司債、認股權憑證、認購（售）權證、股款繳納憑證、新股認購權利證書、新股權利證書、債券換股權利證書、台灣存託憑證及其他具有股權性質之有價證券。故於公司發行上開有價證券時，有第157條之情事者，亦有歸入權之適用。

至於上市（櫃）公司董事、監察人、經理人或持有公司股份超過百分之十之股東買賣以所屬公司股票為基礎證券之認售權證，而有證券交易法第

157條之適用者，其買進認售權證之交易，係屬「與賣出相當之地位」，應與買進所屬公司股票或其他以該股票為基礎證券之具有股權性質有價證券之交易相配；其賣出認售權證之交易，係屬「與買進相當之地位」，應與賣出所屬公司股票或其他以該股票為基礎證券之具有股權性質有價證券之交易相配，並依證券交易法施行細則第11條第2項所定計算方式計算所獲利益（92年台財證(三)字第0920000717號函）。

三、違法行為

　　該違法之行為係指發行公司董事、監察人、經理人或持有公司股份超過百分之十之股東，對公司之上市股票，於取得後六個月內再行賣出，或於賣出後六個月內再行買進，因而獲得利益者。本條規定之短線交易不限於對上市股票而為交易，因第62條第3項規定，第157條亦準用於店頭市場之交易，故對未上市然於店頭市場交易之發行公司股票之短線交易，亦應負賠償責任。又本條之買進、賣出所指為何？依金管會及美國實務之見解：

（一）公司內部人買（或賣）公司普通股，而賣出可轉換為普通股之特別股（或轉換公司債），金管會及法院實務均認得合併計算歸入權之利益。

（二）公司內部人因公司盈餘轉增資（含員工紅利）、受讓公司之庫藏股或行使可轉換公司債之轉換權取得公司股票，尚非前揭法條所定「取得」之範圍，不列入歸入利益之計算。然公司內部人另有買進與賣出（或賣出與買進）公司股票之行為相隔不超過六個月者，應有歸入權之適用，不得以所賣出之股票係公司盈餘轉增資（含員工紅利）、受讓公司之庫藏股或行使可轉換公司債之轉換權所取得之股票，主張豁免適用（90年台財證(三)字第177669號）。公司內部人行使員工認股權，取得公司股票者，應屬該條之「取得」，應有歸入權之適用。其買進時點及買進成本之認定，應以內部人行使員工認股權取得股票（股票交付日）之時點，以及內部人行使員工認股權取得股票當日所屬公司普通股之收盤價為準。另發行人或其代理機構依「發行人募集與發行有價證券處理準則」第61條規定，以發行認股權股款繳納憑證發給員工認股權人者，則以「交付認股權股款繳納憑證日」為取得時點，並以當日所屬公司普通股之收盤價為買進成本（93年5月28日台財(三)字第0930002333號令及95年1月12日金管證三字第0940147822號令）。

（三）因公司之合併而換發新股票者或贈與者，通說認不包括之。

（四）買進時非爲上市股票，而賣出變爲上市者，不屬該條之範圍。

（五）法人及其代表人之持股應分別計算，其買賣應爲獨立行爲（82年台財證(三)字第68058號）。

（六）因受贈或繼承取得上市股票者，屬本條之範圍。

（七）因信託關係當選董監事後，再以承銷商身分依第71條取得上市股票者，有本條之適用。

（八）公營事業移轉民營時，員工認購股票，乃本條所規定之取得（84年台財證(三)第00461號）。

（九）董事因股票被質押而自行斷頭賣出股票之行爲，是否屬「非自發性之行爲或非可歸責於自己之事由」──可否排除於短線交易之外，有不同見解。

否定說以爲雖財政部證券暨期貨管理委員會88年台財證(三)第218731之1號函，就有關公開發行公司董事、監察人持股成數不足與歸入權等規定之適用問題，曾釋示「公開發行公司董事、監察人因『非自發性之行爲或非可歸責於自己之事由』，造成持股成數不足而依規定補足持股成數，該次買進之股票，得不列入歸入權行使之範圍。」然此所謂「非自發性之行爲或非可歸責於自己之事由」，係指「其他董事持股質押而遭金融機構強制賣出」，並未包括「董事自行決定斷頭賣出之行爲」，此由金管會台財證(三)第75614號函所示意旨「公開發行公司董事之配偶將公司股票質押於銀行，經銀行追補擔保品而買進股票之行爲，不得主張免除歸入權之行使」。故董事因股票被質押而自行斷頭賣出股票之行爲，應非屬「非自發性之行爲或非可歸責於自己之事由」，不得排除短線交易之規範，因此仍有歸入權之適用（最高法院91年台上字第3037號及台高院91年上重更一字第25號判決）。

肯定說則認爲上市、上櫃公司董、監事，因質押之股票遭金融機構斷頭等非自發性或不可歸責之原因，造成董監事持股不足時，因而買進之股票，公司不可以此行使歸入權。所謂歸入權，依金管會之解釋，如董監事等內部人，在六個月內買賣股票，將構成短線交易，所獲利益必須歸還給公司，亦即公司必須行使歸入權（台灣高等法院88年上重訴字第39號判決）。

四、違法之效果

公司之內部人有六個月內買進及賣出、賣出及買進之行爲，公司得將其所獲得之利益歸於公司，此即爲歸入權之行使，此歸入權之行使，當不必證

明內部人有利用公司內部消息之行為。此歸入權得行使之範圍，學說上有股票編號法、先進先出法、平均成本法及最高賣價減最低買價法，我國證券交易法施行細則第11條第2項則採「最高賣價減最低買價法」，以圖嚴格規範內部人交易，其利益之計算與項目如下：

（一）取得及賣出之有價證券，其種類均相同者，以最高賣價與最低買價相配，次取次高賣價與次低買價相配，依序計算所得之差價，虧損部分不予計入。

（二）取得及賣出之有價證券，其種類不同者，除普通股以交易價格及股數核計外，其餘有價證券，以各該證券取得或賣出當日普通股收盤價格為買賣或賣價，並以得行使或轉換普通股之股數為計算標準；其配對計算方式，準用前款規定。

（三）列入前二款計算差價利益之交易股票所獲配之股息。

（四）列入第2款、第2款計算差價利益之最後一筆交易日起或前款獲配現金股利之日起，至交付公司時，應依民法第203條所規定年利率5%，計算法定利息。

　　列入前項第1款、第2款計算差價利益之買賣所支付證券商之手續費及證券交易稅，得自利益中扣除。

　　又買進及賣出數量之計算，因有第22條之2第3項之適用，故該內部人與其配偶、未成年子女及利用他人名義之持股，須合併計算之。

參、內部人利用內部消息交易之民事責任

　　第157條之1為77年所增訂，其增訂之理由，乃以「股票發行公司內部人員參與公司股票買賣，僅第157條六個月內短線買賣利益歸入公司或如符合詐欺等要件，應負第20、21條民刑責任外，對於利用公司未經公開之重要消息買賣股票圖利，未明定列為禁止規定，對證券市場之健全發展，構成妨礙，並為證券管理之缺失。」

　　以下依第157條之1之規定，分析其構成要件如後：

一、請求主體

　　請求人為與利用內部消息之人善意從事相反買賣之人，所謂之善意，指不知他方有利用內部消息而為交易之情事。該善意之相對人，在店頭市場因係當事人議價買賣，故買賣雙方即可確定；在集中交易市場，因採集中競價

買賣，買賣之對象難以確定，故有主張於集中交易市場從事相反買賣之人，係指當日與利用內部消息之從事相反買賣之人均屬之，其均可按第2項所得之賠償額，與當日該股票交易量比例計算以求償之。又因第20條第4項之規定準用，故委託證券經紀商以行紀名義買入或賣出之人，視其本人為取得人或出賣人。

二、責任主體

第157條之1規定利用內部消息而為交易應負責之主體，包括下列幾種：
（一）該公司之董事、監察人或經理人及依公司法第27條第1項規定受指定代表行使職務之自然人。
（二）持有該公司股份超過10%之股東。
（三）基於職業或控制關係獲悉消息之人。
（四）喪失前三款身分後，未滿六個月者。
（五）從前四款所列之人獲悉消息者。

何謂基於職業關係獲悉消息之人？應指因其職業而與發行公司有業務來往之人，諸如發行公司聘任之受僱人（除經理人外）、律師、會計師。證券承銷商、證券交易所、金管會等人員、辦理發行公司銀行之授信人員等。

何謂有「控制關係」之人？由於法無明文，亟待施行細則、實務解釋以為界定，美國之聯邦證券法典（草案），定義控制為基於持股、契約或其他中介方式，而可直接或間接對公司之管理或政策有影響者而言。如持有公司可發行股份25%以上者，推定具有控制關係。此等規定似可為實務解釋之參考。

三、違法行為

依第157條之1第1項規定之違法行為，指公司內部人實際知悉發行股票公司有重大影響其股票價格之消息時，在該消息未公開前，對該公司之上市或在證券營業處所買賣之股票或具有股價性質之有價證券，可轉換公司債、附認股權公司債、認股權憑證、認購（售）權證、股款繳納憑證、新股認購權利證書、新股權利證書、債券換股權利證書、台灣存託憑證及其他具有股權性質之有價證券，而為買進或賣出之行為。所謂「重大影響其股票價格之消息」（material inside information），指涉及公司財務、業務或證券之市場供求，對其股票價格有重大影響，或對正當投資之投資決定有重要影響之

消息。施行細則第7條解釋何謂對股東權益或證券價格有重大影響之事項，可做爲該規定解釋之參考。又本條規範之證券，非僅限於上市之證券，亦包括於店頭市場登記之證券。依實務上之案例，如「公司盈餘驟增」、「土地開發協議」、「銀行抽緊銀根」、「高額之備抵呆帳」、「銀行拒絕往來」及「負責人死亡」，均屬重大消息。

　　依證券交易法（以下簡稱證交法）第157條之1第5項及第6項規定，授權主管機關訂定重大消息之範圍及其公開方式等相關事項。有鑑於「罪刑法定原則」及「構成要件明確性原則」，並因應未來市場之變化及符合市場管理之需要，爰參酌證券交易法施行細則第7條規定、歷年來內線交易案例、日本證券交易法規定及「台灣證券交易所股份有限公司對上市公司重大訊息之查證暨公開處理程序」第2條所稱重大消息等內容，擬具「證券交易法第157條之1第5項及第6項重大消息範圍及其公開方式管理辦法」（以下簡稱本辦法），重點說明如下：

　　本辦法共計7條，謹將要點說明如下：

（一）明定重大消息之範圍

　　1.涉及公司之財務、業務之重大消息（第2條）：

　　　(1)依證券交易法施行細則第7條訂定對股東權益或證券價格有重大影響之消息。

　　　(2)公司辦理重大之募集發行或私募具股權性質之有價證券、減資、合併等事項，或前開事項有重大變更者。

　　　(3)公司辦理重整、破產、解散、申請股票終止上市或在證券商營業處所終止買賣，或前開事項有重大變更者。

　　　(4)因董事受假處分或獨立董事均解任致董事會無法正常行使職權者。

　　　(5)因災難、罷工等重大情事致造成公司重大損害，或經有關機關命令停工、停業或撤銷相關許可等情事者。

　　　(6)公司之關係人或主要債務人等遭退票、聲請破產等情事；或公司背書或保證之主債務人無法償付到期之債務者。

　　　(7)公司發生重大之內部控制舞弊等情事；或與主要客戶或供應商停止部分或全部業務往來者。

　　　(8)公司財務報告有未依規定公告申報、或有錯誤或疏漏應更正重編、或會計師出具無保留意見或修正式無保留意見以外之查核或核閱報告者。

(9)公開之財務預測與實際數有重大差異或財務預測更新（正）與原預測數有重大差異者。

(10)公司辦理買回本公司股份、進行或停止公開收購、或取得或處分重大資產者。

(11)公司發行海外有價證券，發生依上市地國政府法令及其證券交易市場規章之規定應即時公告或申報之重大情事者。

2.涉及該證券之市場供求之重大消息（第3條）：

(1)公司發行之有價證券有被進行或停止公開收購者。

(2)公司或其所從屬控制公司股權有重大異動者。

(3)公司發行之有價證券有標購、拍賣、重大違約交割等情事者。

（二）明定重大消息之成立時點，為事實之發生日、協議日等，並明定以日期在前者為準，以資明確（第4條）。

（三）明定消息之公開方式及證交法第157條之1第1項十八小時之起算時點（第5條）。

　　關於內線交易是否以獲利為必要，有不同見解。肯定說以為：按證券交易法第157條之1第1項所稱「重大影響其股票價格之消息」，係指涉及公司之財務、業務或證券之市場供求，對股票價格有重大影響，或對正當投資人之投資決定有重要影響之消息而言。參諸證券交易法施行細則第7條對「存款不足之退票、拒絕往來或其他喪失債信情事者」，固為對股東權益或證券價格有重大影響，惟須行為人亦因此重大消息未公開前買入或賣出股票有所獲利始足當之（台北地院88年訴字第292號及台高院88年上重訴字第39號判決）。

　　否定說以為：禁止內線交易之理由，學理上有所謂「平等取得資訊理論」，即在資訊公開原則下所有市場參與者，應同時取得相同之資訊，任何人先行利用，將違反公平原則。故公司內部人於知悉公司之內部消息後，若於未公開該內部消息前，即在證券市場與不知該消息之一般投資人為對等交易，則該行為本身即已破壞證券市場交易制度之公平性，足以影響一般投資人對證券市場之公正性、健全性之信賴，而應予非難。而此內線交易之禁止，僅須內部人具備「獲悉發行股票公司有重大影響其股票價格之消息」及「在該消息未公開前，對該公司之上市或在證券商營業處所買賣之股票，買入或賣出」此二形式要件為已足，並未規定行為人主觀目的之要件。故內部人於知悉消息後，並買賣股票，是否有藉該交易獲利或避免損失之主觀意圖，應不影響其犯罪之成立；且該內部人是否因該內線交易而獲利益，亦無

足問，即本罪之性質，應解為即成犯（或行為犯、舉動犯），而非結果犯（最高法院91年台上字第3037號、台高院91年上重更一字第25號及台北地院92年簡字第4270號判決）。

學說有認為不以證明「獲利」為必要，法國法上亦不以獲利為必要，我國法、美國法亦同。

至於內線消息之公開、成立，是否以董事會決議或其他確定方式之日始為成立時點，實另有以為認定內線消息是否已公開，必須該內容之詳細程度，已達可使股東確知該消息將使公司獲利或虧損。「按證券交易法第157條之1第1項所謂之發行股票公司『有重大影響其股票價格之消息』，係指涉及公司之財務、業務或該證券之市場供求，對其股票價格有重大影響，或對正當投資人之投資決定有重要影響之消息，同法條第4項定有明文，然而，此所謂之發行股票公司『有重大影響其股票價格之消息』，因其公司業務、消息本身性質不同，各該發行股票公司『有重大影響其股票價格之消息』之成立時點，亦應有所差異，本案判斷被告朱○○、駱○○是否違反證券交易法第157條之1內線交易規定之前提問題，即應先探究該等所謂『重大影響其股票價格之消息』是何時成立或確定」，而「股東會之公告或會議中所公開之訊息均僅泛稱廣大公司欲辦理南投廠之委託經營、出租或出售而已，就董事會實際上欲採行何種處分方式以及交易之對象、金額均未能具體確定，投資人實際上尚難僅憑上開股東會中所揭露之訊息確知廣大公司是否可能因此獲利或虧損，即難謂廣大公司處分資產之消息業已於87年3月26日公告時或於同年5月19日召開股東會時公開。」（台北地院89年易字第1933號及台高院91年上易字第1604號判決）

另亦有認為，我國證券交易法之制定係參考美國證券交易法規之立法例，該國就有關內線交易行為禁止之規定中，「內線消息」係以「inside information」、「nonpublic information」一詞來表達……故「information」並無所謂成立或確定之時點，因此將證券交易法第157條之1第1項：「……獲悉發行股票公司有重大影響其股票價格之消息時……」解釋成「有重大影響其股票價格之消息須成立或確定成立後，在公開前購入股票為構成要件」，不僅過於限縮該法條之適用，而與定義不合，且實務上證券櫃檯買賣中心對上市上櫃公司所謂「重大消息確定成立時」至「公開」間，有規定時間限制，上市上櫃公司通常須在「消息確定成立日」之「次營業日交易時間前開始前」公布，是證券交易法對內線交易禁止之規定，如對該法侷限解釋為僅規範該短短數日間內部人之不法交易行為，實非允當，且

失立法本旨。

關於此爭點應分爲兩層次，一爲如何可認定爲「公開」，二爲公開的內容詳細程度要到如何程度。參照英國立法例，所謂公開，包括已依交易所規則宣布，依法可供閱覽，通常從事交易可方便獲得者，從已公開之消息引申而得者亦屬之，法國法之認定較爲嚴苛，其以爲某業內普遍得知者仍不得視爲已公開，必須爲一般公眾所得知者方屬之，另外，有個案認爲對一百人之媒體及分析師告知公司損失但不對外宣示，在出席率低之股東大會作補償建議，在發行不大之專業雜誌發表文章，均認爲尚未公開。我國法制未來將應就是否成立「內部消息」、「公開」爲個案之判斷，但大體而言，以董事會決議即爲公開，恐仍須由決議內容、決議對外公布方式再爲具體判斷。

四、消滅時效

內部人利用內部消息之民事賠償責任，依證交法第21條之規定，請求權人應自知有得受賠償之原因時起二年內，不行使而消滅；自募集、發行或買賣起，逾五年者亦同。該期間既爲請求權而設，應屬消滅時效而非除斥期間。

五、違法行爲之法律效果

利用公司內部消息而爲交易之人，應對善意從事相反買賣之人負損害賠償責任，該賠償之範圍，除須與違法行爲有因果關係爲限外，第157條之1第3項亦明訂其額度，即以「對於當日善意從事相反買賣之人買入或賣出該證券之價格，與消息公開後十個營業日收盤平均價格之差額」，此僅爲個別股票之差額，尚須乘以其買入或賣出股票之數量，此數量之計算依同條第7項之規定，尚須合計其配偶、未成年子女及利用他人名義持有者。

該條項爲加重處罰利用內部消息者之違法行爲，遂仿美國法，規定利用內部消息之情節重大者，法院得依善意從事相反買賣之人之請求，將責任限額提高至三倍。

由該條第1項第1款至第4款獲悉消息者，對於前述之損害賠償，應與第1項第1款至第4款提供消息之人，負連帶賠償責任。但第1項第1款至第4款提供消息之人有正當理由相信消息已公開者，不負賠償責任。

因第157條及第157條之1係分屬獨立之請求權，故如有同時違反該二條之規定者，應負雙重之民事賠償責任。

依第171條之規定，違反第157條之1之規定者，得處以三年以上十年以

下有期徒刑，得併科新台幣100萬元以上2億元以下罰金，此爲利用內部消息者之刑事責任。

問題與研究

一、內部人交易爲何應予防免，現行法如何防免之？

二、如何計算內部人短線交易之利益，以爲歸入權之行使？

三、何種主體利用內部消息交易應負賠償責任？

四、如何計算內部人利用內部消息交易應負責之賠償額？

五、美國國會於1988年通過查核內部人交易及證券詐欺法，規定證券商、投資顧問事業、會計師及律師事務所之僱主，應對其員工之內部人交易負賠償責任，該法是否應爲我國法所採納？

第二十八章　證券律師及會計師之功能及責任

壹、證券律師之功能及責任

　　由於證券法規頗為複雜，亟需富專業常識之證券律師提供法律諮詢及顧問。證券律師依法令及其客戶之需求而扮演不同之角色，諸如代理申請各種證券業之設立、基金之發行、撰寫各種證券發行或交易之契約、函告、公開說明書，或於證券訴訟中為辯護人或代理人等。近年來，美國盛行合併風潮，證券律師於合併之過程中除撰寫各種合併或股權移轉契約外，尚須就公開要約人之特定行為是否違反法令，隨時提出建議，由於合併及收購要約涉及不同之法令，可能需聘請不同之律師，除證券律師外，另亦需聘請熟悉特殊行業之律師，以處理各種法律問題。

　　證券律師除代表其客戶之利益提供法律諮詢外，就其客戶與主管機關對法令之爭執，亦應扮演協調溝通之角色，以爭取其客戶更大之利益，並提供主管機關更多法令諮詢以為行政裁量。證券律師之職業道德，應賦予其教育客戶之責任，就客戶各種不法商業行為，予明確之法律意見，至其違反該種職業道德如有違反法令者，自應負法律之責任，以下另行述明。

　　證券律師受客戶之委任處理事務，極易獲悉客戶之業務狀況及機密文件，基於委任之忠實義務，自不得洩漏於他人，即於刑事訴訟程序中，律師或辯護人就其因業務所知悉有關他人秘密之事項受訊問者，除經本人允許者外，得拒絕證言（刑事訴訟法第182條），此規定旨在避免律師之義務利害衝突，而適當保障其客戶之利益。另證券交易法第38條規定：主管機關為有價證券募集或發行之核准，因保護公益或投資人利益，對關係人得命令其提出參考或報告資料，並得直接檢查其有關書表、帳冊。該規定之關係人是否應包括「律師」？就維護證券律師之功能而言，若其所獲悉之資訊可任意受行政機關之命令強制公開，必嚴重影響客戶對律師之信賴感，而其喪失法令諮詢功能；且參酌刑事訴訟法第182條之意旨，證券律師於訴訟程序中，均可拒絕證言，何況未進入訴訟程序之調查階段，自當可拒絕主管機關之強制命令。惟其本身行為涉及犯罪者，則律師即非「關係人」，就犯罪行為人

自可依法爲各種強制處分。

就律師之法律責任而言，證券交易法第32條規定：律師曾在公開說明書上簽章，以證實其所載內容之全部或一部，或陳述意見者，且就所載之主要內容有虛僞或隱匿之情事者，對於善意之相對人，因而所受之損害，應就其所應負責部分與發行公司負連帶賠償責任。律師於查核有關證券交易之契約、報告書或證明書文件時，爲不實簽證者，並應負一定之刑事責任（第174條第1項第7款）。另律師就證券發行或交易之行爲，提供其客戶意見，顯屬違法，須負刑事之教唆、幫助或共同正犯之刑事責任。民事上，不論其爲故意或過失，應對其違法之陳述，負民事之侵權責任。

貳、會計師之功能及責任

一、概　說

會計師乃指中華民國人民，經會計師考試及格，取得會計師資格，領有會計師證書者而言（會計師法第1條），唯會計師考試及格之要件，可由檢覈代替之（同法第2條）。領有會計師證者，須於公私機構擔任會計職務，或在會計師事務所擔任助理人員二年以上方得登錄並爲開業（同法第12條）。已登錄並開業之會計師欲對公開發行公司之財務報表簽證者，須經主管機關之核准（證券交易法第37條第1項）。

公開發行公司之財務報表須經具一定資格之會計師簽證，旨在保障發行公司財務報表之眞實性，爲擔保公開原則制度之一環，而增進利用財務報表之人對財務報表之信賴感，以適當地保障投資人之權益。

爲確保會計師查核簽證之獨立性，中華民國會計師職業道德規範公報規定：會計師執行業務，不得因任何利害關係，影響其誠實公正之立場。此會計師查核簽證之獨立性，應遵守下列原則：

（一）必須與委託人無重大財務利害關係。

（二）應避免與委託人間有任何不適當之關係。

（三）會計師應使其助理人員確守誠實、公正及獨立性。爲維持其獨立性，會計師宜遵守下列規定：

　　1.執業前二年內服務機構之財務報表，不得查核簽證。

　　2.本人名義不得爲他人使用。

　　3.不得握有委託人之股份。

　　4.不得與委託人有金錢借貸之情事，但與金融業之正常往來不在此限。

5.不得與委託人有共同投資或分享利益之關係。

6.不得兼任委託人之經常工作，支領固定薪給，例如任委託人事業之負責人、董事、監察人、經理或職員。

7.不得涉及委託人制定決策之管理職能。

8.不得兼營可能喪失其獨立性之其他事業。

9.如與委託人或其管理階層人員有配偶、直系血親、直系姻親，或四親等內旁系血親之關係者，不得簽證。

10.不得收取任何與業務有關之佣金。

二、會計師法之修正

會計師法業經總統於2007年12月26日華總一義字第09600175591號令修正公布，本次修正配合國際趨勢，新增法人會計師事務所之組織型態。依該法第33條規定，法人會計師事務所應於每會計年度終了後六個月內，向主管機關申報年度財務報告。前項財務報告編製準則，由主管機關定之。依此，主管機關為提供法人會計師事務所財務報表編製之依據，以落實監督法人會計師事務所之財務狀況，爰參考證券發行人財務報告編製準則、其他法人財務報告編製準則及其他國家之規範，並衡酌我國會計師執業環境訂定法人會計師事務所財務報告編製準則。其要點包括：訂定之法令依據。（第1條）法人會計師事務所財務報告之編製，應依本準則及有關法令；未規定者，依一般公認會計原則辦理。（第2條）法人會計師事務所應建立會計制度，及會計制度主要內容。（第3條）財務報告之內容應包括資產負債表、損益表、股東權益變動表、現金流量表及附註或附表，且應由董事長及主辦會計人員簽名或蓋章。另財務報表及其附註除新成立者外，應採兩期對照方式編製。（第4條）法人會計師事務所資產負債表及損益表之科目分類及內容。（第5條及第6條）法人會計師事務所股東權益變動表及現金流量表之定義及編製方式。（第7條及第8條）為詳盡表達財務狀況、經營結果及現金流量等資訊，應就相關事項加列註釋。（第9條）2000年6月10日新修正之會計師法第6條明訂因刑事及行政懲戒而不得充任會計師之事由。

三、會計師查核簽證之財務報表及標準

依證券交易法第14條之規定：本法所稱財務報告，謂發行人及證券商、證券交易所依照法令規定，應定期編送主管機關之財務報告，前項財務報告之內容、適用範圍、作業程序、編製及其他應遵行事項之準則，由主管

機關定之。主管機關爰依此規定會計師所應簽證之財務報告,及該等報告編製之準據如下:

（一）依該證券發行人財務報告編製準則第4條,財務報告指財務報表、重要會計科目明細表及其他依本準則規定有助於使用人決策之揭露事項及說明。財務報表應包括資產負債表、損益表、股東權益變動表、現金流量表及其附註或附表。前項主要報表及其附註,除新成立之事業或行政院金融監督管理委員會（以下簡稱本會）另有規定者外,應採兩期對照方式編製,並由發行人之負責人、經理人及主辦會計人員就主要報表逐頁簽名或蓋章。何種公司之前述財務報告須有該準則之適用或準用?依前述準則,有證券商、公司制證券交易所及發行人加以適用。又第37條所規定應由會計師查核簽證者,僅限於公開發行公司,故查核簽證第18條規定之事業之會計師,並不受第37條所規定之資格之限制。

（二）會計師查核簽證財務報告,或證券發行人、證券商及公司制證券交易所編製財務報告,均須依會計師查核簽證財務報表規則辦理,該規則或其他法令未有規定者,依財團法人中華民國會計研究發展基金會準則委員會審定之一般公認會計原則辦理。

四、會計師查核簽證發行公司財務報告之資格

財政部以「國內經濟日益發展,經濟活動日益頻繁,會計師之功能愈益重要,故改進現行會計師制度之缺失,提升會計師之服務品質,使超然公正地利用專業知識,輔導企業設立健全會計制度,確保投資人、授信機構及稅捐機構獲得正確而充分公開之財務資訊,以維持經濟秩序,並建立社會互助。」基此,金管會依證券交易法第37條第2項,訂立「會計師辦理公開發行公司財務報告查核簽證核准準則」,以下略述其規定:

(一)會計事務所簽證之申請

聯合或法人會計師事務所首次申請辦理公開發行公司財務報告之查核簽證業務,應先檢具申請書及其附件,報請金融監督管理委員會核准。聯合會計師事務所之申請書,應以聯合會計師事務所之名義為之,並經該所負責人簽名或蓋章。法人會計師事務所之申請書,應由法人會計師事務所蓋章,並由董事長簽名或蓋章。聯合或法人會計師事務所提出之申請書件不完備,經金管會限期補正,逾期不能完成補正者,得退回其申請案件。（第3條）

(二)簽證會計師之資格

1. 共同簽證：公開發行公司之財務報告，應由聯合或法人會計師事務所之開業會計師二人以上共同查核簽證。（第2條）
2. 聯合或法人會計師事務所：辦理公開發行公司財務報告查核簽證之會計師，須屬聯合會計師事務所之一員，該聯合或法人會計師事務所須具下列之要件：
   (1) 由三位以上會計師組成；其中執業或實際參與協助執行簽證工作之經歷達三年以上者，不得少於二人。
   (2) 執業會計師於申請日前，已依會計師職前訓練及持續專業進修辦法之規定進修，最近一年之進修時數達二十小時以上。
   (3) 查核助理人員總數不得少於六人；其中具有會計師法第18條第1項第1款資格或專科以上學校會計、銀行、保險、商學、財稅、經濟、工商管理、國際貿易等有關系、科畢業者或高等考試會計、審計人員及格者，不得少於三分之二，會計研究所或大學會計系組畢業、會計師考試及格、高等考試會計、審計人員及格或具有專科以上學校會計、銀行、保險、商學、財稅、經濟、工商管理、國際貿易等有關系、科畢業且任會計師事務所審計工作滿二年者，不得少於三分之一。
   (4) 執業會計師未有受會計師法、證券交易法或其他法令規定之停止執行業務處分而尚未執行完畢。
   (5) 具有共同之辦公處所。
   (6) 法人會計師事務所之資本額及投保保險金額，應符合會計師法相關規定。（第2條）

(三)簽證之準則

　　會計師辦理公開發行公司財務報告查核簽證之工作，除法令另有規定者外，應依一般公認審計準則辦理之（第5條）。

(四)公會及同業評鑑

　　辦理公開發行公司財務報告查核簽證之會計師，其所屬之聯合會計師事務所，應加入中華民國會計師公會全國聯合會，並參加該公會定期舉辦之同業評鑑。該評鑑辦法，由會計師公會擬訂報請金管會核定之（第8條）。該

規定旨在藉評鑑制度使相互砥礪，以督促有關制度之建立。

（五）定期進修

　　經核准辦理公開發行公司財務報告查核簽證之會計師，及其所屬聯合或法人會計師事務所之助理人員應定期進修。（第9條）

（六）核准簽證之撤銷

　　經核准辦理公開發行公司財務報告查核簽證業務之會計師或其所屬之會計師事務所，有下列情事之一者，主管機關會得撤銷或廢止其核准：

1.申請事項有虛偽不實之情事或違反異動申報之規定，情節重大。
2.會計師事務所不符準則之資格規定，經限期改善，逾期未改善。
3.會計師事務所拒絕參加同業評鑑，或同業評鑑結果不合標準，經限期改善，逾期未改善。
4.會計師未依會計師法規定進修經全國聯合會報請本會停止執行會計師業務。
5.法人會計師事務所之資本額及保險金額，不符合會計師法相關規定。
6.會計師事務所經本會檢查發現之重大缺失或違規事項，經限期改善，逾期未改善。
7.其他重大違規事項。

　　關於應僅於聯合會計師之事務所，實務所非無反對意見，唯大法官會議解釋第222號以為，為保護投資大眾、增進公共福利，該準則對聯合會計師始得簽證公開發行公司之規定，與憲法並無牴觸，唯大法官會議亦認為，該準則制定已歷數年，社會環境及證券交易情形，均在不斷演變，則該準則之合理性與必要性是否繼續存在，宜由主管機關檢討修正，或逕以法律定之，以昭慎重。

五、會計師之責任

　　按會計師就其違反法令之行為，應負一定之民事、刑事及行政責任，以下依證券交易法令說明之：

（一）民事責任

1.依證券交易法第32條之規定：會計師曾在公開說明書上簽章，以證實其所

載內容之全部或一部者，或陳述意見書，就公開說明書應載主要內容有虛偽或隱匿之情事者，對於善意之相對人，因而所受之損害，應就其所應負責部分與公司負連帶賠償責任。但如會計師能證明已經合理調查，並有正當理由確信其簽證或意見眞實者，免負賠償責任。

2. 發行人對有價證券之募集、發行或買賣，不得有虛偽、詐欺或其他足致他人誤信之行爲；發行人申報或公告之財務報告及其他有關業務文件，其內容不得有虛偽或隱匿之情事（第20條）。會計師對財務報告或財務業務文件之簽證，有不正當行爲或違反或廢弛其業務上應盡之義務，致證券取得人、出賣人或持有人受有損害者，應負損害賠償責任。該受損害之人且得聲請法院調閱會計師工作底稿，並請求閱覽或抄錄（第20條之1）。

（二）刑事責任

1. 依第171條之規定，違反第20條第1項者，應處三年以上十年以下有期徒刑，得併科1,000萬元以上2億元以下之罰金。

2. 依第174條第2項第2款之規定，會計師對公司申報或公告之財務報告、文件或資料有重大虛偽不實或錯誤情事，未善盡查核責任而出具虛偽不實報告或意見；或會計師對於內容存有重大虛偽不實或錯誤情事之公司財務報告，未依有關法規規定、一般公認審計準則查核，致未予敘明者，處五年以下有期徒刑，得科或併科新台幣1,500萬元以下之罰金。

（三）行政責任

1. 依第37條第3項之規定，會計師辦理財務報告之查核簽證，發生錯誤或疏漏者，主管機關得視情節之輕重，爲下列之處分：
   (1)警告。
   (2)停止其二年以內辦理簽證。
   (3)撤銷簽證之核准。

　　依前述查核簽證準則，金管會亦得究經核准辦理公開發行公司財務報告查核簽證業務之會計師或其所屬之會計師事務所，於有下列情事之一者，撤銷或廢止其核准：
   (1)申請事項有虛偽不實之情事或違反準則第7條之規定，情節重大。
   (2)會計師事務所不符準則第4條第1款、第3款或第5款之規定，經限期

改善，逾期未改善。

(3)會計師事務所拒絕參加同業評鑑，或同業評鑑結果不合標準，經限期改善，逾期未改善。

(4)會計師未依會計師法規定進修經全國聯合會報請本會停止執行會計師業務。

(5)法人會計師事務所之資本額及保險金額，不符合會計師法相關規定。

(6)會計師事務所經本會檢查發現之重大缺失或違規事項，經限期改善，逾期未改善。

(7)其他重大違規事項。

2.依第174條第5項之規定，違反同條第2項之會計師，主管機關應予停止執行簽證工作之處分。此規定所處分者為故意之行為，與第37條第3項僅規定過失之行為不同。

3.又依會計師法第61、62條之規定，如會計師有財務報告簽證不實之行為，得予下列之處分：

(1)新台幣12萬元以上120萬元以下罰鍰。

(2)警告。

(3)申誡。

(4)停止執行業務二月以上，二年以下。

(5)除名。

美國沙賓法案（2002）對會計師之獨立性（非審計業務之限制）、監督、責任均有更嚴格之規範，此大體係認為強化會計師管理，以使資訊揭露更為確實，並保障投資人效益。我國亦修正會計師法，前述對會計師及事務所之管理有大幅更易。

問題與研究

一、主管機關或司法警察，得否要求律師提出其保管之客戶犯罪證據？

二、應如何對會計師事務所為評估，何種會計師得簽證發行公司之財務報表，此限制是否合理？

三、說明會計師有違法情事之民事、刑事及行政責任？

四、某會計師因不實簽證某上市公司財務報表，經金管會予停止簽證之處分，然法院對其判決無罪，該會計師得否以此為理由，向主管機關提起訴願？

第二十九章　投資人保護法制

　　資本市場為經濟櫥窗，經濟榮枯乃立即反應於資本市場之表現，再者，藉由資本市場之投資與交易之功能，使經濟得以發展，投資人得以因投資而獲益，資本市場之發展對我國經濟及社會發展其影響至深。

　　然而至1998年起，陸續發生若干企業財務危機，其影響層面頗廣，從整體經濟面而言，乃影響全體金融體系之穩定與存款人及投資人之信心；就個體經濟面而言，投資人與企業員工及公司之債權人，均遭受財務損失。

　　此等因部分企業財務危機之經濟泡沫現象，引起我國經濟發展與金融市場之危機，與過去單一公司之企業財務問題顯有不同，此應為我國未來經濟發展及金融穩定須加以檢討之重大事件。

　　資本市場因藉由企業吸引投資人投資而形成具效率之發行與交易市場，此即為我國證券交易法所稱之「發展國民經濟」，但是，若市場未能提供保障投資人之適當架構與體系，投資人資金將致血本無歸，投資人之信心必大受影響。若因此致無投資人之投入，企業將難以取得資金，此為我國證券交易法第1條將「保護投資人」列為發展國民經濟與資本市場為前提的理由。

　　我國證券市場有關投資人保護之制度雖有其架構，然鑑於主管機關權限的限制、法制的缺失、部分企業主與投資人守法觀念之缺乏等，而導致投資人保護之實務面，仍未見理想，例如操縱市場、內線交易行為仍為報章雜誌所經常為報導。因此，發展並健全投資人保護制度，應為未來健全資本市場之重大工作。經行政部門積極推動投資人保護法之立法，立法院已於91年7月完成立法程序，此立法對資本市場之健全當有其直接之助益。

壹、投資人保護法之立法與保障投資人權益

　　於民國86年9月財政部所組織與召開之金融革新小組會議，乃提議制訂證券投資人及期貨保護法（以下簡稱投資人保護法），於同年12月底完成草案之擬議並送金管會報財政部與行政院完成立法程序，經多年努力，該立法於2002年7月完成立法院三讀立法程序。該法案所主要之規範重點包括下列幾項：

一、設置投資人保護機構與投資人保護基金以賠償投資人於委託證券商或期貨商交易之損害（第21條）。
二、建立證券期貨投資糾紛之調處制度，使投資人於面臨交易糾紛的，由投資人保護機構為協助與調處，該調處之合議內容，有與法院同一之既判力效果，得以迅速解決紛爭（第22條）。
三、對證券及期貨交易投資人受有損害者，保護機構得加以協助或以自己名義提起訴訟或仲裁，而使訴訟救濟制度得以簡化（第28條）。
四、就保護機構所進行之公益訴訟得由法院許可而免除聲請假扣押、假處分與減免裁判費等費用，對不法行為人之脫產行為有防制之作用（第34條）。

投資人保護法於2009年5月20日經立法院三讀通過修正條文，其係賦予投保中心更大職能：

（一）為公司對董監事提起訴訟：依公司法第214、227條之規定，僅有繼續持有一年以上，且股份總額3%以上之股東，得請求監察人為公司向董事提起訴訟，或請求董事會為公司向監察人提起訴訟，此門檻對資本市場小股東均屬困難，故修正條文賦予投保中心直接對董監事提起訴訟之權，不受前述公司法之限制（第10條之1第1項第1款。）

（二）解任公司董監事：依公司法第200、227條之規定，股東訴請法院解任董監事，以持有公司股份3%以上為限，投保中心依新增投保法規定不受上述之限制（第10條之1第1項第2款）。

（三）保全處分之授權：投資人授權投保中心提起訴訟或仲裁，該授權之內容應包括集訴、保全處分及強制執行（第28條）。

（四）免繳裁判費：為節省投保中心訴訟費用，原訴訟標的逾1億元以上之部分得為免繳，新法降為3,000萬元（第35條）。

貳、投資人保護基金的設計

各國就投資人資產的保護，大都設有投資人保護基金，如美國1960年證券商財務問題，導致數百家證券商因無法對客戶履行交割，使投資人對證券市場喪失信心，因此，美國國會乃於1970年通過證券投資人保護法（SIPC Act），並且設立證券投資人保護公司（SIPC），以管理證券投資人保護基金。

就日本而言，日本面對證券商風險倒閉的問題，也在1998年提出有關

金融改革的法案，在證交法的修正案中，亦增加約60餘條條文，日本的投資人保護基金中，其主要之目的也是在保障證券商客戶的資產安全。

我國投資人保護法為保障投資人交易的安全，已設計有關投資人保護基金的規劃，所規定的基金有幾個重要的特色：

（一）保護基金的來源

該保護基金的來源乃是由證券期貨各相關機關為初始之捐贈，就後續增加的財產，乃是依證券商及期貨商營業收入一定比例中加以提撥。該基金之金額依第18條之規定，如超過50億時，主管機關得命令暫時停止提撥。

（二）賠償的源由

該基金主要的運用乃是為賠償證券暨期貨投資人與交易人因證券商與期貨業違約時，保護機構得動用保護基金償付之。該補償的額度與範圍限制，乃是授權主管機關訂定。該基金補償投資人後，保護機構即取得對違約證券商與期貨商的請求權，得自己名義提起訴訟或進行仲裁（第21條）。

（三）保護基金的管理者

依該草案的規定，該基金乃由公益性的財團法人保護機構加以管理，該等保護機構目前係由證券相關單位設立「財團法人證券投資人及期貨交易人保護中心」。該機構受到證券暨期貨主管機關的行政規範（第39條）。

參、投資人權益保障與糾紛調處制度

我國證券交易法與保障投資人為立法之目的，而該等目的之達成須透過公開體系、行政監督及投資人權益主張。

投資人權益主張得經由投資人的申訴或申請調處（第22條），使投資人得以迅速獲得補償。就該爭議調處規定的重要特質簡要說明如下：

（一）爭議處理的範圍

如因證券或期貨投資交易所生的爭議，不論是投資人與發行人、證券商、證券服務事業、期貨業、交易所、結算機構或其他利害關係人間，就有價證券募集、買賣、發行或期貨交易所生的爭議得向保護機構申請調處（第22條）。

(二)處理程序

處理之機關乃是由投保法所設定的保護機構為處理，該機構係依金管會頒布之「證券投資人及期貨交易人保護機構調處委員會組織及調處辦法」為辦理。

(三)時效中斷

按民法對請求權時效有所規定（民法第125條以下），如未於一定期間內為請求或起訴者，均會造成時效消滅而使對方有抗辯權，所以必須讓調處中的案件，中斷時效而不發生時效消滅的狀況，即使後所調解的案件因為撤回、不受理或成立，也視為不中斷，而不使該調處程序損及當事人的權益（第24條）。

(四)調解的效力

為使調解的當事人得以尊重該調處的程序，使調處能一次解決當事人的糾紛而不需要再進行訴訟，所以，投保法乃規定，如調處成立時，即與訴訟上和解有同一之效力及發生既判力的效果（第26條）。但是，如果當事人發現該調處有無效或得撤銷原因時，就可以向法院提起訴訟，而請求法院宣告該調處無效或撤銷調處，於此情形時，該調處的既判力效果即會喪失。

肆、集體訴訟制度之建立

一、集體訴訟制度之必要

證券期貨交易與其他一般單獨性商業交易有所不同，常涉及多數人就同一事件的損害，如當事人面臨此情況，僅得依照證交法、公司及民法有關請求權或訴權的規定，個別地向應負責之人求償。依證券交易法第20條、第31條、第32條、第115條、第157條、第157條之1之規定，投資人均可向應負責之人為求償，於投保法立法前，僅得由個別或藉由民事訴訟法共同訴訟的制度或選定當事人制度來加以求償。但是於此制度之下，將造成實際請求之困難，實務上也少有該等請求權案例形成，該等規定幾乎為具文。

二、集體訴訟制度的建立

鑑於德國或美國都有團體或集體訴訟制度，而國內之消費者保護法、民

事訴訟法亦建立有類似的集體訴訟制度。因此在證券投資人及期貨交易人保護法內，乃對該集體訴訟制度為建立，其主要的重點包括：

（一）集體訴訟制度的要件

　　該條文乃規定對於造成多數證券投資人或期貨交易人受損害之同一證券、期貨事件，得由二十人以上證券投資人或期貨交易人授予訴訟實施權後，以自己之名義提起訴訟或進行仲裁。證券投資人或期貨交易人得以言詞辯論終結前，撤回訴訟實施權授與並通知法院（第28條）。法院為審理保護機構該等訴訟，得設立專業法庭或指定專人辦理（第28條之1）。

（二）訴訟之進行

　　依前述之規定，當事人可以授予訴訟權也可以撤回該授與之權利，但如因為撤回該授與之權利而導致不足前述二十人之要件時，投保法乃明文規定該撤回不影響訴訟之進行（第29條）。

（三）訴訟之請求人

　　為了避免公益訴訟的濫用，該訴訟之當事人或請求人乃保護機構並非任何人均得受投資人或交易人之訴訟實施權之授與而進行訴訟。

（四）其他投資人或交易人之加入

　　按該請求之訴訟開始，乃以20人為要件，但是在進行之後，如經由法院的公告，亦可由其他請求人加入之，而併為訴訟之審理，但是個別當事人的時效利益，依個別加以計算（第30條）。

（五）保護機構之處理

　　保護機構之處理訴訟應制定內部的程序，就訴訟勝訴所取得的賠償扣除必要之費用後，交付予投資人或交易人，其不得請求報酬（第33條）。

（六）假扣押及假處分之聲請

　　證券及期貨交易案件，通常涉及白領犯罪，而該等白領犯罪所涉及之資金亦頗為龐大，行為人往往迅速脫產而導致求償無門，但是如果經由保護機構繳交訴訟費用而進行假扣押或假處分，該保護機構恐無法長期負擔，

因此投資人保護法乃規定保護機構就集體訴訟案件，可向法院聲請減免擔保之假扣押或假處分，而法院於裁定前應徵詢主管機關爲適當的裁定（第34條）。就假執行方面，亦有類似之規定，可由法院裁定而減免擔保。

（七）訴訟費用的減免

由於證券暨期貨交易案件涉及之金額非常龐大，故仿消費者保護法第52條的規定，如訴訟標的金額或價額超過一定金額（新台幣3,000萬元），僅需該一定金額內繳付訴訟費用及執行費，其目的乃是在使保護機構在最低之成本之下，得爲投資人及交易人爭取權益（第35條）。

三、實務運作

按證基會前已爲投資人提起若干訴訟，投資人保護中心擬須爲辦理，並對新案件爲處理，就處理之案例，詳如表29-1：

表29-1

案　　別	受託求償金額及人數／股票現況
1. 東隆五金	向最高法院提起－受託求償金額及人數：$372,430,657元／841人
2. 國產汽車	總受理求償金額及人數：$14,982,890元／33人
3. 國揚實業	涉嫌87年第三季財報不實受託求償金額及人數：$1,924,074,120元／1,154人
4-1. 順大裕（內線交易、操控股價）	總受理求償金額及人數：$59,348,158元／130人
4-2. 順大裕（財報不實）	總受理求償金額及人數：$202,015,084元／591人
5. 萬有紙廠	涉嫌87.3－87.6內線交易，受託求償金額及人數：$17,155,010元／400人
6. 正義	涉嫌84年5月初次上櫃公開說明書不實，總受託求償金額及人數：$71,017,531元／389人
7. 美式家具	涉嫌87年第三季財報不實受託求償金額及人數：$152,647,934元／145人
8. 大中鋼鐵	涉嫌87年第三季財報不實受託求償金額及人數：$199,251,888元／976人
9. 台灣日光燈	總受理求償金額及人數：$131,064,571元／252人
10. 台鳳案	總受託求償金額及人數：$231,424,346元／215人

案　　別	受託求償金額及人數／股票現況
11. 新巨群集團	受託求償金額及人數：$48,598,760元／252人
12. 峰安金屬	涉嫌86年第一季財報不實受託求償金額及人數：$23,646,973元／117人
13. 廣大興業	涉嫌內線交易受理求償金額及人數： 適格者：65人 求償金額：$8,599,966元
14. 台灣土地開發信託	遠森網路科技公司之涉案人涉嫌87年度財務報告不實，受理求償金額及人數： 適格者：13人 求償金額：$665,681元
15. 中國貨櫃運輸	涉嫌散布不實消息受託求償金額及人數：$385,100元／36人
16. 啓阜建議	受託總求償金額及人數：$42,823,161元／128人
17. 太欣半導體	涉嫌內線交易受託求償金額及人數：$10,258,282元／72人
18. 桂宏企業	涉嫌87年度財務報告至89年半年度財務報告不實，受託求償金額及人數：$29,192,590元／82人
19. 東隆五金股份有限公司（內線交易）	1.受託求償金額及人數：$24,122,269元／712人　2.90.11.16受理原求償投資人上訴第二審民事委任代理人狀。受託求償金額及人數：$13,229,892元／264人
20. 立大農畜	受託求償金額及人數：$9,030,250元／70人
21. 宏福建設	涉嫌87年間操縱股價，受託求償金額：$20,511,000元／11人
22. 耀文電子	涉嫌於90.4－90.6內線交易總受理求償金額及人數
23. 華夏租賃	涉嫌87年初次上櫃公開說明書不實總受理求償金額及人數：$20,536,920元／77人
24. 紐新企業	涉嫌87年半年度至88年第一季財報不實，受託求償金額及人數：$393,825,281元／759人
25. 楊鐵、南港	受託求償金額及人數：$22,592,977元／80人
26. 台肥	涉嫌88年間操縱股價，受託求償金額：$27,544千元／100人
27. 中友	涉嫌87年間財報不實，受託求償金額：$2,820,370元／31人
28. 訊碟	涉嫌89年間從事內線交易，受託求償金額：$314,266千元／2040人

案　　別	受託求償金額及人數／股票現況
29.大穎(一)	涉嫌88人年間製作不實財務報告及操縱股價，受託求償金額：$292,857千元／577人
30.京元(一)	受託求償金額及人數：$25,351,170元／55人
31.京元(二)	受託求償金額及人數：$25,351,170元／55人
32.南方資訊	受託求償金額及人數：$151,218元／28人
33.皇旗資訊	受託求償金額及人數：$184,276,970元／94人
34.大穎(二)	受託求償金額及人數：$15,328,043元／196人

伍、對董監事之訴訟及解任法院解任

　　保護機構辦理發現上市或上櫃公司之董事或監察人執行業務，有重大損害公司之行為或違反法令或章程之重大事項，得依下列規定辦理：一、請求公司之監察人為公司對董事提起訴訟，或請求公司之董事會為公司對監察人提起訴訟。監察人或董事會自保護機構請求之日起三十日內不提起訴訟時，保護機構得為公司提起訴訟，不受公司法第214條及227條準用第214條之限制。保護機構之請求，應以書面為之。二、訴請法院裁判解任公司之董事或監察人，不受公司法第200條及227條準用第200條之限制（第10條之1第1項）。公司已依法設置審計委員會者，前項所稱監察人，指審計委員會或其獨立董事成員（第2項）。第34條至第36條規定，於保護機構依第1項規定提起訴訟、上訴或聲請保全程序、執行程序時，準用之（第3項）。公司因故終止上市或上櫃者，保護機構就該公司於上市或上櫃期間有第1項所定情事，仍有前三項規定之適用（第4項）。

陸、投資人保護管理架構前瞻

　　依國際組織之見解，欲達成金融機構及不公開公司之經營健全與投資人保護，必須依賴三道防線：其一、企業治理，其二、資訊公開及市場紀律，其三、行政監理及投資人權益主張，故完整之投資人保護制度，應就結構性提出改造之方案，就此等架構詳如圖29-1。

　　以下乃就整體性之投資人保護架構及投資人保護法制度提出建議，期提昇投資人保護管理體系之效能與品質。

一、金融（證券）監理之改善

（一）立即糾正（PCA）以早期防範企業及金融機構弊端

　　我國過去金融犯罪之所以未能有效防範，最主要原因仍在於無獨立之金融監理權責機構及明確規則對不當及不法行為立即糾正，致金融犯罪之損害擴大。金監會成立後，應即落實立即糾正措施，明示公開發行公司及金融事業各項不同違反法令行為之立即處分，而降低裁量及延遲處分所生之監理容忍問題。

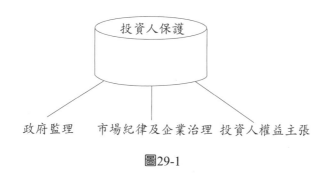

圖29-1

（二）以行政處分（罰鍰）帶動民刑事責任追訴

　　就違反證券交易法第20、31、155條及第157條之1等規定，現行法僅多僅有刑事責任追訴，而致該違反行為之確認須賴法院判決確定，此遲來正義形成巨大之道德風險，再者，因法院對財經案件之不熟悉，審理時程多所拖延，民事判決亦賴刑事判決結果，此非僅造成前述道德風險的加大，亦使民事救濟之確定困難，改善之道除後述之法院專業審理制度改造之外，若得仿公平交易法第41條，賦予監理機關違反前述證交法令行為罰鍰等處分權，法院即得依此事證明確之處分，加速為民刑事責任之判決。

（三）法律執行部門人員之配置

　　按投資人保護須落實法規之執行，「與業者溝通以使其瞭解遵循法規之重要性」、「確認及檢查業者是否遵行法規」、「對未遵循法規之行為人為責任追訴」、「協助司法單位偵審司法案例」等工作均與落實投資人保護密切相關，各國金融監理均設有專門之執行部門（Enforcement），人數達上

百或近千人，我國現財政部、金管會未有此等部門、人員設置，未來金監會之檢查局應轉型爲此等機構。

二、金融案件處理之司法管理體系改善

按行政院已於相關金融作用法中建議各法院設立專庭，未來應仿少年法庭，就該專庭法官人事另訂系統，以解決司法程序緩慢之問題；再者，未來擬解決該問題，必須先建立「先行政處分後司法追訴」之機制，以有利於司法體系不法行爲人責任之判定，金融監理機關必須投入相當人力及設置專責部門以協助偵查及司法機關審判（如美國「法院之友」制度）。未來最重要的仍是設置法官人事專屬之金融及企業案件之專業法庭，使專業法官爲迅速、專業及專注之金融犯罪追訴及判決。

2005年5月18日修正增訂證券交易法第181條之1：法院爲審理違反本法之犯罪案件，得設立專業法庭或指定專人辦理。其係因證券犯罪案件有其專業性、技術性，一般刑事法庭法官若無相當專業知識者，較不易掌握案件重點，爲使證券犯罪案件之審理能符合法律及社會公平正義之要求，有設立證券專業法庭之必要，爰增訂本條。投保法第28條之1就投保案件，亦由法院審酌設立專業法院或專人處理。

三、投資人保護法及制度之調整

（一）調處制度之改善與推廣

提供證券投資人與期貨交易人適當的申訴與調處制度，對糾紛的解決與投資人權益的保障有重要的功能，依蓋洛普委託證基會投服中心所作的民意調查，有相當的投資人遇到投資糾紛時，即自認損失而不作法律上的主張，最主要的原因在於爲其爭取權益或調處制度之困難，而使得其權益無法受到保障，未來應適當的推廣調處制度，使民眾都得以認識該制度與機構的功能。再者，應建立專業與中立性的調處機制，使功能得以完整的發揮，使市場關係人均得充分信賴。

當然調處制度並不是強制性的制度，係以發行人、券（期貨）商、投資人與期貨交易人的信賴與意願爲前提，但是，這種鼓勵以最有效的方法來解決糾紛的制度，仍是解決糾紛的最好方式，比諸法院訴訟的制度，此等制度不論就糾紛解決的經濟效益與成本而言，均是值得加以認可的制度，值得推廣。投保法第25條之1、第25條之2及第26條修正條文已就此修正爲相當之補充。

（二）集體訴訟制度之改善

　　未來集體訴訟制似得研究下列議題：其一、是否得仿消保法降低訴訟費用；其二、是否得由主管機關命令或指示保護機構對不法行為人財產為假扣押，以使投資人獲償機會增加；其三、保護中心管理及專業人力資源之強化。

（三）金融犯罪防治中心之成立或投資人保護中心之擴大

　　金融犯罪之防範及投資人保護仍須以金融監理體制及資源為重點，前述法院之友制度，亦宜由財政部或金監會為主導，因金監會屬行政組織之限制，宜另設立財團法人金融犯罪防治中心，或由投資人保護中心改為「投資人保護及金融犯罪防治中心」以吸引專業人才協助金融監理及偵審作業、接受金融消費者申訴以及早發現金融犯罪，一接受金融消費者申訴以及早發現金融犯罪，並得就未來新業務之新犯罪型態為研究，以收預防之效。

（四）仿沙賓法案得以罰鍰所得補償投資人

　　按美國法制上為使投資人迅速獲得補償，乃利用下列二項制度：其一、檢察官起訴權責與行為人為和解，促使其補償投資人；其二、沙氏法案乃賦予美國證管會採用民事罰鍰（Civil Penalty）及歸入權以補償證券交易被害人，該補償依法得經法院授權而依證管會裁量而為分配，且可指定清理人（Receiver）處理財產分配，必要時對行為人得由證管會申請假處分、假扣押。

四、證券交易法及企業法規之調整

　　目前法院審理案件之法律爭議，應得由法官造法、監理機關為適當之補充，如有必要於未來立法或發布行政命令時加以澄清：
（一）除發行人外，其他與該發行有關之不法行為人，均得為證券交易法第20條之求償對象。
（二）就各個民事救濟之損害賠償額計算，得由法律明文規定或法律授權，就證券交易法第20條、第155條，明定其投資人得為求償之範圍與計算方法。
（三）就證券交易法第20條得否就過失為求償，予以明定或解釋。
（四）損害賠償因果關係之擬制。

（五）就證券交易法第32條之適用，除新股發行之公司開說明書外，就已發行之股份而交付公開說明書者，亦得適用之。

（六）就不法行為人違反證券交易法第20條、第31條、第32條、第155條、第157條之1，得規範主管機關為罰鍰等行政處分，而使法院於民事判決時有所依據，該相關立法得參考公平交易法第41條之範例。

（七）建立「法院之友」制度，使當事人得向法院請求證券主管機關參與審判程序，以協助法院審理相關案件。

（八）強化公司法與證交法之公司治理制度（如股東提案權、董事自我交易之揭露、擴大監察人職權等）。

（九）改善股東代表訴訟制度，降低股東為公司利益提起訴訟之障礙。

論文索引

1. 惜餘，證券交易所的起源，台灣證券，創刊號

2. 許成，發揮證券市場的功能促進投資意願，台灣證券，創刊號

3. 陸九如，如何善用信用交易，台灣證券創刊號

4. 曾常暉，日本證券業協會，台灣證券，創刊號

5. 蕭紹衍，委託書制度之探討，台灣證券，創刊號

6. 王撫洲，證券市場的建立與管理，證交資料，第1期，51.5.15.

7. 辜振甫，日本資本民主化與證券市場的發展，證交資料，第1期，51.5.15.

8. 袁則留，證券交易制度之研究，證交資料，第2期，51.6.15.

9. 三木純結，例行交割日期的延長問題，證交資料，第3期，51.7.15.

10. 貝彭，日本戰後推行證券民主化經過概況，證交資料，第3期，51.7.15.

11. 鄒昌，證券的繼續市場，證交資料，第3期，51.7.15.

12. 李國鼎，財務公開與共利互信，證交資料，第4期，51.8.15.

13. 孫桂林，日本的證券投資信託制度，證交資料，第5期，51.9.15.

14. 陳國治，套利買賣交易的說明，證交資料，第5期，51.9.15.

15. 曉雲，談套利交易，證交資料，第5期，51.9.15.

16. 丁鍾祥，大阪證券交易所競價買賣的方式，證交資料，第6期，51.10.15.

17. 王量，論企業經營多向化與證券市場之前途，證交資料，第6期，51.10.15.

18. 汪以鏻譯，荷蘭阿姆斯特丹證券交易所，證交資料，第6期，51.10.15.

19. 熊蓮初，當前展開證券套利交易的重要性，證交資料，第6期，51.10.15.

20. 張貞松，在證券交易所買賣證券之法律關係，證交資料，第7期，51.11.15.

21. 汪以鏻譯，日本證券市場之發展超過經濟之成長，證交資料，第8期，51.12.15.

22. 陳萬春譯，證券市場的地位，證交資料，第8期，51.12.15.

23. 彭榮次，證券交易所內的轉帳交易，證交資料，第8期，51.12.15.

24. 文錫鏗，西德證券市場（上）（下），證交資料，第7至8期，51.11.15.至51.12.15.

25. 文錫鏗，日本之證券發行市場，證交資料，第9期，52.1.15.

26. 王撫洲，證券交易所的建立與展望，證交資料，第9期，52.1.15.

27. 桑園匯，新書介紹：證券市場，證交資料，第9期，52.1.15.

28. 袁則留，證券投資者的保護，證交資料，第9期，52.1.15.

29. 熊國清，論證券上市的利益和各方應有的認識，證交資料，第9期，52.1.15.

30. 盧承宗，世界各主要國家股票分布情況，證交資料，第9期，52.1.15.

31. 文錫鏗，日本有價證券流通市場，證交資料，第10期，52.2.15.

32. 袁則留，公司經營與證券上市，證交資料，第10期，52.2.15.

33. 張友梅，論股票之除息交易，證交資料，第10期，52.2.15.

34. 張貞松，現行法規定外資購買證券評議，證交資料，第10期，52.2.15.

35. 辜振甫，證券發行問題的研討，證交資料，第10期，52.2.25.

36. 文錫鏗，日本之證券金融公司，證交資料，第11期，52.3.15.

37. 彭光治譯，荷蘭證券市場的現況，證交資料，第11期，52.3.15.

38. 文錫鏗，日本之投資信託，證交資料，第12期，52.4.15.

39. 陳厚侗，證券保險金信用交易（上）（下），證交資料，第11至12期，52.3.15.
    至52.4.15.

40. 文錫鏗，日本之證券業者，證交資料，第13期，52.5.15.

41. 汪以鏻，美國國轄證券交易所遵守交易事項，證交資料，第13期，52.5.15.

42. 金管會，公司增資募股應注意事項，證交資料，第13期，52.5.25.

43. 汪以鏻譯，美國聯邦金管會店頭市場交易管理規則，證交資料，第14期，
    52.6.15.

44. 張貞松，政府對證券交易所的管理（上）（下），證交資料，第13、14期，
    52.5.15.至52.6.15.

45. 彭光治，美國股票簽證制度的意義，證交資料，第16期，52.8.25.

46. 張貞松，政府對證券發行市場的管理（上）（下），證交資料，第15、16期，
    52.7.25.至52.8.25.

47. 林榮，有關證券立法的若干問題，證交資料，第17期，52.9.15.

48. 丁鍾祥，東京證券交易所的交割，證交資料，第18期，52.10.15.

49. 丁鍾祥，東京證券交易所股價升降幅度，證交資料，第19期，52.11.15.

50. 孫桂林，日本證券投資信託的募集費用，證交資料，第20期，52.12.15.

51. 王撫洲，台灣證券交易所二週年致詞，證交資料，第21期，53.1.15.

52. 左其鵬，兩年來證券發行市場之檢討與展望，證交資料，第21期，53.1.15.

53. 何顯重，金融市場與經濟發展，證交資料，第21期，53.1.15.

54. 辜振甫，52年來的證券市場，證交資料，第21期，53.1.15.

55. 孫桂林，投資信託的財產運用與收益分配，證交資料，第23期，53.3.15.

56. 李國鼎，經濟發展與資本市場問題，證交資料，第24期，53.4.15.

57. 張貞松，日本證券市場發展與安定的因素，證交資料，第25期，53.5.15.

58. 楊灝書，評：簡介「證券市場」，證交資料，第25期，53.5.15.

59. 孔士諤，美國之信託投資事業，證交資料，第29期，53.9.25.

60. 張貞松，日本證券信用交易，證交資料，第31期，53.11.25.

61. 余永祺，財務報告公正表達的意義，證交資料，第32、33期，53.12.25.

62. 熊蓮初，論證券信用交易制度（上）（下），證交資料，第34至35期，54.2.25 至54.3.25.

63. 熊家驥，倫敦股票交易所的組織與管理，證交資料，第12期，54.4.15.

64. 鄭如蘭譯，關於日本證券市場之發展，證交資料，第36期，54.4.25.

65. 鄭如蘭譯，股價暴跌與證券市場發展之條件，證交資料，第37期，54.5.25.

66. 熊蓮初，如何建立公債交易市場，證交資料，第38期，54.6.25.

67. 林榮，公司法與證券交易法相互關係的綜合研究（上）（中）（下），證交資料，第36至38期，54.4.25.至54.6.25.

68. 徐澤予，轉載：證券交易法草案之修正意見，證交資料，第41期，54.9.25.

69. 熊國清，對證券交易法草案之管見，證交資料，第41期，54.9.25.

70. 熊蓮初，世界主要國家證券自營商的制度，證交資料，第42期，54.10.25.

71. 熊國清，紐約證券交易所專業會員營業概況，證交資料，第43期，54.11.25.

72. 彭榮次譯，內部關係人買賣本公司股票問題，證交資料，第46期，55.3.25.

73. 袁則留，證券交易所的性質與任務，證交資料，第49期，55.5.25.

74. 熊國清，偽造股票的預防與徹底消滅的問題，證交資料，第49期，55.5.25.

75. 崔唯吾，證券市場問題，證交資料，第50期，55.6.25.

76. 文錫鏗，美英西德三國之公債市場，證交資料，第54期，55.10.25.

77. 汪以鏻譯，美國金管會成立二十五年工作概要（一）～（三），證交資料，第53至55期，55.9.25.至55.11.25.

78. 吳定言，談影響證券市場的若干因素，證交資料，第58、59期，56.3.25.

79. 李國鼎，證券交易所的功能，證交資料，第58、59期，56.3.25.

80. 汪彝定，今後證券市場的展望，證交資料，第58、59期，56.3.25.

81. 袁則留，訪問美歐七國主要證券交易所報告，證交資料，第58、59期，56.3.25.

82. 陶聲洋，證券市場努力的方向，證交資料，第58、59期，56.3.25.

83. 楊家麟，經濟開發與證券市場，證交資料，第58、59期，56.3.25.

84. 趙觀白，對當前證券市場的展望，證交資料，第58、59期，56.3.25.

85. 鄭如蘭譯，信託投資的實際常識（一）～（十七），證交資料，第42至60期，54.10.25.至56.4.25.

86. 袁則留，西德佛蘭克福證券交易所簡介，證交資料，第60期，56.4.25.

87. 施智謀譯，西德交易所法，證交資料，第61期，56.5.25.

88. 彭光治譯，東京證券交易所新股認受權之買賣，證交資料，第62期，56.6.25.

89. 汪大揚譯，加拿大多倫多證券交易所概況，證交資料，第63期，56.7.25.

90. 伍家齊，論證券市場的發展問題，證交資料，第66期，56.10.25.

91. 彭克治譯，日本證券投資信託法之修正與審議，證交資料，第67期，56.11.25.

92. 丁鐘祥，日本的證券信用交易（一）～（三），證交資料，第66至68期，56.10.25.至56.12.25.

93. 伍家齊，股票除息連權特約交易，證交資料，第69期，57.1.25.

94. 鄭耀澄譯，日本的證券投資信託，證交資料，第71期，57.3.25.

95. 汪以鏻譯，美國政府債券市場的交易程序，證交資料，第72期，57.4.25.

96. 陳紹英譯，新股認購權證書之劃撥清算制度，證交資料，第73期，57.5.25.

97. 吳克倫，對台灣證券交易市場之研究與建議（一）～（二），證交資料，第70至第73期，57.2.25.至57.5.25.

98. 伍家齊，股票發行價格問題，證交資料，第74期，57.6.25.

99. 施智謀，西德法蘭克福交易所證券行情的確定，證交資料，第63期，57.7.25.

100. 鄭如蘭譯，證券市場與銀行之立場，證交資料，第75期，57.7.25.

101. 陳紹英譯，日本經紀會員之媒介業務（上）（下），證交資料，第76至77期，57.8.25.至57.9.25.

102. 袁則留，台灣證券市場之建立與管理，證交資料，第81期，58.1.25.

103. 許泉譯，日本店頭交易市場的現況，證交資料，第82期，58.2.25.

104. 金相根譯，韓國證券市場的展望，證交資料，第85期，58.5.25.

105. 胡姬仙譯，韓國證券市場概況，證交資料，第87期，58.7.25.

106. 鄭如蘭譯，美國證券市場的機構投資問題，證交資料，第90期，58.10.25.

107. 張貞松，股票面額之研究，證交資料，第91期，58.11.25.

108. 張貞松譯，紐約證券交易所的證券上市，證交資料，第92、93期，59.1.25.

109. 葉琛譯，外國投資人取得日本股票之手續，證交資料，第98期，59.6.25.

110. 張貞松譯，投資銀行的功能（上）（下），證交資料，第97、98期，59.2.25.至59.6.25.

111. 鄭如蘭譯，日本託存證券制度概要，證交資料，第99期，59.7.25.

112. 劉牧宜譯，日本的金融機構與證券市場，證交資料，第100期，59.8.25.

113. 鄭如蘭譯，日本證券發行日交易之結構（一）～（五），證交資料，第96至100期，59.4.25.至59.8.25.

114. 張貞松譯，美國證券保證金交易（一）（二），證交資料，第99至100期，59.7.25.至59.8.25.

115. 張貞松譯，美國證券商貸款，證交資料，第101期，59.9.25.

116. 鄭如蘭，日英證券市場的股票新公開價格，證交資料，第101期，59.9.25.

117. 胡仲文，戰後日本證券民主化，證交資料，第102期，59.10.25.

118. 葉琛譯，美國證券交易所之財務公開方針，證交資料，第102期，59.10.25.

119. 鄭如蘭譯，日本店頭市場之現況與問題，證交資料，第103期，59.11.25.

120. 張貞松譯，美國證券賣空交易（一）（二），證交資料，第102至103期，59.10.25.至59.11.25.

121. 張貞松譯，馬德里證券交易所，證交資料，第104期，59.12.25.

122. 鄭如蘭譯，日本店頭市場之現況與問題，證交資料，第104期，59.12.25.

123. 張貞松譯，米蘭證券交易所，證交資料，第105期，60.1.25.

124. 張貞松譯，蘇黎世證券交易所，證交資料，第106期，60.2.25.

125. 張貞松譯，法蘭克福證券交易所，證交資料，第107期，60.3.25.

126. 鄭如蘭，日本股票帳戶清算制度之擬議，證交資料，第107期，60.3.25.

127. 張貞松譯，哥本哈根證券交易所，證交資料，第108期，60.4.25.

128. 鄭如蘭，美國1790年證券投資人保護法簡介，證交資料，第108期，60.4.25.

129. 張貞松譯，斯德哥爾摩證券交易所，證交資料，第109期，60.5.25.

130. 葉琛譯，西德投資信託營運近況，證交資料，第109期，60.5.25.

131. 鄭如蘭譯，日本證券投資信託制度之改善，證交資料第109期，60.5.25.

132. 張貞松譯，約翰尼斯堡證券交易所，證交資料，第110期，60.6.25.

133. 張貞松譯，蒙特利爾及加拿大證券交易所，證交資料，第111期，60.7.25.

134. 張貞松譯，多倫多證券交易所，證交資料，第112期，60.8.25.

135. 余雪明譯，倫敦交易所規程（一）～（十二），證交資料，第101至112期，59.9.25.至60.8.25.

136. 程哲國譯，韓國證券交易所擬採行分櫃交易制度的研究（一）～（三），證交資料，第113至115期，60.9.25.至60.11.25.

137. 汪以鏻譯，新加坡證券事業法（一）～（四），證交資料，第113至116期，

60.9.25.至61.3.25.

138. 潔森譯，紐約證券交易所專業會員的工作（一）（二），證交資料，第118至119期，61.2.25.至61.3.25.

139. 張捷昌，論股票的時價發行，證交資料，第120期，61.4.25.

140. 彭光治，重行評介證券市場，證交資料，第120期，61.4.25.

141. 鄭如蘭譯，義大利證券市場（一）～（四），證交資料，第117至120期，61.1.25.至61.4.25.

142. 張捷昌，時價發行有關溢價增益歸屬問題，證交資料，第121期，61.5.25.

143. 張充譯，日本機構投資者的現況和展望，證交資料，第123期，61.7.25.

144. 張捷昌，企業的財務政策與證券發行，證交資料，第124期，61.8.25.

145. 彭光治譯，國際化中的日本東證市場，證交資料，第125期，61.9.25.

146. 台灣證券交易所，十年來證券交易制度之演變，證交資料，第126期，61.10.25.

147. 台灣證券交易所，十年來的台灣證券經紀商與自營商，證交資料，第127期，61.11.25.

148. 葉琛譯，變革中的日本證券行業（一）（二），證交資料，第126至127期，61.10.25.至61.11.25.

149. 台灣證券交易所，十年來之證券清算交割工作，證交資料，第128期，61.12.25.

150. 文錫鏗，美國十大證券承銷商1972年度承銷業績之比較，證交資料，第130期，62.2.25.

151. 台灣證券交易所，十年來證券買賣競價方式之演變，證交資料，第130期，62.2.25.

152. 張捷昌，時價發行與投資計算，證交資料，第131期，62.3.25.

153. 張捷昌，日本之證券金融，證交資料，第132期，62.4.25.

154. 張捷昌，轉換公司債，證交資料，第133期，62.5.25.

155. 張捷昌，日本公債及公司市場，證交資料，第134期，62.6.25.

156. 鄭如蘭譯，證券市場與金融機構（一）～（二十），證交資料，第123至143期，61.7.25.至63.3.25.

157. 張捷昌，國際化與日本證券市場（上）（下），證交資料，第142至143期，63.2.25.至63.3.25.

158. 言平，日本的公債、公司債市場，台灣證券，73年第2季，63.4.

159. 張捷昌，日本的證券商，證交資料，第144期，63.4.25.

160. 張捷昌，日本的證券法令與行政，證交資料，第145期，63.5.25.

161. 鄭如蘭譯，美國投資顧問業務的新發展，證交資料，第145期，63.5.25.

162. 鄭如蘭譯，資本市場現狀與將來的方向，證交資料，第146期，63.6.25.

163. 張捷昌，日本證券商之營運與問題，證交資料，第147期，63.7.25.

164. 王香譯，日本信用交易淺說（一）～（十），證交資料，第136至147期，
    62.8.25至63.7.25.

165. 鄭如蘭，美國企業財務公開及會計制度概要，證交資料，第148期，63.8.25.

166. 徐正渭，財務公開與分析，證交資料，第151期，63.11.25.

167. 陳厚侗，倫敦證券交易所的結構與營運（一）（二），證交資料，第150至151
    期，63.10.25.至63.11.25.

168. 陳厚侗，英國經濟學者對倫敦證券交易所的評論，證交資料，第152期，
    63.12.25.

169. 鄭如蘭譯，巴西的證券市場，證交資料，第152期，63.12.25.

170. 張充譯，有關日本企業及證券市場之諸問題（一）～（三），證交資料，第
    152至154期，63.12.25.至64.2.25.

171. 陳厚侗，歐洲大陸國家證券市場簡介（一）～（二），證交資料，第153至154
    期，64.1.25.至64.2.25.

172. 吳宗樑，證券交易有法有關優先權規定之研究，證交資料，第158期，64.6.25.

173. 黃文治譯，韓國公司資金來源與證券市場的發展（上）（下），證交資料，第
    175至158期，64.5.25.至64.6.25.

174. 黃古彬，日本債券市場發展與規模，證券管理，3卷4期，64.7.16.

175. 陳厚侗譯，馬丁報告：紐約證券市場調查報告與建議（上）（下），證交資
    料，第158至第159期，64.6.25.至64.7.25.

176. 吳宗樑，中日證券買賣受託契約規制之比較研究，證交資料，第160期，
    64.8.25.

177. 陳厚侗，認股憑證買賣之分析，證交資料，第161期，64.9.25.

178. 劉幸義，論證券交易法有價證券買賣之行紀，證交資料，第162期，64.10.25.

179. 胡祥麟，韓國證券市場可供參考借鏡，證交資料，第163期，64.11.25.

180. 嚴永晃，1980年的日本證券業，證交資料，第163期，64.11.25.

181. 王香譯，劃撥清算制度下保護實質股東的問題（上）（中）（下），證交資
    料，第163至165期，64.11.25.至65.1.25.

182. 吳宗樑，中日證券市場不公正交易行為禁止之比較研究，證交資料，第166期，65.2.25.

183. 陳厚侗譯，美國企業公開募集發行的實務手續與影響（一）～（四），證交資料，第165至168期，65.1.25.至65.4.25.

184. 朱富春譯，轉換公司債的特色與發行手續（一）～（二），證交資料，第167、168期，65.3.25.至65.4.25.

185. 朱富春譯，美國機構投資家對紐約股票市場的看法，證交資料，第169期，65.5.25.

186. 鄭如蘭譯，比利時的證券劃撥清算制度（上）（下），證交資料，第168至169期，65.4.25.至65.5.25.

187. 吳宗樑，中日證券公司業務範圍之研究比較，證交資料，第170期，65.6.25.

188. 鄭如蘭譯，紐約證券交易所上市公司手冊（一）～（十四），證交資料，第153至171期，64.1.25.至65.7.25.

189. 鄭如蘭，附購買股票權之公司債，證交資料，第175期，65.11.25.

190. 資料室，日本可調換公司債淺說（一）～（七），證交資料，第169至175期，65.5.25.至65.11.25.

191. 伍家齊，論公積，證交資料，第176期，65.12.25.

192. 陳厚侗，韓國證券金融公司之研究，證交資料，第176期，65.12.25.

193. 資料室，美國兩大證券交易所將合併，證交資料，第176期，65.12.25.

194. 資料室，美國建立全國證券清算機構，證交資料，第176期，65.12.25.

195. 資料室，美國主要證交所擬組公會為建立全國性交易所舖路，證交資料，第177期，66.1.25.

196. 鄭如蘭譯，美國梅林證券公司的中央市場構想，證交資料，第177期，66.1.25.

197. 朱富春，美國對「內幕人員」買賣股票的限制，證交資料，第178期，66.2.25.

198. 張捷昌，股東結構的變化及資本市場的對策（一）～（四），證交資料，第176至179期，65.12.25.至66.3.25.

199. 陳厚侗，日本大阪證券交易所簡介，證交資料，第179期，66.3.25.

200. 鄭如蘭，東證「劃撥清算制度」概要，證交資料，第179期，66.3.25.

201. 張捷昌，美國的銀行業務與證券市場，證交資料，第181期，66.5.25.

202. 賴源河，證券交易法上之民事責任（上）（下），證交資料，第180至181期，66.4.25.至66.5.25.

203. 陳厚侗，瑞士證券市場簡述，證交資料，第182期，66.6.25.

204. 陳厚侗，轉載：論資產重估公積轉增資，證交資料，第183期，66.7.25.

205. 彭光治，美國股票交易自動操作的構想，證交資料，第183期，66.7.25.

206. 彭光治譯，美國的證券分析家，證交資料，第184期，66.8.25.

207. 陳厚侗，證券金融公司業務與貢獻，證交資料，第185期，66.9.25.

208. 陳厚侗，論保留盈餘，證交資料，第186期，66.10.25.

209. 陳厚侗，債券市場的功能，證交資料，第187期，66.11.25.

210. 鄭如蘭譯，發展中的日本投資信託，證交資料，第189期，67.1.25.

211. 張充，美國投資銀行的發展過程（上）（中）（下），證交資料，第188至190期，66.12.25.至67.2.25.

212. 伍家齊，營業員的任務與使命，證交資料，第190期，67.2.25.

213. 陳厚侗，論保留盈餘，證交資料，第191期，67.3.25

214. 鄭如蘭，紐約證券交易所面臨的問題（上）（下），證交資料，第191至192期，67.3.25.至67.4.25.

215. 聶立圳，認股權證與可調換公司債，證交資料，第193期，67.5.25.

216. 張捷昌，日本公債的流通，證交資料，第197期，67.9.25.

217. 陳厚侗，申論資本大眾化，證交資料，第198期，67.10.25.

218. 鄭如蘭譯，美國上市公司的臨時報告制度，證交資料，第198期，67.10.25.

219. 鄭如蘭，時價發行與可調換公司債（一）～（十四），證交資料，第179至199期，66.3.25.至67.11.25.

220. 蔡禮安，論集中交易市場競價作業（一）～（三），證交資料，第199至201期，67.11.25.至68.1.25.

221. 朱富春，紐約證券交易所的管理，證交資料，第202期，68.2.25.

222. 朱富春，紐約證券交易所的競價委託，證交資料，第203期，68.3.25.

223. 鄭如蘭譯，轉載：證券投資信託，證交資料，第204期，68.4.25.

224. 百平，證券交易法簡釋（一）～（六），證交資料，第200至205期，67.12.25.至68.5.25.

225. 朱富春，美國證券市場的賣空，證交資料，第206期，68.6.25.

226. 本刊資料室，多倫多證券交易所電腦處理交易制度之概要與現狀，證交資料，第207期，68.7.25.

227. 朱富春，美國的保證金交易制度（一）～（四），證交資料，第208至211期，68.8.25.至68.11.25.

228. 王香譯，美國公開持股情形政策之發展（上）（下），證交資料，第212、213

期，68.12.25.至69.1.25.

229. 朱富春譯，韓國證券交易所章程，證交資料，第214期，69.2.25.

230. 鄭如蘭譯，日本投資信託運用制度變遷史（一）～（三），證交資料，第213
至215期，69.1.25.至69.3.25.

231. 朱富春譯，香港的證券市場，證交資料，第219期，69.7.25.

232. 鄭如蘭譯，日修正外資法、外匯法以前外國人投資日本證券之規定，證交資
料，第219期，69.7.25.

233. 徐恭忠，美國互相基金績效的評估，證交資料，第220期，69.8.25.

234. 陳世平譯，紐約證券交易所停止上市及停止交易規則，證交資料，第221期，
69.9.25.

235. 鄭如蘭譯，面臨轉機的股票市場（一）～（五），證交資料，第218期至222
期，69.6.25.至69.10.5.

236. 王香譯，日本投資信託各種基金結構之變遷（一）～（四），證交資料，第
216至222期，69.4.25.至69.10.25.

237. 朱富春譯，韓國的證券市場，證交資料，第230期，70.6.25.

238. 余先達，民生主義經濟建設中證券市場的重要性，證交資料，第230期，
70.6.25.

239. 余先達，當證券前市場管理之檢討與改進，台灣證券市場，第31週年，
70.12.1.

240. 劉平，如何促進證券市場活潑健全，台灣證券市場，第31週年，70.12.1.

241. 胡牧，談股票集中保管與融券，證券金融，創刊號，71.1.15.

242. 朱富春，英國的公債市場，證交資料，第237期，71.1.25.

243. 朱富春，東京證券交易所市場第二部機械化交易計畫，證交資料，第238期，
71.2.25.

244. 徐恭忠，談日韓開放證券市場之作法，證交資料，第238期，71.2.25.

245. 潘隆政譯，日本證券市場概述，證交資料，第239期，71.3.25.

246. 陳厚侗，美國的機構投資者（一）（二），證交資料，第240、241期，
71.4.25.至71.5.25.

247. 朱富春譯，美國的證券管理委員會，證交資料，第242期，71.6.25.

248. 彭光治譯，日本證券業對經濟發展的貢獻，證交資料，第244期，71.8.25.

249. 資料室，台灣證券交易所二十年史（一）～（五），證交資料，第242至246
期，71.6.25.至71.10.25.

250. 白培英，我國證券市場現況及金管會最近推動之重要措施，台灣證券市場，第32週年，71.12.1.

251. 胡仲文，推行證券投資信託業務，台灣證券市場，第32週年，71.12.1.

252. 夏樹輝，如何融資融券，台灣證券市場，第32週年，71.12.1.

253. 陳守廉，美國的資本市場和機構投資，台灣證券市場，第32週年，71.12.1

254. 彭光治，設立綜合性專業證券商制乃當務之急，台灣證券市場，第32週年，71.12.1.

255. 鄭丁旺，怎樣閱讀公開說明書，台灣證券市場，第32週年，71.12.1.

256. 饒谷懷，證券從業人員如何配合現階段證券市場的發展，台灣證券市場，第32週年，71.12.1.

257. 白培英，證券管理工作在現階段的使命，證交資料，第248期，71.12.25.

258. 陸九如，證券信用業務經營之回顧及展望，證券金融，創刊號，72.1.15.

259. 傅昶，證券金融事業籌措資金之途徑，證券金融，創刊號，72.1.15.

260. 王曉荷，店頭市場之回顧與前瞻，證券管理，1卷1期，72.1.16.

261. 張昌邦，一年來的證券管理工作，證券管理，1卷1期，72.1.16.

262. 陸潤康，建立一個健全的證券市場，證券管理，1卷1期，72.1.16.

263. 饒谷懷，證券從業人員如何配合現階段證券市場的發展，證交資料，第249期，72.1.25.

264. 潘隆政譯，大韓投資信託公司之證券投資信託，證交資料，第250期，72.2.25.

265. 余先達，證券管理委員會之任務，證券管理，1卷2期，72.3.16.

266. 林瓊輝，內部人員短線交易之責任，證券管理，1卷2期，72.3.16.

267. 鮑亦榮，美國證券交易管理之認識，證券管理，1卷2期，72.3.16.

268. 夏樹輝，證券投資信託簡介（上）（下），證券管理，1卷1～2期，72.1.16.至72.3.16.

269. 朱富春譯，日本的綜合證券商簡介（一）～（五），證交資料，第247期、251期，71.11.25.至72.3.25.

270. 仰峰，復華公司集中保管有價證券業務介紹，證券金融，第2期，72.4.15.

271. 林運祥，建立健全發展的資本市場，證券管理，第2期，72.4.15.

272. 映君，日本投資人申請開立「證券信用交易帳戶」條件與「信用交易帳戶設定約諾書」，證券金融，第2期，72.4.15.

273. 胡牧，融資融券股票標準之說明，證券金融，第2期，72.4.15.

274. 傅昶，我國與日韓證券金融制度之比較，證券金融，第2期，72.4.15.

275. 藍瀛芳，證券法規之修正重點——外國實例，證券金融，第2期，72.4.15.

276. 柳梅川，證券金融事業法規介紹（一）（二），證券金融，創刊號至第2期，72.1.15.至72.4.15.

277. 邱靖博，我國資本市場開放外人投資之推動過程，證交資料，第252期，72.4.25.

278. 潘隆政譯，1982年日本證券市場概述，證交資料，第252期，72.4.25.

279. 白俊男，外國資本市場與我國資本市場，證券管理，1卷3期，72.5.16.

280. 朱富春，東京證券交易所新市場機械化系統第一期基本綱要，證券管理，1卷3期，72.5.16.

281. 余雪明，證券市場的心理建設，證券管理，1卷3期，72.5.16.

282. 邱靖博，我國證券市場現況與今後改進途徑，證券管理，1卷3期，72.5.16.

283. 許成，我國債券市場發展概況暨應有的改進，證券管理，1卷3期，72.5.16.

284. 陳樹，日本轉換公司債之發行實務淺論，證券管理，1卷3期，72.5.16.

285. 潘錦秀，日本債券市場概況，證券管理，1卷3期，72.5.16.

286. 鄭丁旺，中信、丸億事件的啓示，證券管理，1卷3期，72.5.16.

287. 鄭如蘭，日本債券市場簡介，證券管理，1卷3期，72.5.16.

288. 盧英源，集中交易市場作業，證券管理，1卷3期，72.5.16.

289. 朱富春譯，美國全國性市場制度之發展與交易制度，證交資料，第253期，72.5.25.

290. 朱富春譯，美日證券交易電腦化近況，證交資料，第254期，72.6.25.

291. 鄭如蘭譯，如何培育債券市場，證交資料，第254期，72.6.25.

292. 鄭如蘭，東京證券交易所業務制度簡介（一）（二），證交資料，第253至254期，72.5.25.至72.6.25.

293. 胡牧，證券信用交易制度重點說明，證券金融，第3期，72.7.15.

294. 傅昶，日韓證券信用交易制度述要，證券金融，第3期，72.7.15.

295. 騰璋，韓國證券金融業務暨相關法規介紹，證券金融，第3期，72.7.15.

296. 盛平，證券金融概說（一）～（三），證券金融，第1至3期，72.1.15.至72.7.15.

297. 林宗勇，韓國證券投資信託，證券管理，1卷4期，72.7.16.

298. 林瓊輝，我國投資信託當事人間之法律關係，證券管理，1卷4期，72.7.16.

299. 張昌邦，健全證券管理制度的途徑，證券管理，1卷4期，72.7.16.

300. 楊崇森、余雪明、賴英照等，證券投資信託制度座談會紀要，證券管理，1卷4

期，72.7.16.

301. 鄭如蘭，證券投資信託，證券管理，1卷4期，72.7.16.

302. 鄭如蘭，台灣證券交易所股票競價買賣制度簡介，證交資料，第255期，72.7.25.

303. 朱富春，歐洲交易所非上市證券市場，證交資料，第256期，72.8.25.

304. 神崎克郎，日本財務公開及其發展，證券管理，1卷5期，72.9.16.

305. 神崎克郎、高禮廉、余雪明等，財務公開制度，證券管理，1卷5期，72.9.16.

306. 盛禮約，公開發行公司會計師簽證與財務公開問題，證券管理，1卷5期，72.9.16.

307. 郭崑謨，論發行股票公司財務管理作業重點，證券管理，1卷5期，72.9.16.

308. 陳厚侗，美國的證券投資信託——相互基金，證券管理，1卷5期，72.9.16.

309. 陳秋芳，存貨應否採用成本與市價熟低法評價，證券管理，1卷5期，72.9.16.

310. 陳榮欽，美國的資本市場，證券管理，1卷5期，72.9.16.

311. 楊水土，存貨應否採用成本與市價熟低準評價，證券管理，1卷5期，72.9.16.

312. 朱富春，日本之證券投資信託業務（上）（下），證券管理，1卷4～5期，72.1.16.至72.9.16.

313. 朱富春譯，美國企業財務之健全性，證交資料，第257期，72.9.25.

314. 陳厚侗譯，紐約證券交易所簡史（上）（中）（下），證交資料，第255至257期，72.7.25.至72.9.25.

315. 羲傑，投資人充分利用集中保管股票委託復華公司代辦過戶，證券金融，第4期，72.10.15.

316. 騰璋，中韓證券信用交易制度之比較，證券金融，第4期，72.10.15.

317. 穎川，簡介日本證券金融公司與貸借（信用）交易制度（上）（中）（下），證券金融，創刊號至第4期，72.1.15.至72.10.15.

318. 陳榮顯譯，美國全國證券商協會簡介，證交資料，第258期，72.10.25.

319. 本刊，台北市證券商業同業公會之組織及其沿革，台灣證券市場，第33週年，72.12.1.

320. 白培英，我國證券市場現況及最近之重要措施，台灣證券市場，第33週年，72.12.1.

321. 胡仲文，現行證券經紀商受託買賣證券須知，台灣證券市場，第33週年，72.12.1.

322. 夏樹輝，復華證券金融公司對證券市場之影響，台灣證券市場，第33週年，

72.12.1.

323. 徐立德，台灣證券市場的現況及其改進，台灣證券市場，第33週年，72.12.1.

324. 張昌邦，我國證券投資信託業務，台灣證券市場，第33週年，72.12.1.

325. 陳守廉，證券投資顧問的設立，台灣證券市場，第33週年，72.12.1.

326. 陳炳林，證券交易制度的幾個問題，台灣證券市場，第33週年，72.12.1.

327. 劉平，建立共識發展證券市場，台灣證券市場，第33週年，72.12.1.

328. 谷生蘭，美國投資顧問與證券分析師，台灣證券，73年第1季，73.1.

329. 潘志奇、潘性恕，美國銀行業與證券業之競爭，台灣證券，73年第1季，73.1.

330. 王富昌，展群股票標借記實，台灣證券季刊，73年第1季，73.1.1.

331. 周取寄，談證券店頭市場，台灣證券，73年第1季，73.1.1.

332. 林清吉，證券櫃檯買賣簡介，台灣證券，73年第1季，73.1.1.

333. 夏樹輝，我國證券信用交易制度簡介，台灣證券，73年第1季，73.1.1.

334. 湯中，東京證券市場的資訊體系介紹，台灣證券，73年第1季，73.1.1.

335. 毅成，「復華證券金融公司融資融券業務操作辦法」修正內容介紹（一）～
     （三），證券金融，第3至5期，72.7.15.至73.1.15.

336. 及仁，簡介證券投資顧問事業，證券金融，第5期，73.1.15.

337. 伯儀，談談美國的股票集中保管，證券金融，第5期，73.1.15.

338. 管窺生，時論轉載「信用交易處分擔保品的法律意義」與「信用帳戶舊戶換約
     問題的探討」，證券金融，第5期，73.1.15.

339. 余雪明、盛禮約、陳厚侗、鮑爾一等，證券投資顧問事業之發展，證券管理，
     2卷1期，73.1.16.

340. 林日峰，證券投資顧問事業對於證券市場的功能，證券管理，2卷1期，
     73.1.16.

341. 河本一郎，日本財政部對會計師之管理，證券管理，2卷1期，73.1.16.

342. 河本一郎，徵求「出席股東會委託書」在法律上之剖析，證券管理，2卷1期，
     73.1.16.

343. 夏樹輝，對我國證券投資顧問事業之展望，證券管理，2卷1期，73.1.16.

344. 許成，財務結構與槓桿原理，證券管理，2卷1期，73.1.16.

345. 楊昌田，論現金流量與財務比率分類型態，證券管理，2卷1期，73.1.16.

346. 劉孟賢，美國投資顧問業與證券分析師資格之取得及其自律，證券管理，2卷1
     期，73.1.16.

347. 潘錦秀，日本證券投資顧問業概況，證券管理，2卷1期，73.1.16.

348. 徐恭忠譯，韓國投資信託（上）（下），證交資料，第248、249期，72.12.25. 至73.1.25.

349. 朱富春，轉換公司債分析，證交資料，第261期，73.1.25.

350. 陳厚侗，美國證券分析師，證交資料，第261期，73.1.25.

351. R. A. Spira，美國證券市場發展的概況，證券管理，2卷2期，73.3.16.

352. 徐恭忠，美國對投資顧問之管理，證券管理，2卷2期，73.3.16.

353. 許成，企業內部控制制度之涵義，證券管理，2卷2期，73.3.16.

354. 許克榮、吳吉田、朱寶奎等，如何有效促使發行公司建立善之內部控制制度，證券管理，2卷2期，73.3.16.

355. 郭仲乾，對證券集中交易應有的了解，證券管理，2卷2期，73.3.16.

356. 郭崑謨，如何修改上市標準以激勵公司股票上市，證券管理，2卷2期，73.3.16.

357. 陳樹，如何促使發行公司有效建音內部控制制度，證券管理，2卷2期，73.3.16.

358. 詹天定，漫談美國投資顧問事業，證券管理，2卷2期，73.3.16.

359. 劉水深，企業控制，證券管理，2卷2期，73.3.16.

360. 蔡金拋，健全發行公司內部控制制度之重要性，證券管理，2卷2期，73.3.16.

361. 楊金德，何謂轉換公司債，台灣證券，73年第2季，73.4.

362. 葉宣模，英國未上市證券市場近況簡介，台灣證券，73年第2季，73.4.

363. 谷生蘭，日本新店頭市場，台灣證券，73年第2季，73.4.1.

364. 黃謙禮，日本股票店頭市場的整頓與改革，台灣證券，73年第2季，73.4.1.

365. 康玲華，論證券投資顧問事業及綜合性大證券商，證券金融，第6期，73.5.15.

366. 傅顯章，證券信用交易的資金問題，證券金融，第6期，73.5.15.

367. 熊自怡，股票集中保管作業說明，證券金融，第6期，73.5.15.

368. 余雪明，美國店頭市場自營商之管理，證券管理，2卷3期，73.5.16.

369. 余雪明、林清吉、鄭如蘭、鍾隆吉等，如何推動證券店頭市場之健全發展，證券管理，2卷3期，73.5.16.

370. 李兆仁，建立與發展債券市場，證券管理，2卷3期，73.5.16.

371. 黃清苑，我國證券市場之缺失與改進之道，證券管理，2卷3期，73.5.16.

372. 寧國輝，日本股票店頭市場登錄實務，證券管理，2卷3期，73.5.16.

373. 劉水深，企業診斷，證券管理，2卷3期，73.5.16.

374. 潘錦秀，日本股票公開收購制度，證券管理，2卷3期，73.5.16.

375. 賴英照，證券交易法第157條之利益計算，證券管理，2卷3期，73.5.16.

376. 賴源河，日本店頭市場的改善措施，證券管理，2卷3期，73.5.16.

377. 何業忠，韓國劃撥清算公司業務簡介，證交資料，第267期，73.5.25.

378. 鄭如蘭，日本股票劃撥清算制度已完成法案草案，證交資料，第265期，73.5.25.

379. 林清源譯，收購要約中目標公司經營人之適當角色，證交資料，第266期，73.6.25.

380. 章生，韓國資本市場育成法及其施行細則，台灣證券，73年第3季，73.7.

381. 楊金德，公司債的募集發行，台灣證券，73年第3季，73.7.

382. 穎川，日本新店頭市場淺說，台灣證券，73年第3季，73.7.1.

383. 林日峰，在充分揭露上有必須考慮的幾項建議，證券管理，2卷4期，73.7.6.

384. 鄭如蘭，時價發行與轉換公司債（一）～（五），證券管理，1卷6期至2卷4期，72.11.16.至73.7.16.

385. 余雪明，談證券管理如何再求改進，證券管理，2卷4期，73.7.16.

386. 李俊，論銀行與證券公司業務，分離專業化，證券管理，2卷4期，73.7.16.

387. 沈柏齡，證券管理現況及今後工作的方向，證券管理，2卷4期，73.7.16.

388. 劉柏利，也談金管會之任務，證券管理，2卷4期，73.7.16.

389. 賴源河，丸億公司案平議，證券管理，2卷4期，73.7.16.

390. 徐恭忠譯，東京證券交易所證券上市規則，證交資料，第267期，73.7.25.

391. 葉宣模譯，東京證券交易所電腦競價系統，證交資料，第267期，73.7.25.

392. 余雪明，證券偽造與投資人保障，證券管理，2卷5期，73.9.16.

393. 夏樹輝，財務公開的實質意義與途徑，證券管理，2卷5期，73.9.16.

394. 許成，擴大我國證券市場規模之探討，證券管理，2卷5期，73.9.16.

395. 黃清苑、鄭如蘭、鎮乾常等，如何擴大證券市場規模，證券管理，2卷5期，73.9.16.

396. 楊金德，何謂無面額股票，證券管理，2卷5期，73.9.16.

397. 詹定天，美國「內部人員交易」現況介紹，證券管理，2卷5期，73.9.16.

398. 鮑爾一，論會計研究發展基金會之功能，證券管理，2卷5期，73.9.16.

399. 鎮乾常，證券市場交易制度，證券管理，2卷5期，73.9.16.

400. 張昂譯，東京交易所交易廳內成交簽認手續合理化之簡介，證交資料，第269期，73.9.25.

401. 潘隆政等譯，瑞士資本市場（一）～（四），證交資料，第266至269期，

73.6.25.至73.9.25.

402. 柳梅川，股價操縱行為分析及其禁止事項之說明，證券金融，第7期，73.9.30.

403. 夏樹輝，我國證券信用交易現況介紹，證券金融，第7期，73.9.30.

404. 陳淮川，日本現行之「國內股票劃撥清算制度之業務細則」：日本證券決濟株式會社關係條例之一，證券金融，第7期，73.9.30.

405. 陳厚侗，店頭市場，台灣證券，73年第4季，73.10.1.

406. 朱富春，東京證券交易所「有價證券上市審查規則」之部分修正，證交資料，第270期，73.10.25.

407. 鄭如蘭譯，股票保管劃撥制度之結構，證交資料，第270期，73.10.25.

408. 饒谷懷，美國證券市場的特色，證交資料，第270期，73.10.25.

409. 余雪明、柯芳枝、賴源河等，出席股東會委託書管理，證券管理，2卷6期，73.11.16.

410. 林瓊輝，引中美案例要論出席股東會委託書之管理，證券管理，2卷6期，73.11.16.

411. 郭仲乾，徵求委託書違規送法判徒刑確定，證券管理，2卷6期，73.11.16.

412. 鄭如蘭，日本對外國證券投資自由化之經緯，證券管理，2卷6期，73.11.16.

413. 鄭如蘭，股票保管劃撥制度，證券管理，2卷6期，73.11.16.

414. 鍾隆吉，從股東會使用之委託書談起，證券管理，2卷6期，73.11.16.

415. 蘇松欽，日本證券投資顧問業務，證券管理，2卷6期，73.11.16.

416. 沈柏齡，我國證券市場現況及發展計畫，台灣管理市場，第34週年，73.12.1.

417. 周學治，談國內證券投資信託基金的設立，台灣證券市場，第34週年，73.12.1.

418. 袁希光，證券市場亟需擴大規模（代序），台灣證券市場，第34週年，73.12.1.

419. 張昌邦，活絡債券市場之我見，台灣證券市場，第34週年，73.12.1

420. 許成，我國證券市場的發展與展望，台灣證券市場，第34週年，73.12.1.

421. 彭光治，強化證券商應有的功能，台灣證券市場，第34週年，73.12.1.

422. 葉學晢，對證券信用交易幾個基本觀念問題的澄清，台灣證券市場，第34週年，73.12.1.

423. 劉平，如何促進證券市場健全發展，台灣證券市場，第34週年，73.12.1.

424. 林瑞瑩譯，紐約證券交易所專業會員及其職責，證交資料，第272期，73.12.25.

425. 林瓊輝，違法徵求委託書對於股東會決議之影響，台灣證券，74年第1季，74.1.

426. 葉宣模，倫敦股市承銷國營事業股票的範例，台灣證券，74年第1季，74.1.

427. 劉平，如何促進證券市場健全發展，台灣證券，74年第1季，74.1.

428. 徐恭忠，馬來西亞證券市場，台灣證券，74年第1季，74.1.

429. 邱榮輝，韓國證券市場邁向開放體制，證券管理，3卷1期，74.1.16.

430. 陳厚侗，談證券信用交易，證券管理，3卷1期，74.1.16.

431. 陳春山，短線交易之歸入權行使對象，證券管理，3卷1期，74.1.16.

432. 陸潤康，建立現代化之證券市場，證券管理，3卷1期，74.1.16.

433. 劉其昌，正確的股票投資觀念兼論融資融券的看法，證券管理，3卷1期，74.1.16.

434. 潘月桂，日本轉換公司債發行概況，證券管理，3卷1期，74.1.16.

435. 張昂譯，日本轉換公司債之上市規則及委託契約準則，證交資料，第273期，74.1.25.

436. 林瓊輝，我國證券投資信託之介紹（上）（下），證券金融，第7～8期，73.9.10.至74.2.15.

437. 胡立，談我國證券信用交易的一些實質問題，證券金融，第8期，74.2.15.

438. 葉學哲，對證券信用交易幾個基本觀念問題的澄清，證券金融，第8期，74.2.15.

439. 藍瀛芳，證券信用交易法規修訂及行政命令規定事項證券金融，第8期，74.2.15.

440. 張殿冬，台灣證券市場電腦輔助作業系統簡介，證交資料，第274期，74.2.25.

441. 余雪明、賴源河等，證券交易劃撥交割制度，證券管理，3卷2期，74.3.16.

442. 徐恭忠，菲律賓證券市場及其最近發展，證券管理，3卷2期，74.3.16.

443. 陳春山，證券投資信託與股東表決權之行使，證券管理，3卷2期，74.3.16.

444. 劉漢久，環繞財政金融政策下的政府債券管理政策取向，證券管理，3卷2期，74.3.16.

445. 吳贊銳，公司法與證券交易法同為規定「免辦公開發行」之影響，台灣證券，74年第2季，74.4.

446. 林清吉譯，日本的證券管理，台灣證券，74年第2季，74.4.

447. 馬黛，簡介遠期買賣權（Options），台灣證券，74年第2季，74.4.

448. 陳厚侗，韓國承銷證券的契約，台灣證券，74年第2季，74.4.

449. 余雪明、賴英照、林煜宗等，研商綜合證券商推動事宜，證券管理，3卷4期，74.4.16.

450. 李秀瓊，金融自由化和最新資訊網的引進對日本證券界的挑戰，證交資料，第276期，74.4.25.

451. 馬黛，簡介遠期買賣權（Options），證交資料，第276期，74.4.25.

452. 余雪明，證券市場國際化應有的法令配合，證券管理，3卷3期，74.5.16.

453. 陳樹，轉換公司債之概念與相關問題之探討，證券管理，3卷3期，74.5.16.

454. 劉其昌，如何吸引游資進入證券市場，證券管理，3卷3期，74.5.16.

455. 林瑞瑩，介紹美國可轉換有價證券，證交資料，第277期，74.5.25.

456. 張昂，東京證券交易所有價證券上市審查制度，證交資料，第277期，74.5.25.

457. 林清源譯，增進競爭收購要約之理論，證交資料，第278期，74.6.25.

458. 余宛燕，中、日證券承銷業務的異同，台灣證券，74年第3季，74.7.

459. 劉平，發行可轉換公司債的法律問題，台灣證券，74年第3季，74.7.

460. 張潤明，談美國證券店頭市場操作，台灣證券，74年第3季，74.7.1.

461. 葉倍雄，英國非上市證券市場簡介，台灣證券，74年第3季，74.7.1.

462. 余雪明，我國綜合證券商之探討，證券管理，3卷4期，74.7.16.

463. 殷乃平，如何建立證券市場投資者的信心，證券管理，3卷4期，74.7.16.

464. 劉其昌，融資融券信用操作之分析，證券管理，3卷4期，74.7.16.

465. 潘月桂，韓國金融資本市場之國際化，證券管理，3卷4期，74.7.16.

466. 賴英照，證券交易法修正案的特色與影響，證券管理，3卷4期，74.7.16.

467. 朱富春，紐約證券交易所，證交資料，第279期，74.7.25.

468. 張昂，東京證券交易所，證交資料，第279期，74.7.25.

469. 張昂，斯德哥爾摩證券交易所，證交資料，第279期，74.7.25.

470. 王富昌，新燕股票炒作案之回顧與檢討，證券金融，第9期，74.8.15.

471. 王爾德，「證券信用交易」的經營與管理，證券金融，第9期，74.8.15.

472. 王餘慶，美日證券承銷商業務概述，證券金融，第9期，74.8.15.

473. 夏樹輝，談證券信用交易制度的機動性證券金融，第9期，74.8.15.

474. 陳淮川譯，日本證券金融公司「借貸交易融資融券規則」，證券金融，第9期，74.8.15.

475. 管窺生，論我國證券商的多角化經營，證券金融，第9期，74.8.15.

476. 何業忠，美國證券交易所，證交資料，第280期，74.8.25.

477. 張昂，維也納證券交易所，證交資料，第280期，74.8.25.

478. 何業忠、林瑞瑩，改進台灣證券市場自營商制度之研究與建議（一）～（三），證交資料，第278至280期，74.6.25.至74.8.25.

479. 沈柏齡，證券管理業務之展望，證券管理，3卷5期，74.9.16.

480. 林煜宗、何文賢，台灣證券發行市場股票承銷之研究，證券管理，3卷5期，74.9.16.

481. 夏樹輝，我所憧憬的「價廉物美」的證券市場，證券管理，3卷5期，74.9.16.

482. 賴英照，論金管會之隸屬問題，證券管理，3卷5期，74.9.16.

483. 錢純，財政部今後工作方向，證券管理，3卷5期，74.9.16

484. 何業忠，韓國證券交易所，證交資料，第281期，74.9.25.

485. 林清源譯，現金收購要約與強制公開消息，證交資料，第281期，74.9.25.

486. 楊金德，認識債券，台灣證券，74年第4季，74.10.

487. 蕭紹衍，「裕隆股票」公開標購的陷阱，台灣證券，74年第4季，74.10.1.

488. 林瑞瑩譯，英國證券交易所，證交資料，第282期，74.10.25.

489. 呂東英，美國有價證券公開發行制度，證券管理，3卷6期，74.11.16.

490. 饒谷懷，我國證券市場未來之展望，證券管理，3卷6期，74.11.16.

491. 朱富春，各國對內幕人員交易之約束規定，證交資料，第283期，74.11.25.

492. 何業忠譯，加拿大多倫多證券交易所，證交資料，第283期，74.11.25.

493. 沈柏齡，如何促進資本市場，配合工商業發展，台灣證券市場，第35週年，74.12.1.

494. 袁希光，引導民間游資投入證券市場，台灣證券市場，第35週年，74.12.1.

495. 張貞松，證券分析師國際組織概況，台灣證券市場，第35週年，74.12.1.

496. 葉學皙，開創證券市場的新境界，台灣證券市場，第35週年，74.12.1.

497. 劉平，開創證券市場新局的我見，台灣證券市場，第35週年，74.12.1.

498. 饒谷懷，證券從業人員應具備之職業道德，台灣證券市場，第35週年，74.12.1.

499. 王富昌譯，韓國證券金融公司一般證券質押貸款規則，證券金融，第10期，74.12.15.

500. 亦成，重視管理功能加強證券管理，證券金融，第10期，74.12.15.

501. 張浚河，簡譯日本債券期貨市場，證券金融，第10期，74.12.15.

502. 劉其昌，證券信用操作影響股價的數據分析，證券金融，第10期，74.12.15.

503. 朱富春，英國證券交易所的改革與新交易制度，證交資料，第284期，74.12.25.

504. 林瑞瑩譯，澳洲聯合證券交易所，證交資料，第284期，74.12.25.

505. 甘泉，委託書之正常功能，台灣證券，75年第1季，75.1.

506. 林惠美譯，愈來愈像銀行的美林公司，台灣證券，75年第1季，75.1.

507. 張潤明，易得投資人青睞的新金融產品——相互基金，台灣證券，75年第1季，75.1.

508. 陳厚侗，美國的投資公司，台灣證券，75年第1季，75.1.

509. 周太平，美國證券店頭市場述要，台灣證券，75年第1季，75.1.1.

510. 呂東英，核准制度與申報制度之利弊，證券管理，4卷1期，75.1.16.

511. 林惠美，有關美國金管會之論述三則，證券管理，4卷1期，75.1.16.

512. 邱靖博，我國資本市場發展之方向，證券管理，4卷1期，75.1.16.

513. 陳樹，轉換公司債發行與流通之會計處理，證券管理，4卷1期，75.1.16.

514. 黃清苑，談我國股務代理業務之現況，證券管理，4卷1期，75.1.16.

515. 何業忠譯，加拿大蒙特利爾證券交易所，證交資料，第285期，75.1.25.

516. 何業忠譯，墨西哥證券交易所，證交資料，第286期，75.2.25.

517. 林瑞瑩譯，巴黎證券交易所，證交資料，第286期，75.2.25.

518. 徐恭忠譯，東京證券交易所上市審查等準則，證交資料，第286期，75.2.25.

519. 朱懷祖，加強證券機構自律的功能，證券管理，4卷2期，75.3.16.

520. 李忠華，推行上市發行公司股務代理制度問卷調查分析報告，證券管理，4卷2期，75.3.16.

521. 林惠美，由法律及政策觀點展望我國資本市場，證券管理，4卷2期，75.3.16.

522. 胡立陽，投資顧問——證券經紀人，證券管理，4卷2期，75.3.16.

523. 陳春山，機構投資人與證券市場，證券管理，4卷2期，75.3.16.

524. 陳春山，機構投資人與證券市場，證券管理，4卷2期，75.3.16.

525. 林瑞瑩譯，約翰尼斯堡證券交易所，證交資料，第287期，75.3.25.

526. 潘隆政譯，美國綜合登錄制度及其影響，證交資料，第287期，75.3.25.

527. 陳宜宗，電子橋梁連接了NASDAQ與倫敦證券交易所，台灣證券，75年第2季，75.4.

528. 劉其昌，改進公司債市場運作功能，台灣證券，75年第2季，75.4.

529. 林清吉，美國全國證券業務協會簡介，台灣證券，75年第2季，75.4.1.

530. 林義夫，證券公會業務的回顧與展望，台灣證券，75年第2季，75.4.1.

531. 陳厚侗，美國的證券店頭市場，台灣證券，75年第2季，75.4.1.

532. 傅顯章，信用交易制度介紹——選擇權交易，證券金融，第11期，75.4.15.

533. 劉其昌，歷年調整證券信用比率影響股價指數及成交量值之分析，證券金融，第11期，75.4.15.

534. 林瑞瑩譯，布宜諾斯艾利斯證券交易所，證交資料，第288期，75.4.25.

535. 葉宣模譯，1985年英國倫敦非上市證券市場概況（一）（二），證交資料，第287、288期，75.3.25.至75.4.25.

536. 林義夫，證券公會業務的回顧與展望，證券管理，4卷3期，75.5.16.

537. 胡立陽，承銷商在綜合證券商中扮演的角色，證券管理，4卷3期，75.5.16.

538. 賴源河，美國之股票及公司債集中保管與劃撥交割制度，證券管理，4卷3期，75.5.16.

539. 錢純，健全證券市場發展促進公司財務公開，證券管理，4卷3期，75.5.16.

540. 蘇松欽，日本有價證券公開收購制度，證券管理，4卷3期，75.5.16.

541. 林瑞瑩譯，巴塞隆納證券交易所，證交資料，第289期，75.5.25.

542. 朱富春譯，英國證券交易所的改革與新交易制度（一）（二），證交資料，第288、289期，75.4.25.至75.5.25.

543. 朱富春，各國證券交易所正式和非正式市場概況，證交資料，第290期，75.6.25.

544. 柳聲，與現行信用交易制度有關的幾個問題的探討，證券金融，第12期，75.7.15.

545. 夏樹輝，對我國證券信用制度的體認證券金融，第12期，75.7.15.

546. 許成，投資銀行簡介，證券金融，第12期，75.7.15.

547. 劉其昌，日本貸借交易及信用交易融資融券條件與我國之比較，證券金融，第12期，75.7.15.

548. 鄭如蘭，日本外國證券交易概說（一）～（七），證券管理，3卷2期至4卷4期，74.2.16.至75.7.16.

549. 白培英，提升我國會計水準的回顧與展望，證券管理，4卷4期，75.7.16.

550. 朱懷祖，英國投資事業管理的新動態，證券管理，4卷4期，75.7.16.

551. 沈柏齡，重視專業訓練，提高證券商服務品質，證券管理，4卷4期，75.7.16.

552. 邱靖博，金融自由化與資本市場，證券管理，4卷4期，75.7.16.

553. 胡立陽，自營商在綜合證券商中扮演的角色，證券管理，4卷4期，75.7.16.

554. 饒谷懷，如何充分發揮證券市場功能，證券管理，4卷4期，75.7.16.

555. 朱富春輯，各國證券交易所正式和非正式市場概況，證交資料，第291期，75.7.25.

556. 林惠美譯，奧斯陸證券交易所，證交資料，第291期，75.7.25.

557. 武大雄譯，義大利米蘭證券交易所，證交資料，第291期，75.7.25.

558. 陳榮顯譯，澳洲證券交易所聯合清算公司，證交資料，第291期，75.7.25.

559. 何業忠譯，瑞士證券交易所，證交資料，第292期，75.8.25.

560. 武大雄譯，西班牙馬德里證券交易所，證交資料，第292期，75.8.25.

561. 沈柏齡，我國資本市場之發展，證券管理，4卷5期，75.9.16.

562. 胡立陽，綜合證券商與店頭市場，證券管理，4卷5期，75.9.16.

563. 陳春山，代營證券投資資金法制規範的檢討，證券管理，4卷5期，75.9.16.

564. 朱懷祖譯，日本大阪證券交易所，證交資料，第293期，75.9.25.

565. 林惠美譯，巴西里約熱內盧證券交易所，證交資料，第293期，75.9.25.

566. 林惠美譯，巴西聖保羅證券交易所，證交資料，第293期，75.9.25.

567. 陳麗卿譯，倫敦證券交易所自動報價系統簡介，證交資料，第293期，75.9.25.

568. 陳芳美譯，美國的證券投資銀行，台灣證券，75年第4季，75.10.

569. 黃耀權，股票選擇權交易（Option），台灣證券，75年第4季，75.10.

570. 周太平譯，美國證券店頭市場實況，台灣證券，75年第4季，75.10.1.

571. 陳厚侗，美國的全國性證券商業同業公會，台灣證券，75年第4季，75.10.1.

572. 胡祥麟，台灣證券市場滄桑話舊，證券金融，第13期，75.10.15.

573. 黃慶裕，復華證券金融公司融資融券業務操作辦法修訂條文介紹，證券金融，第13期，75.10.15.

574. 潘月桂，韓日融券制度之比較及其近期之動向，證券金融，第13期，75.10.15.

575. 朱懷祖譯，盧森堡證券交易所，證交資料，第294期，75.10.25.

576. 林惠美譯，新加坡證券交易所，證交資料，第294期，75.10.25.

577. 潘隆政，1985年度日本資本市場自由化所採行之措施，證交資料，第294期，75.10.25.

578. 沈柏齡，證券管理工作之展望，證券管理，4卷6期，75.11.16.

579. 林惠美，義大利股市之變革，證券管理，4卷6期，75.11.16.

580. 邱靖博，當前經貿金融環境與證券市場之發展，證券管理，4卷6期，75.11.16.

581. 趙孝風，我們要加強證券市場資訊服務，證券管理，4卷6期，75.11.16.

582. 蔡金抛，中美日三國會計師制度之比較（一）～（四），證券管理，4卷3至6期，75.5.16.至75.11.16.

583. 劉其昌，鉅額交易對股票市場價格之影響（上）（下），證券管理，4卷5至6期，75.9.16.至75.11.16.

584. 林瑞瑩譯，比利時布魯塞爾證券交易所，證交資料，第295期，75.11.25.

585. 林瑞瑩譯，馬來西亞吉隆坡證券交易所，證交資料，第295期，75.11.25.

586. 吳光明，談股票侵害之損害賠償請求，台灣證券市場，第36週年，75.12.1.

587. 沈柏齡，證券管理工作之展望，台灣證券市場，第36週年，75.12.1.

588. 袁希光，加速擴大證券市場規模，台灣證券市場，第36週年，75.12.1

589. 張貞松，證券分析師活動國際化，台灣證券市場，第36週年，75.12.1.

590. 盛禮約，綜合型大證券商的設立，台灣證券市場，第36週年，75.12.1.

591. 黃文治，加強證券市場交易的公平性，台灣證券市場，第36週年，75.12.1

592. 劉平，證券市場在改進成長中，台灣證券市場，第36週年，75.12.1

593. 饒谷懷，近十年台灣證卷交易市場之進展，台灣證券市場，第36週年，75.12.1

594. 葉宣模，英國倫敦證券業大改革，證交資料，第296期，75.12.25.

595. 許成，股市選擇權（OPTION）交易簡介，證券金融，第14期，76.1.15.

596. 陳厚侗，美國的保證金信用交易，證券金融，第14期，76.1.15.

597. 潘月桂，韓國證券金融公司業務之簡介，證券金融，第14期，76.1.15.

598. 朱懷祖，資訊公開與保障投資，證券管理，5卷1期，76.1.16.

599. 沈柏齡，中華民國之資本市場及證券管理規範，證券管理，5卷1期，76.1.16.

600. 黃清苑，談我國綜合證券公司設立，證券管理，5卷1期，76.1.16.

601. 陳春山，證券投資顧問事業與投資資訊出版業，證交資料，第297期，76.1.25.

602. 吳當傑，論財務預測公開體系之建立，證券管理，5卷2期，76.3.16.

603. 沈柏齡，證券管理委員會業務發展重點，證券管理，5卷2期，76.3.16.

604. 林惠美，美國金管會擬議增加預算、充實人力，證券管理，5卷2期，76.3.16.

605. 邱水泉，我國證券市場的「大震撼」，證券管理，5卷2期，76.3.16.

606. 徐恭忠，美國的股票選擇權交易市場，證交資料，第299期，76.3.25.

607. 蕭乾祥譯，正確認識轉換證券，台灣證券，76年第2季，76.4.

608. 王財鑑，內部人交易意義，台灣證券季刊，76年第2季，76.4.1.

609. 林獻群，從華夏集團標售股票看公司之成長，台灣證券，76年第2季，76.4.1.

610. 朱富春，美國的投資銀行，證券管理，5卷3期，76.5.16.

611. 賴英照，公開發行的法律性質，證券管理，5卷3期，76.5.16.

612. 錢純，加強證券管理，保護投資大眾，證券管理，5卷3期，76.5.16.

613. 胡立，證券市場為何要對投機性的交易授信，證券金融，第15期，76.6.15.

614. 徐恭忠，美國的資訊公開與上市制度（一）（二），證交資料，第301、302期，76.5.25.至76.6.25.

615. 陳春山，中美證券投資信託法制介述（上）（下），證交資料，第289、290期，76.5.25.至76.6.25.

616. 蘇松欽譯，日本證券投資顧問法（上）（下），證交資料，第301至302期，76.5.25.至76.6.25.

617. 余淑玫，財務公開制度的建立與證券市場的發展，台灣證券，76年第3季，76.7.

618. 李儀坤，日本債券期貨交易之結構與實務，台灣證券，76年第3季，76.7.

619. 周曉琪，美國受託憑證，證券管理，5卷4期，76.7.16.

620. 徐之圭，日本外國公司上市指南，證券管理，5卷4期，76.7.16.

621. 鄭如蘭，日本的綜合證券公司（一）～（四），證券管理，5卷1期至5卷4期，76.1.16.至76.7.16.

622. 彭思哲，美國存託憑證（American Depositary Receipt），證交資料，第303期，76.7.25.

623. 林炯垚，我國股市與國際證券市場組合關係之研究，證券管理，5卷5期，76.9.16.

624. 寧國輝，存託證券之發行實務淺論，證券管理，5卷5期，76.9.16.

625. 吳崇權譯，日本大藏省（財政部）對在日本國內募集發行或再次發行外國投資信託憑證之申報等有關命令，證交資料，第305期，76.9.25.

626. 甘泉，新股上市前公開銷售制度之探討，台灣證券，76年第4季，76.10.

627. 葉倩華，日本集團式店頭買賣的擴大及市場第二部的開設，台灣證券，76年第4季，76.10.1.

628. 蕭乾祥譯，證券投資保護公司，台灣證券市場，76年第4季，76.10.1.

629. 朱富春，日本的證券承銷業務，證交資料，第306期，76.10.25.

630. 謝顯璋，香港聯合交易所（一）（二），證交資料，第305至306期，76.9.25.至76.10.25.

631. 沈柏齡，中華民國證券市場管理之發展，證券管理，5卷6期，76.11.16.

632. 周曉琪，美國聯邦準備銀行對信用交易的管理，證券管理，5卷6期，76.11.16.

633. 彭思哲，東亞各證券交易所上市標準、稅負及有關費用概況，證交資料，第307期，76.11.25.

634. 林孝達，談證交法修正後的證券信用交易業務，台灣證券市場，第37週年，76.12.1.

635. 李明山，新股上市前公開銷售制度之研究，證券金融，第16、17期，76.12.15.

636. 林孝達，談證交法修訂後的證券信用交易業務，證券金融，第16、17期，76.12.15.

637. 夏樹輝，信用交易對股市的配合措施，證券金融，第16、17期，76.12.15.

638. 夏樹輝，處分擔保品改爲限價委託，證券金融，第16、17期，76.12.15.

639. 夏樹輝，集中保管股票採混合保管制，證券金融，第16、17期，76.12.15.

640. 夏樹輝，對證券信用交易的認識，證券金融，第16、17期，76.12.15.

641. 夏樹輝，談證券交易市場秩序的維持，證券金融，第16、17期，76.12.15.

642. 蕭乾祥，美國保管劃撥制度DTC之介紹，證券金融，第16、17期，76.12.15.

643. 林麗香，日本投資顧問業法，證交資料，第308期，76.12.25.

644. 甘泉，強化證券商業同業公會功能，推展股票店頭市場，證券管理，2卷3期，77.1.16.

645. 傅顯章，上市股票經公告得爲信用交易對股價之影響（上）（中）（下），證券管理，5卷5期至6卷1期，76.9.16.至77.1.16.

646. 周曉琪，美國1970年證券投資人保護法簡介，證券管理，6卷2期，77.2.16.

647. 蘇松欽，募集與發行有價證券兼採審核與申報制，證券管理，6卷2期，77.2.16.

648. 陳春山，銀行證券業務的法律規範，證交資料，第310期，77.2.25.

649. 陳榮顯譯，太平洋證券交易上市契約——初次上市申請書，證交資料，第310期，77.2.25.

650. 賴英照，內部人交易的歸入權——美國法的規定（上）（中）（下），證券管理，6卷1至3期，77.1.16.至77.3.16.

651. 林炯垚，法人機構資對證券市場結構的影響（上）（下），證券管理，6卷2期至6卷3期，77.2.16至77.3.16.

652. 蘇松欽，證券交易法對公開發行公司董事、監察人、經理人及大股東持股管理之調整，證交資料，第311期，77.3.25.

653. 陳伯松，選擇權及其策略應用（一）（二），證交資料，第311、312期，77.3.25.至77.4.25.

654. 吳崇權，轉換公司債與可替換公司債，證券管理，6卷5期，77.5.16.

655. 陳厚侗，我國的證券店頭市場，證券管理，6卷5期，77.5.16.

656. 黃信一，香港聯合證券交易所1987年10月休市所產生之影響，證券管理，6卷5期，77.5.16.

657. 資料室，新股上市承銷價格於業績發表會公開，證券管理，6卷5期，77.5.16.

658. 賴源河，證券交易法的概念，證交資料，第313期，77.5.25.

659. 陳春山，證券投資顧問事業法規範之研究（上）（下），證交資料，第312至313期，77.4.25.至77.5.25.

660. 張昌邦，中華民國證券交易法之修正與證券市場未來之發展，證券管理，6券6期，77.6.16.

661. 陳錦旋，謎樣的東京股票市場，證券管理，6卷6期，77.6.16.

662. 黃文治，證券交易手續費問題之探討，證券管理，6卷6期，77.6.16.

663. 資料室，設置證券商有關事項之說明，證券管理，6卷6期，77.6.16.

664. 錢純，中華民國金融市場之自由化與國際化，證券管理，6卷6期，77.6.16.

665. 周曉琪，美國全國證券商公會之成立與組織，證券管理，6卷7期，77.7.16.

666. 楊金德，如何計算公司債之資金成本，證券管理，6卷7期，77.7.16.

667. 資料室，營運困難上市公司訪查，證券管理，6卷7期，77.7.16.

668. 賴英照，分散股權與董監持股，證券管理，6卷7期，77.7.16.

669. 鮑爾一，由溢價發行新股衍生的問題，證券管理，6卷7期，77.7.16.

670. 本刊資料室，金管會今後業務發展重點，證券管理，6卷8期，77.8.16.

671. 資料室，新設證券經紀商應如何建立「內部控制制度」，證券管理，6卷8期，77.8.16.

672. 資料室，證券商業務章則應記載事項補充說明，證券管理，6卷8期，77.8.16.

673. 蘇松欽，韓國證券交易法修正之內容，證券管理，6卷8期，77.8.16.

674. 施智謀，增資發行新股股價抉擇之因素，證券管理，6卷9期，77.9.16.

675. 資料室，證券發行管理，證券管理，6卷9期，77.9.16.

676. 陳厚侗，1986國際股票市場（上）（下），證券管理，6卷8期至6卷9期，77.8.16.至77.9.16.

677. 朱亞琳，共同基金績效評估之研究，台灣證券市場，第31週年，77.10.13.

678. 資料室，上市發行公司董監事及大股東股權轉讓之加強管理，證券管理，6卷10期，77.10.16.

679. 郭土木，論禁止內部人交易——對芝加哥學派之批判（上）（下），證券管理，6卷9至10期，77.9.16.至77.10.16.

680. 賴源河，證券發行市場的管理（一）～（五），證交資料，第314至318期，77.6.25.至77.10.25.

681. 蘇松欽，日本對證券商之管理（上）（中）（下），證券管理，6卷9～11期，77.9.16.至77.11.16.

682. 林興祥，證券市場操縱證券價格之法律防制，台灣證券市場，第38週年，77.12.1.

683. 劉博仁，存託憑證——美國ADR與日本JDR之比較，證交資料，第320期，77.12.25.

684. 呂東英，淺論內部人交易之規範，證券管理，7卷1期，78.1.16.

685. 陳錦旋，有價證券集中保管劃撥交割制度下股東權之移轉時點，證券管理，7卷1期，78.1.16.

686. 賴燧星，日本的證券投資顧問事業（上）（下），證券管理，6卷12期、7卷1期，78.1.16.

687. 劉博仁，存託憑證，證交資料，第321期，78.1.25.

688. 賴源河，日本證券交易法的修正及金融期貨交易法的制定，證券管理，7卷3期，78.3.16.

689. 蘇松欽，我國對證券商的管理（上）（中）（下），證券管理，7卷1期至7卷3期，78.1.16.至78.3.16.

690. 賴源河，證券商管理（一）（二）（三）（四），證交資料，第319至324期，77.11.25.至78.3.25.

691. 劉博仁摘譯，日本對禁止內部人交易之相關法令摘要，證交資料，第324期，78.3.25.

692. 余雪明，內部人交易管理的新發展，證券管理，7卷4期，78.4.16.

693. 吳崇權，淺論出席股東會使用委託書之徵求，證券管理，7卷4期，78.4.16.

694. 郭土木，論證券商與公開發行公司董事、監察人或經理人兼任之禁止，證券管理，7卷5期，78.5.16.

695. 汪萬坡編譯，世界各重要證券交易所組織結構之比較，證交資料，第325期，78.5.25.

696. 吳崇權，析述公司法與證券相關法規之適用關係，證券管理，7卷6期，78.6.16.

697. 胡元青，尋求國際間一致的證券交易方法，證券管理，7卷6期，78.6.16.

698. 葉鶴松，日本證券業協會之沿革，證券管理，7卷6期，78.6.16.

699. 林炯垚，證券市場資訊公開體系的主要研究問題（上）（下），證券管理，7卷5期、6期，78.5.16.至78.6.16.

700. 陳錦旋，有價證券集中保管劃撥制度下當事人之法律關係，證券管理，7卷7期，78.7.16.

701. 郭穹隆譯，選擇權理論、策略與實務簡介，證交資料，第327期，78.7.25.

702. 饒谷懷，我國證券市場現狀及未來發展方向，證交資料，第327期，78.7.25.

703. 林國全，日本證券交易法第190條之2——內部人交易之禁止（上）（下），證券管理，7卷8期，78.8.16.

704. 胡元青、陳松興，從國際化的觀點談結算交割制度（上）（下），證券管理，7卷7、8期，78.7.16.至78.8.16.

705. 胡碧霞，從日本立傑公司不公平交易事件等談內部人交易禁止之立法（上）（下），證券管理，7卷9期，78.9.16.

706. 張昌邦，中小企業應如何應用資本市場籌措資金（店頭市場），證券管理，7卷9期，78.9.16.

707. 朱富春譯述，各國對內部人交易之規範，證交資料，第327至329期，78.7.25.至78.9.25.

708. 陳松興，談如何提升申請公發行案件的審理效率，證券管理，7卷10期，78.10.16.

709. 林惠美，戰後日本對外國證券商的開放過程（上）（下），證券管理，7卷9、10期，78.9.16.至78.10.16.

710. 劉博仁譯述，日本證券公司之自有資本規定與我國相關規定淺釋，證交資料，第330期，78.10.25.

711. 李存修，認股權證之性質、評價模式與發行計畫，證券管理，7卷11期，78.11.16.

712. 劉博仁譯，日本證券公司財務管理之基本規定，證交資料，第331期，78.11.25.

713. 趙孝風，中華民國證券市場現狀與展望，證交資料，第332期，78.12.25.

714. 陳裕璋，證券集中保管劃撥制度規劃推動始末（上）（下），證券管理，8卷1至2期，79.1.16至79.2.16.

715. 呂蕙容，內線交易與歐洲共同市場之最新規定，證交資料，第334期，79.2.25.

716. 胡元青、陳松興，證券集中保管機構的性質與功能（上）（下），證券管理，8卷2期、8卷3期，79.2.16.、79.3.16.

717. 饒孟友，美國受託憑證（ADR）的現況及發展，證券管理，8卷4期，79.4.16.

718. 陳榮吉譯述，結算交割之國際統合問題，證交資料，第337期，79.5.15.

719. 桂先農，歐洲共同市場防止證券市場內部人交易統一規則，證券管理，8卷6期，79.5.16.

720. 郭穹隆譯述，美國證券商的資本與財務結構分析（上）（下），證交資料，第

337、338期，79.5.15.至79.6.15.

721. 陳松興，規範內部人交易的理論基礎與最新立法方向（上）（下），證券管理，8卷5-6期，79.5.16至79.6.16.

722. 余雪明，歐市對證券商的管理，證券管理，8卷6期，79.6.16.

723. 王峰枝譯，國際證券市場之規則，證券資料，第339期，79.7.25.

724. 陳培明譯述，國際性內部人交易與操縱市場的活動，證交資料，第339期，79.7.25.

725. 郭穹隆譯，證券市場國際化的障礙與解決之道，證交資料，第340期，79.8.25.

726. 曾耀輝譯述，證券市場的自動化系統，證交資料，第340期，79.8.25.

727. 桂先農，美國證券交割保證基金簡介，證券管理，8卷9期，79.9.16.

728. 張昌邦，證券市場國際化之方向及步驟，證券管理，8卷10期，79.10.16.

729. 葉倩華，日本證券交易法修正概要，證券管理，8卷10期，79.10.16.

730. 吳崇權，我國有關內部人交易之禁止規定（上）（下），證券管理，8卷9期、8卷10期，79.9.16.至79.10.16.

731. 郭穹隆譯，香港保險型認股權證的發展概況，證交資料，第343期，79.10.25.

732. 葉倩華，日本證券交易審議會審查報告摘要，證券管理，8卷11期，79.11.16.

733. 桂光農，我國證券信用交易制度（上）（中）（下），證券管理，8卷12期、9卷1-2期，79.12.16.、80.1.16.

734. 蔡鴻璟譯，東京證券交易所有價證券上市有關規則（一）（二）（三），證交資料，第343至345期，79.11.25.至80.1.25.

735. 吳美蘭，附認股權證公司債之研究，證券管理，9卷3期，80.3.16.

736. 單高年譯，證券商適當資本額標準，證交資料，第347期，80.3.25.

737. 蔡鴻璟譯，當前日本市場之檢討及改進方向，證交資料，第346、347期，80.2.25.至80.3.25.

738. 周賢榮等，東京股市上市外國公司之研究及其對台灣股市國際化之啓示，證交資料，第349期，80.5.25.

739. 林文里譯，歐市統合證券法的成就，證交資料，第349期，80.5.25.

740. 蔡鴻璟譯，日本證券從業員禁止行爲概要，證交資料，第350期，80.6.15.

741. 高玉泉，證券交易法中仲裁規定之檢討，證券管理，9卷7期，80.7.16.

742. 俞宇娟譯，跨國交割制度，證交資料，第307期，6.11.25.

國家圖書館出版品預行編目資料

證券交易法論／陳春山著. －－十一版.
－－臺北市：五南，2012.10
　　面；　公分
ISBN 978-957-11-6854-8 (平裝)

1.證券法規　2.論述分析

563.51　　　　　　　　101018143

1U50

證券交易法論

作　　　者 — 陳春山 (253)

發 行 人 — 楊榮川

總 編 輯 — 王翠華

主　　　編 — 劉靜芬

責任編輯 — 李奇蓁

封面設計 — P. Design視覺企劃

出 版 者 — 五南圖書出版股份有限公司

地　　　址：106台北市大安區和平東路二段339號4樓

電　　　話：(02)2705-5066　　傳　　　真：(02)2706-6100

網　　　址：http://www.wunan.com.tw

電子郵件：wunan@wunan.com.tw

劃撥帳號：01068953

戶　　　名：五南圖書出版股份有限公司

台中市駐區辦公室/台中市中區中山路6號

電　　　話：(04)2223-0891　　傳　　　真：(04)2223-3549

高雄市駐區辦公室/高雄市新興區中山一路290號

電　　　話：(07)2358-702　　傳　　　真：(07)2350-236

法律顧問　元貞聯合法律事務所　張澤平律師

出版日期　1989 年 5 月初版一刷
　　　　　2004 年 9 月七版一刷
　　　　　2007 年 1 月八版一刷
　　　　　2008 年 8 月九版一刷
　　　　　2009 年 9 月十版一刷
　　　　　2012 年 10月十一版一刷

定　　　價　新臺幣480元